本书为2019年暨南大学本科教材资助项目

LIFAXUE JIANMING JIAOCHENG

# 立法学简明教程

高　轩◎主编　　冯泽华◎副主编

暨南大學出版社
JINAN UNIVERSITY PRESS
中国·广州

**图书在版编目（CIP）数据**

立法学简明教程/高轩主编；冯泽华副主编. —广州：暨南大学出版社，2020.9（2023.2 重印）
ISBN 978-7-5668-2985-6

Ⅰ. ①立…　Ⅱ. ①高…　②冯…　Ⅲ. ①立法—法的理论—高等学校—教材　Ⅳ. ①D901

中国版本图书馆 CIP 数据核字（2020）第 184524 号

**立法学简明教程**
LIFAXUE JIANMING JIAOCHENG
**主　编：高　轩　副主编：冯泽华**

---

**出 版 人：**张晋升
**策划编辑：**李　战
**责任编辑：**黄　颖　亢东昌
**责任校对：**黄　球　陈皓琳　王燕丽　冯月盈
**责任印制：**周一丹　郑玉婷

**出版发行：**暨南大学出版社（511443）
**电　　话：**总编室（8620）37332601
营销部（8620）37332680　37332681　37332682　37332683
**传　　真：**（8620）37332660（办公室）　37332684（营销部）
**网　　址：**http：//www. jnupress. com
**排　　版：**广州市天河星辰文化发展部照排中心
**印　　刷：**广州方迪数字印刷有限公司
**开　　本：**787mm×1092mm　1/16
**印　　张：**13
**字　　数：**316 千
**版　　次：**2020 年 9 月第 1 版
**印　　次：**2023 年 2 月第 2 次
**定　　价：**45.00 元

# 前　言

中华人民共和国成立以来，我国的立法事业随着法治建设的步伐经历了一段曲折向前的过程。改革开放以来，国家经济体制改革工作的启程催生了法治建设的飞速发展，立法工作也随之迎来春天。随着改革开放的深入，松散型的立法制度愈来愈不适应我国法治建设的迫切需要。自1999年，依法治国作为一种重要的法治观念入宪后，立法制度的重构势在必行。为此，2000年，第九届全国人民代表大会第三次会议通过了新中国第一部全面规范立法活动的基本法律——《中华人民共和国立法法》。自《中华人民共和国立法法》颁布实施以来，我国的立法活力得到彻底的释放。在21世纪初期，立法事业蓬勃发展，“一元、两级、多层次”的立法体制得以巩固和逐步完善。进入中国特色社会主义新时代后，随着经济改革大刀阔斧的进行，2000年版的《中华人民共和国立法法》愈来愈不适应新时代的发展需要。中共十八届四中全会指出：“建设中国特色社会主义法治体系，必须坚持立法先行，发挥立法的引领和推动作用，抓住提高立法质量这个关键。”为此，2015年，第十二届全国人民代表大会第三次会议通过了修正后的《中华人民共和国立法法》。今天，提高立法质量作为立法工作的重要价值取向业已得到进一步巩固。中共十九届四中全会强调：“坚持科学立法、民主立法、依法立法，完善党委领导、人大主导、政府依托、各方参与的立法工作格局，立改废释并举，不断提高立法质量和效率。”如此，我国的立法制度与改革开放同步推进、相得益彰，立法工作渐进佳境。随着全面依法治国、依宪治国等现代法治理念的深入人心，我国的立法事业正沿着健康、科学和现代化的路径前行。

以立法为研究对象的立法学，是法学体系的重要组成部分。作为一门独立的学科，立法学有自己专门的研究对象和研究范围。尽管如此，立法学并非孤立存在的，作为一门应用法学，与民商法、行政法、刑法、诉讼法、社会法等学科紧密相连。从实践、学理的不同维度剖析立法学的重要性，包括但不限于这几个方面：第一，提高立法质量。立法质量是检验立法文件是否符合社会发展的现实需要，尤其是约束公权力和保障公民合法权益的重要指标。研究立法学，能够通过建构立法工作各环节的基本原理，进而寻找提高立法质量的路径，最终达到良法善治的国家治理状态。第二，繁荣法学研究。探秘立法现象、揭示立法原理是立法学的重要使命，也是法学理论研究的重要归宿。任何法学理论的研究都脱离不了规范研究，而立法是规范形成的必经步骤。从这个角度而言，法学理论的研究实质上就是立法的研究。因此，深化立法学研究，有助于繁荣法学理论研究，为国家的法治化建设提供指导。第三，促进法制统一。法制统一有助于保障国内市场的统一和生产要素的自由流动，是国家统合的重要标志，也是实现法治国家的制度保障。立法学之研究旨趣在于探讨法制统一的基本原理、基本方法和基本路径。加强立法学研究，有助于从不同的维度深化法制统一的理论研究，最终为确保国家的法制统一提供制度路径。

基于新时代立法工作的需要，我们编写了《立法学简明教程》。从本书的编排和内容来看，主要有以下几个特色：

第一，简明易懂，直观清晰。从书名可知，简明是本书最突出的特色。不同于传统立法学教材宏大叙事般阐述立法学的基本原理、历史变迁以及制度机制等问题，本书贴近立法学初学者、爱好者，兼顾他们的知识结构，抛开复杂烦琐的论证过程以及艰深晦涩的语言文字，力图呈现立法学简单明了的基础知识图景，让看得懂、看得进、有启发成为可能。

第二，编章分明，层层递进。全书共分为四编十四章。分编阐述，将同质内容形成的章划归不同的编，进而递进式地呈现不同章的具体内容，有助于立法学初学者、爱好者了解不同编的具体属性，对立法学基本原理形成框架性的思维。

第三，知识新颖，紧握前沿。从新时代的立法动向来看，“区域立法”和“立法评估”是我国当前立法制度和立法实践极为重要的两个知识点。然而，由于传统立法学教材撰写较早，内容普遍陈旧，没有阐述这两个知识点。一方面，区域立法业已成为我国独特的立法活动。本书稍作介绍“区域立法”的基本原理，希冀能引起立法学初学者对区域立法的关注。另一方面，立法评估是我国立法法明确规定的立法过程之一。在地方立法实践中，立法评估制度逐步趋于成熟，中央立法也逐渐强化立法评估过程。专门设置“立法评估”一章，有助于完善立法学基本原理，拓宽读者的知识面。

第四，与时俱进，开阔视野。新时代立法工作既要维系中国特色社会主义法制统一，又要遵循重大改革于法有据的思想，兼顾改革的现实需求。为此，本书对国家监察委员会立法、自由贸易区立法等新时代出现的立法活动进行了介绍，这是传统立法学教材普遍欠缺的内容，也是本书与时俱进的重要体现。此外，鉴于某些立法学教材对“一国两制”下特别行政区立法的基本原理存在不准确解读，本书尽可能对涉及特别行政区立法的基本知识进行详细阐述，也简单阐释了香港特别行政区维护国家安全的立法逻辑，与时俱进，保持立法学教材的前沿性。

在本书前期资料的收集、整理过程中，张洪荣、冯屿做了大量的工作，并提出了许多宝贵的建议，在此一并谨致谢忱！

编　者

2020 年 6 月

# 目　录

## 第三编　立法过程

# 第四编　立法技术

# 第一编　立法原理

# 第一章　立法概念

## 第一节　立法概念及分类

### 一、立法概念

立法是现代国家的一项重要法律实践，也是一个政体的政治活动。作为一个重要的社会现象，立法为国内外法学研究者所重视。那么，什么是立法？换言之，立法的概念是什么？《牛津法律大辞典》将其定义为："依据某一特定法律制度能有效宣布法律这种权力和权威的人或机构的意志的表示而慎重地制定或修改法律的程序。该术语也用来指立法过程的产物，即由此制定的法律。"① 改革开放以来，尤其是在 2000 年《中华人民共和国立法法》（以下简称《立法法》）颁布以后，学界对立法的研究日趋兴盛，然而对"立法"一词的界定至今仍存争议，尚未形成共识。

根据立法主体的差别，可以将立法概念诠释为三类：一是广义说，立法是指一切国家机关（中央到地方的各级国家权力机关、行政机关以及被授权的国家机关）依照法定权限和法定程序制定、修改和废止规范性法律文件的活动；二是狭义说，立法是指最高国家权力机关及其常设机关依据法定权限和法定程序制定、修改和废止规范性法律文件的活动；三是折中说，立法是指各级国家权力机关依照法定权限和法定程序制定、修改和废止规范性法律文件的活动。② 以上三种解释的立足点是我国的立法实践活动。《立法法》第二条规定："法律、行政法规、地方性法规、自治条例和单行条例的制定、修改和废止，适用本法。"这表明，《立法法》从广义的角度使用立法概念。不同国家的立法主体范围并非一致。在美国，素有"法官造法"的传统，因此司法机关也是立法主体；还有些国家，除了特定国家机关拥有立法权外，具有特定职能的组织和个人也可以成为立法主体。因此，简单地依据立法主体的多寡对立法概念进行阐释显然不妥。

根据立法活动的不同，学者也对立法概念作出了差异化解释。从现有的学术观点来看，学界普遍认同立法活动应当包括制定、修改、补充和废止四种形式。从文义解释出发，法律修改实际上包括法律补充，因此立法活动实际上包括制定、修改、废止规范性法律文件三种形式，简称"立改废"。那么，"认可"和"解释"是否属于立法活动的形式呢？

---

① ［英］戴维·M. 沃克著，李双元等译：《牛津法律大辞典》，法律出版社 2003 年版，第 689 页。

② 参见徐向华主编：《立法学教程》（第二版），北京大学出版社 2017 年版，第 24 页。

很多著作和教材虽然专门对法律认可和法律解释进行研讨，但在界定立法概念的内涵时没有涵盖“认可”“解释”的立法活动形式；或是回避对法律认可和法律解释的探讨。有学者将“认可”与“制定”“变动（包括修改、补充和废止）”并列纳入立法活动的形式，认为立法是由特定主体，依据一定职权和程序，运用一定技术，制定、认可和变动这种特定的社会规范的活动。[①] 还有学者则指出，立法概念既意味着新规范生成的制定和修改法律行为，也包括确认和发现既有规范的认可和解释法律行为，认为立法是指特定主体依照法定职权和程序，采用制定、认可、解释、修改、补充和废止等手段和方式，创制规范性法律文件的国家决策过程或活动。[②]

从我国的法律实践来看，虽然绝大多数法律规范是通过制定成文法的方式创制的，但我国法律规定在民商事领域还可以适用我国认可的国际条约和习惯。如《中华人民共和国民事诉讼法》第二百六十条规定：“中华人民共和国缔结或者参加的国际条约同本法有不同规定的，适用该国际条约的规定，但中华人民共和国声明保留的条款除外。”又如《中华人民共和国民法典》（以下简称《民法典》）第十条规定：“处理民事纠纷，应当依照法律；法律没有规定的，可以适用习惯，但是不得违背公序良俗。”另外，随着经济社会的不断发展，需要进一步明确有关法律规定的具体含义或者明确法律适用依据，为了维护法律规范的稳定性与权威，对相关法律条文作出解释是比较好的选择。《立法法》第五十条也明确规定：“全国人民代表大会常务委员会的法律解释同法律具有同等效力。”因此，法律解释也是我国的一项重要立法活动。

综合前文分析，我们认为：立法是指特定主体依据法定权限，按照法定程序，制定、认可、修改、解释和废止规范性法律文件的活动。

## 二、立法分类

按照不同的划分标准，可以对立法进行不同的分类。具体而言，包括以下五种基本分类：

（1）根据国家机关性质的不同，可以分为国家权力机关立法、国家行政机关立法、国家军事机关立法和国家监察机关立法。我国宪法和立法法不仅规定最高国家权力机关、部分地方国家权力机关根据实际需要进行立法，还规定部分国家行政机关可以开展行政立法活动。前者是指全国人民代表大会及其常务委员会、省级人民代表大会及其常务委员会、设区的市人民代表大会及其常务委员会的活动；后者是指国务院及其下属部委、中国人民银行、审计署和具有行政管理职能的直属机构，以及省级人民政府和设区的市人民政府的活动。《立法法》明确规定国家军事机关根据宪法和法律，制定军事法规、决定、命令和军事规章。有关国防建设的行政法规，可以由国务院总理、中央军事委员会主席共同签署国务院、中央军事委员会令公布。2019 年第十三届全国人民代表大会常务委员会第十四次会议通过《全国人民代表大会常务委员会关于国家监察委员会制定监察法规的决定》，规定国家监察委员会根据宪法和法律，制定监察法规。自此，我国在国家权力机关立法、国

---

① 周旺生：《立法学》（第二版），法律出版社 2009 年版，第 55 页。

② 邓世豹主编：《立法学：原理与技术》，中山大学出版社 2016 年版，第 9 页。

家行政机关立法、国家军事机关立法的基础上，增加国家监察机关立法，但目前这一立法主体仅限于国家监察委员会，不包括地方各级监察委员会。此外，在英美法系国家和地区中，根据“遵循先例”原则，法院在审理案件时，必须将先前法院的判例作为审理和裁决的法律依据，从而通过审判活动形成新的法律规范——判例法，因而有司法机关的立法。根据《中华人民共和国香港特别行政区基本法》（以下简称《香港基本法》）第八条规定，香港原有的普通法可依法保留。这就意味着香港地区还存在司法机关立法，但在我国内地、澳门和台湾地区，判例法不是法的渊源，法官无权造法，因而不存在司法机关立法的空间。

（2）根据国家机关地位的不同，可以分为中央立法和地方立法。为了方便统治和管理，将独立的主权国家分为若干行政区域，是古今中外统治阶级的习惯做法，因而存在中央与地方之分。相应地，在立法配置上则存在中央立法与地方立法之别。其中，中央立法是指享有立法权的最高国家权力机关和最高国家行政机关等从事的国家立法行为，如我国全国人民代表大会及其常务委员会、国务院及其下属部委、中国人民银行、审计署和具有行政管理职能的直属机构、国家监察委员会等机关从事的国家立法行为。地方立法是指享有立法权的地方国家机关从事的地方立法行为，如我国省级人民代表大会及其常务委员会、设区的市人民代表大会及其常务委员会关于地方性法规的立法，以及省级人民政府、设区的市人民政府关于地方政府规章的立法等。需要说明的是，在联邦制国家，一般而言，“立法则存在联邦中央立法、联邦主体立法和地方立法之分”①。其中，联邦主体立法和地方立法可以笼统地归纳为州立法，但二者差异明显，不能混同。

（3）根据立法依据的不同，可以分为职权立法、授权立法和委托立法。职权立法是指有关国家机关依据宪法和法律规定的职权进行的立法，如我国国务院根据宪法和法律规定的行政立法权制定或变动行政法规；又如我国国务院下属部委、中国人民银行、审计署和具有行政管理职能的直属机构，以及省级人民政府和设区的市人民政府根据宪法和法律规定的职权制定或变动行政规章。授权立法是指有关国家机关依据其他特定国家机关授权进行的立法，如《立法法》第九条规定：“本法第八条规定的事项尚未制定法律的，全国人民代表大会及其常务委员会有权作出决定，授权国务院可以根据实际需要，对其中的部分事项先制定行政法规，但是有关犯罪和刑罚、对公民政治权利的剥夺和限制人身自由的强制措施和处罚、司法制度等事项除外。”这意味着除法律绝对保留的立法事项外，国务院可以根据全国人民代表大会及其常务委员会的授权决定制定行政法规；又如《立法法》第七十四条规定：“经济特区所在地的省、市的人民代表大会及其常务委员会根据全国人民代表大会的授权决定，制定法规，在经济特区范围内实施。”即经济特区所在地的省、市的人民代表大会及其常务委员会可以根据全国人民代表大会的授权制定经济特区法规；再如，全国人民代表大会及其常务委员会可以根据改革发展的需要，决定就行政管理等领域的特定事项授权在一定期限内在部分地方暂时调整或者暂时停止适用法律的部分规定，这是2015年《立法法》修改后新增的规定，是为了适应国家监察体制改革、自由贸易区、自由贸易港、“飞地”等制度改革的立法需要。此外，在其他国家存在非国家机关的组织

① 邓世豹主编：《立法学：原理与技术》，中山大学出版社2016年版，第14页。

和个人根据立法机关委托从事立法工作，由委托机关承担此类立法责任的行为，此类立法一般称为委托立法。

（4）根据立法程序的不同，可以分为制宪和普通立法。前者是指关于具有最高法律效力的根本法——宪法典的立法活动；后者是指除宪法典以外的普通法律规范的立法活动。世界上大多数国家规定宪法的制定和修改程序比其他普通法律更加严格，通常会设立专门机构负责宪法起草或修改工作，还会规定通过或批准宪法的特殊程序，要求以制宪机关三分之二或者四分之三的代表赞同方能通过，而针对普通法律规范则一般要求半数以上的代议机关组成人员赞成便可通过。例如，我国现行《中华人民共和国宪法》（以下简称《宪法》）第六十四条规定："宪法的修改，由全国人民代表大会常务委员会或者五分之一以上的全国人民代表大会代表提议，并由全国人民代表大会以全体代表的三分之二以上的多数通过。法律和其他议案由全国人民代表大会以全体代表的过半数通过。"显而易见，我国对宪法的修改要求明显比普通法律规范更为刚性、严格。

（5）按照立法效力是否具有跨区域性，可分为区域立法与非区域立法。非区域立法是指以特定的行政区划为基本构成单位，以本行政区划内的经济、社会发展为主要目标的立法主体制定、修改、认可或废止法律规范的活动，易言之，非区域立法仅实质性地在特定的行政区划产生效力，而无跨区域性效力。在实践中，无论是中央立法还是地方立法均可产生非区域立法。例如，相对于香港特别行政区和澳门特别行政区而言，全国人民代表大会及其常务委员会为内地制定的全国性法律，在尚未纳入香港基本法或澳门基本法附件三的情况下，仅适用于内地，不对香港特别行政区和澳门特别行政区产生效力。再如，广东省人民代表大会常务委员会制定的地方性法规在没有区域立法协调的情况下，仅适用于广东省行政区域内。而区域立法的情况较为复杂，是一种可产生跨区域性效力的立法活动。从国家的现代化建设来看，一国内不同区域的协调发展问题历来是各国共性问题。在欧美国家，区域协调发展的领域涉及区域教育协调、区域环境保护、区域贸易合作等，事关国家长治久安，因而各种中央主导协调、区域自主联合协调等协调机制纷纷出现。在我国，区域协调发展是国民经济社会发展的重要任务。随着京津冀协同发展、雄安新区高标准建设、中部地区崛起、长三角一体化、长江经济带发展、粤港澳大湾区建设、粤港澳合作、泛珠三角区域合作等区域协调发展战略的深入推进，如何发挥区域立法对区域协调发展的引领与保障作用，建立和巩固区域内的共同价值导向与共同行为准则显得愈发迫切和重要。[①] 然而，区域立法是立法活动的新近事物，学界对区域立法的研究尚处于初步阶段。陈光总结出三种观点：一是认为它是地方性的立法；二是认为它是中央全国性的立法；三是认为它既不是地方性的，也不是中央全国性的立法，而是属于中央与地方之间的区域性立法。这种区域性是不完全受地方政权机关、地方政策、地方法规、规章的约束，也不完全受全国法律普遍性约束的立法。[②] 我们认为，前两种非此即彼的观点过于片面，不能准确理解区域立法的具体运作形式，更未能确立区域立法在立法学理论中的重要地位。第三种观点较为准确地勾勒出区域立法的面貌，但我们有少许不同的见解。区域立法应是一种

① 参见张宜云：《浅析区域立法的方位和维度——以京津冀区域为例》，《人大研究》2020 年第 3 期。
② 参见陈光：《试析我国区域立法的含义及其意义》，《安徽大学法律评论》2008 年第 2 期。

既不同于中央立法，又不同于地方立法的立法活动，是一种独特的、新型的立法活动。据此，区域立法具有以下几个特征：①立法效力的跨行政区划性。法学视野中的区域立法是以一定的行政区划为基本构成单位的，这与立法效力的空间性存在直接关系。一般而言，某一行政区划的立法（地方立法）不能对另一行政区划产生约束力。但在区域立法中，基于各区域主体的共同意志，在不违反宪法的前提下，可通过立法形式，将彼此间的地方立法适用于他方行政区划，从而使立法效力具有跨行政区划的功效。事实上，区域协调发展的初衷在于各区域主体共同治理公共事务，没有区域立法在效力上的跨行政区划性，共治公共事务只会沦为空谈。②立法内容的区域性。一般而言，地方立法是以本行政区划内的公共事务为制定的具体内容，往往不涉及其他行政区划的事务。然而，区域立法不仅涉及本行政区划内的公共事务，还重点涉及区域性的公共事务。鉴于区域协调发展以经济、社会的全面且协调发展为主要目标，共治公共事务是必要的制度基础。因此，区域立法必然以调整区域性公共事务的法律关系为具体内容，这与地方立法存在一定的差异。③立法形式的多样性。相对于中央立法或地方立法，区域立法的形式具有多样性，综合了中央立法和地方立法的各种形式，包括上级主导立法、各地分别立法以及各地共同立法等形式。同时，在我国具体的立法实践中，区域行政协议、国家政策等软法性质的规范为立法形式作出了明确的指引，极大地丰富了立法形式。在美国，这种软法规范还包括示范法。在粤港澳大湾区建设的过程中，因粤港澳三地民商事、行政等法律制度的不同，依托示范法作为立法形式的基础将具有广阔的空间。

除了以上五种基本分类方式外，按照立法性质，可以分为民主立法和专制立法；按照立法内容，可以分为刑事立法、民事立法、行政立法、经济立法等；按照立法结果效力位阶，可以分为宪法创制、法律创制、法规创制和规章创制，等等。

## 第二节　立法学概念

对于“立法学”的定义，有学者认为，立法学是一门以各种立法现象、立法规律以及同立法现象和立法规律相关的种种事物为研究对象的学问。① 还有学者认为，立法学是专门以法的创制活动及其规律为研究对象的法学分支学科。② 另有学者将其表述为，以立法现象及其发展规律为研究对象的一门独立的法学学科。③

综上，不同学者对何谓“立法学”虽然有着不同的具体表述方式，但均选择从立法学的研究内容着手予以定义，并基本上达成了统一，即立法学是一门以立法现象、立法规律以及与立法相关的一切问题为研究对象的独立法学学科。

立法学作为一门独立的法学学科，并不是孤立存在的，它与很多法学甚至非法学学科均有着密切的联系，如，为其提供基础理论的法理学，以规范立法活动的宪法为研究对象

① 周旺生：《立法学》（第二版），法律出版社 2009 年版，第 1 页。
② 朱力宇、叶传星主编：《立法学》（第四版），中国人民大学出版社 2015 年版，第 1 页。
③ 徐向华主编：《立法学教程》（第三版），北京大学出版社 2017 年版，第 2 页。

的宪法学以及立法活动本身所涉及的政治学、经济学、社会学等非法学学科。明晰不同学科与立法学之间的关系，有助于我们更加深入地了解立法学的性质及其在法学体系中的地位等问题。

关于立法学在法学体系中的地位，可从三个方面予以认识：①立法学属于应用法学。从认识论的角度，法学可分为理论法学和应用法学。立法学主要研究法律的具体制度，以及它们的制定、认可、修改、解释和废止的活动，属于应用法学的范畴。②立法学主要属于国内法学。从研究的场域来看，法学可分为国内法学和国际法学。立法学主要针对的是本国法律制度中的立法问题，属于国内法学的范畴。③立法学属于综合法学。从研究的范围来看，法学可分为部门法学和综合法学。立法学与法理学、法史学关系密切，因而在相当长的一段时间内，主要由法学理论学者进行研究。近年来，随着国家和地方立法活动的蓬勃发展，行政法学、民商法学、国际法学等部门法学学者纷纷加入立法学的研究队伍中，共同研究各部门法在立法中出现的共性问题，进一步丰富了立法学的研究面向，立法学与部门法学相互促进的局面逐步明显，因此，立法学应属于综合法学。

## 第三节　法的形式

法的形式是指法的具体的外部表现形态。[①] 无论立法主体采取何种具体的立法活动形式，都必须以一定的形态呈现出来，并在效力位阶上作出区分，以免因不同的法之间存在矛盾规定而陷入僵局。一国不同的法的形式构筑该国法的形式体系。法的形式是发展的，在不同的历史时期以及国情下，法的形式会发生变化。例如，古罗马法的形式主要包括成文法和习惯法。中国封建时代法的形式总结起来有刑、法、律、令、典、式、格、诏、诰、科、比、例，但在一个朝代，通常有几种法的形式同时使用，组成该朝代的法律体系。

我国的立法发展并非一帆风顺的，当代中国的法的形式也不是一蹴而就的。当代中国法的形式在改革开放后逐步成型，以 2000 年第九届全国人民代表大会第三次会议通过《立法法》为标志，我国的法的形式类型基本确立。中国法的形式较为显著的特点是以成文法为主，不成文法在中国法的形式中处于次要地位，一般作为中国法的形式补充存在，包括政策、习惯、判例、乡规民约等。这里主要阐述当代中国成文法的形式。

### 一、宪法

宪法是我国的根本大法和治国安邦的总章程，以法律的形式确认了中国各族人民奋斗的成果，规定了国家的根本制度和根本任务，在我国具有最高的法律效力。《宪法》第五条第三款规定："一切法律、行政法规和地方性法规都不得同宪法相抵触。"显然，宪法在我国法律体系中居于核心地位。中华人民共和国成立以来，除了 1949 年制定的具有"临时宪法"作用的《中国人民政治协商会议共同纲领》外，我国还于 1954 年、1975 年、

---

① 张文显主编：《法理学》（第三版），北京大学出版社 2007 年版，第 94 页。

1978年、1982年制定宪法。目前，我国适用的是1982年宪法，该版宪法于1988年、1993年、1999年、2004年以及2018年进行修正，目前共有52条宪法修正案。

## 二、法律

在我国，“法律”具有广义与狭义之分。从广义上讲，“法律”是指法的整体，即国家机关以强制力保证实施的、具有普遍约束力的行为规范的总和，泛指一切规范性法律文件。狭义的“法律”则专指由全国人民代表大会及其常务委员会制定或变动的规范性法律文件。法律的地位和效力仅次于宪法，是行政法规、监察法规、一般地方性法规和行政规章的立法依据和基础，后者不得与其相抵触，否则无效。《宪法》《立法法》还将法律分为基本法律和非基本法律（或称普通法律），前者是指必须由全国人民代表大会制定和修改，在全国人民代表大会闭会期间，可以由全国人民代表大会常务委员会对其进行部分补充和修改，但是不得同其基本原则相抵触的规范性法律文件。基本法律规定国家、社会和公民生活中具有重大意义的基本问题，如《中华人民共和国刑法》《民法典》等。① 非基本法律是指由全国人民代表大会常务委员会制定和修改的除应当由全国人民代表大会制定的法律以外的其他法律。与基本法律相比，非基本法律调整的内容更加具体，如《中华人民共和国森林法》《中华人民共和国社区矫正法》《中华人民共和国证券法》等。在法律实践中，一般认为，基本法律与非基本法律之分具有制定主体和制定程序的现实意义，但并不妨碍位阶的同一性，因而两种法律具有同等效力。

## 三、行政法规

行政法规是指最高国家行政机关为领导和管理国家各项行政工作，根据宪法和法律，并且按照《立法法》和《行政法规制定程序条例》的规定，制定或变动有关政治、经济、教育、科技、文化、外事等事项的规范性法律文件的总称。行政法规的效力低于宪法和法律，但高于地方性法规和行政规章。行政法规一般表现为“条例”“办法”“实施细则”“规定”等形式。行政法规的调整事项较广，根据《立法法》第六十五条第二款的规定，行政法规的立法事项包括：①为执行法律的规定需要制定行政法规的事项；②《宪法》第八十九条规定的国务院行政管理职权的事项。同时，《立法法》第九条以排除法的形式规定了法律保留事项。因此，行政法规在不抵触宪法、法律的情况下，除法律保留的事项外，可以自行立法调整，但需向全国人民代表大会常务委员会备案。除此之外，《立法法》第六十五条第三款还作出了补充规定，即国务院可以在全国人民代表大会及其常务委员会的授权下，对于本该由全国人民代表大会及其常务委员会制定法律的事项先行制定行政法规，而当该法规经过实践检验、制定法律的条件成熟后，国务院应当及时提请全国人民代表大会及其常务委员会制定法律，换言之，行政法规在一定程度上为制定正式法律起着试点、过渡作用。此类型的规范性法律文件仍属于行政法规，因其特殊性也常被称作“准法

---

① 此外，尽管《香港基本法》和《中华人民共和国澳门特别行政区基本法》（以下简称《澳门基本法》）在性质上属于基本法律，但在“一国两制”下，这两部法律业已明文规定修改权属于全国人民代表大会，因而不能由全国人民代表大会常务委员会进行修改。

律”，通常表现为“暂行条例”“暂行办法”。

## 四、监察法规

监察法规是指由国家监察委员会根据宪法和法律，依照法定程序，为执行法律的规定或者履行领导地方各级监察委员会工作的职责，制定或变动的规范性法律文件的总称。监察法规是我国改革开放的新产物，2019 年通过的《全国人民代表大会常务委员会关于国家监察委员会制定监察法规的决定》规定，国家监察委员会根据宪法和法律，制定监察法规。其立法主体仅限于国家监察委员会，不包括地方各级监察委员会。由于《宪法》和《立法法》并没有涉及监察法规的规定，因此监察法规的赋权问题现存争议。此外，有关监察法规与行政法规和其他规范性文件的位阶效力问题至今尚未得以解决。

## 五、地方性法规

地方性法规是由地方各级人民代表大会及其常务委员会制定或修改，在本行政区域的全部范围或部分范围适用的规范性法律文件。地方性法规的效力位阶低于宪法、法律和行政法规。2015 年，《立法法》修改后，将地方立法主体扩容至所有设区的市①，实现了地方立法权的统一下放。现阶段，《立法法》规定省、自治区、直辖市的人民代表大会及其常务委员会根据本行政区域的具体情况和实际需要，在不同宪法、法律、行政法规相抵触的情况下，可以制定地方性法规，报全国人民代表大会常务委员会和国务院备案；对设区的市人民代表大会及其常务委员会制定地方性法规则作出了多方面限制：一是规定设区的市人民代表大会及其常务委员会的立法事项仅限于城乡建设与管理、环境保护、历史文化保护等；二是要求设区的市人民代表大会及其常务委员会制定的地方性法规须报省、自治区的人民代表大会常务委员会批准后方可实行；三是要求设区的市人民代表大会及其常务委员会制定的地方性法规，由省、自治区的人民代表大会常务委员会报全国人民代表大会常务委员会和国务院备案。

## 六、经济特区法规

按照《立法法》的规定，经济特区所在地的省、市的人民代表大会及其常务委员会根据全国人民代表大会及其常务委员会的授权决定制定的规范性法律文件，仅限于经济特区范围内实施。有的法理学教材将《立法法》上的“经济特区法规”称为“经济特区的经济法规”，② 或出于限制经济特区法规的制定领域的旨趣，将经济特区法规的领域限制于经济领域，而事实上，经济特区法规在实践中并未被限制于经济领域，全国人民代表大会及其常务委员会的授权决定亦从未明确将其限制在经济领域，如《深圳经济特区道路交通安全违法行为处罚条例》《珠海经济特区前山河流域管理条例》等经济特区法规属于行政

---

① 根据全国人民代表大会的决定，广东省东莞市和中山市、甘肃省嘉峪关市、海南省三沙市作为不设区的地级市，比照适用有关赋予设区的市地方立法权的规定。而海南省的儋州市是在全国人民代表大会决定出台后成立的地级市，目前尚未参照设区的市取得地方立法权。

② 参见张文显主编：《法理学》（第五版），高等教育出版社 2018 年版，第 90 页。

管理领域。

结合官方分类[①]和立法实践，经济特区法规可分为四大类型：第一类经济特区法规先行先试，弥补法律、行政法规缺位，可称为先行性经济特区法规，如《深圳经济特区住宅区物业管理条例》《深圳经济特区奖励和保护见义勇为人员条例》；第二类经济特区法规仅对法律、行政法规的执行、具体化或者仅规范地方事务，以经济特区法规之名行地方性法规之名，可称为名义性经济特区法规，如《深圳经济特区实施〈印刷业管理条例〉若干规定》《汕头经济特区物业管理条例》等；第三类变通法律、行政法规的经济特区法规，可称为变通性经济特区法规，如《深圳经济特区道路交通安全违法行为处罚条例》《深圳经济特区房地产登记条例》等；第四类涵盖前述两种或者三种类型规定的经济特区法规，可称为复合性经济特区法规，如《深圳经济特区食品安全监督条例》《珠海经济特区前山河流域管理条例》等。

当前，学界对经济特区法规的位阶众说纷纭，至今尚未取得共识。目前，经济特区法规的位阶存在四种比较具有代表性的观点：①与地方性法规相同；[②] ②高于地方性法规而低于法律和行政法规；[③] ③与法律相同；[④] ④对不同类型的经济特区法规以及同一经济特区法规中不同类型的规定依其性质及特点分别界定其位阶。先行性和名义性经济特区法规等同于地方性法规，低于法律、行政法规；变通性经济特区法规与其所变通的对象相同（如变通行政法规，即与行政法规的位阶相同）；复合性经济特区法规根据不同类型的规定对应前述原则分别界定。[⑤]

我们认为，前三种观点非此即彼的研究思路难以科学阐释经济特区法规的位阶，第四种观点的研究思路可行，但有个别分类的观点存在差异——先行性经济特区法规的位阶应与法律相同。一方面，既然规制某一事项的法律、行政法规缺位，而先行性经济特区法规弥补缺位，即已发挥法律之作用，从法理逻辑及立法实践层面看其不可能低于法律；另一方面，将先行性经济特区法规的位阶提升至法律这一层面，有助于增强其法律效力，抵御其他法律、行政法规对其效力的消解，确保其发挥先行先试作用。由此可见，经济特区法规的位阶要具体情况具体分析，不一定比法律、行政法规低或者相同。[⑥]

## 七、自治条例与单行条例

我国是统一的多民族国家，少数民族人民在风俗习惯、文化传统等方面都不同于汉族人民。为了尊重和保障少数民族的权利，《立法法》第七十五条第一款规定："民族自治地方的人民代表大会有权依照当地民族的政治、经济和文化的特点，制定自治条例和单行

---

① 参见全国人大常委会法制工作委员会国家法室编著：《中华人民共和国立法法解读》，中国法制出版社 2015 年版，第 273 页。

② 参见陈伯礼：《授权立法的位阶探讨》，《现代法学》1999 年第 6 期。

③ 参见吴鹏：《论经济特区法规的效力等级》，《首都师范大学学报（社会科学版）》2009 年第 3 期。

④ 参见马怀德：《中国立法体制、程序与监督》，中国法制出版社 1999 年版，第 138 页。

⑤ 参见崔文俊：《论经济特区法规的位阶》，《学术交流》2019 年第 6 期。

⑥ 参见邹平学、冯泽华：《中国特色社会主义先行示范区深圳法治建设的内在逻辑及立法进路》，《深圳大学学报（人文社会科学版）》2020 年第 4 期。

条例。”自治条例是指由民族自治地方的人民代表大会制定的、有关本地方实行区域自治的组织和活动原则、自治机关的构成和职权等内容的综合性的规范性文件；单行条例是指民族自治地方的人民代表大会在自治权的范围内，根据当地民族的政治、经济和文化特点，制定的关于某一方面具体事项的规范性文件。简言之，二者的主要区别在于自治条例是民族自治地方根据自治权制定的综合的规范性法律文件；单行条例是根据自治权制定的调整某一方面事项的规范性法律文件。需要注意的是，自治条例与单行条例的立法主体都限于民族自治地方（自治区、自治州、自治县）的人民代表大会，不包括民族自治地方的人民代表大会常务委员会，也不包括自治乡的人民代表大会。此外，《立法法》规定，自治条例和单行条例可以依照当地民族的特点，对法律和行政法规的规定作出变通规定，但不得违背法律或者行政法规的基本原则，不得对宪法和民族区域自治法的规定以及有关法律、行政法规专门就民族自治地方所作的规定作出变通规定。民族自治地方的自治条例和单行条例须经上级国家机关批准后方可生效。

## 八、行政规章

行政规章包括部门规章和地方政府规章。前者是指国务院各部、委员会、中国人民银行、审计署和具有行政管理职能的直属机构，根据法律或国务院的行政法规、决定、命令，在本部门权限范围，制定和变动的规范性法律文件；后者是指省、自治区、直辖市和设区的市、自治州的人民政府根据法律、行政法规和本省、自治区、直辖市的地方性法规制定和变动的规范性法律文件。部门规章之间、部门规章与地方政府规章之间具有同等效力，在各自的权限范围内施行。需要说明的是，设区的市人民政府制定的地方政府规章，其立法范围仅限于城乡建设与管理、环境保护、历史文化保护等方面的事项。

## 九、其他法的形式

除了前述法的形式外，我国还有这几种法的形式：一是香港特别行政区和澳门特别行政区在坚持“一国两制”、遵守宪法和基本法前提下，分别制定的规范性法律文件以及香港地区的“法官造法”而形成的判例法；二是中央军事委员会根据宪法和法律制定的军事法规；三是中央军事委员会各总部、各兵种、军区、中国人民武装警察部队，根据法律和中央军事委员会的军事法规、决定、命令制定的军事规章；四是我国缔结或参加的国际条约。

# 第二章　立法原则

## 第一节　立法原则概述

### 一、立法原则概念

"原则"一词来源于拉丁语 principium，意为"起源"和"基础"，后演变为英语 principle，其作为行动的方针，对人们的自觉活动具有重要意义，它能成为组织、指导社会运动或指引个人行动的动力。[①] 在法学视野中，"原则"一般理解为"法律原则"，是指法律的基础性真理、原理或为其他法的要素提供基础或本源的综合性原理或出发点。[②] 按照不同的标准，法律原则可分为不同的类型：①按照原则产生的基础，可分为政策性原则和公理性原则；②按照原则的覆盖面，可分为基本原则和具体原则；③按照原则的内容，可分为实体性原则和程序性原则；④按照原则在法律调整中的作用，可分为立法原则和法律实施原则。

学界关于立法原则的含义存在不同的表述。有的学者认为其是指在一国法律体系中对各种法律制度起指导作用的思想，以及具有基础或本源意义的稳定的法律原则和准则，[③] 其集中地体现了一国立法的基本性质、内容和价值取向，是人们从长期立法实践中概括出来的，是立法的总原则，对立法工作起着根本的、全局性的、方向性的指导作用。[④] 还有学者认为，立法原则是贯穿于整个国家立法和地方立法过程中的、反映立法活动的客观规律与基本要求的、具有普遍指导意义的准则。[⑤] 另有学者认为，立法原则，实际就是立法中的法理，是立法主体据以进行立法活动的重要准绳，是立法指导思想在立法实践中的重要体现，是国家立法意识和立法制度的重要反映。[⑥]

我们赞同最后一种观点。尽管不同学者对立法原则含义的表述稍有差异，但均视立法原则为立法活动的法律准则，体现了我国立法的基本立场和价值取向。我国立法的基本立场是坚持中国特色社会主义法律体系，保障和发展社会主义民主，推进依法治国，建设社

---

① 参见孙国华、朱景文主编：《法理学》，中国人民大学出版社 2015 年版，第 87 页。

② 参见张文显主编：《法理学》（第五版），高等教育出版社 2018 年版，第 120 页。

③ 参见朱力宇、叶传星主编：《立法学》（第四版），中国人民大学出版社 2015 年版，第 49 页。

④ 参见朱力宇、张曙光主编：《立法学》（第三版），中国人民大学出版社 2009 年版，第 54 页。

⑤ 参见汤唯、毕可志等：《地方立法的民主化与科学化构想》，北京大学出版社 2006 年版，第 53 页。

⑥ 参见张文显主编：《法理学》（第五版），高等教育出版社 2018 年版，第 228－229 页。

会主义法治国家。中国特色社会主义法律体系是指立足于中国国情和实际需要，适应改革开放和社会主义现代化建设，集中体现党和人民意志的法律体系。“中国特色”意味着法律必须吸取本土资源，结合具体国情和发展阶段，根据国家发展的大政方针而制定切合社会需要的法律。依法治国是中国共产党领导人民治理国家的基本方略，是建设中国特色社会主义的重要保障。要推进依法治国，就要统筹考虑国家的各类机构、组织、编制等，以立法为突破口和结合点，科学处理好改革与法治的关系。民主是我国立法的核心价值取向，就是要保障人民当家作主。《立法法》第五条强调：“立法应当体现人民的意志，发扬社会主义民主，坚持立法公开，保障人民通过多种途径参与立法活动。”由于国家的最终权力来源于人民，而立法是国家权力机关制定影响人民权利的规范性法律文件的过程，因此本质上立法的核心价值取向是保障人民的现实利益和幸福生活。

## 二、相关概念辨析

1. 立法原则与立法指导思想

正确且深入理解立法原则，需要明晰立法原则与立法指导思想的关系。关于“立法指导思想”的概念，不同学者有不同的表述方式。其中，有的概括为，立法指导思想主要指立法主体进行立法活动的总的思想理论根据。① 而有的则表述为，立法指导思想是立法的总的政治原则、工作原则和思想原则。②

虽然以上几位学者对“立法指导思想”采用了不同的表述方式，但实质上却殊途同归，即均认为立法原则是立法指导思想的具体化和规范化，而立法指导思想是立法原则的抽象化、观念化。换言之，立法原则是在立法指导思想的指引下，在总结实践经验的基础上形成的具有可操作性的行动准则。它们共同承担着指导立法活动的作用。

2. 立法原则与立法方法

立法方法是人们在立法活动中所借助的被实践证明的具有普适性的技术或方法，其与立法原则既有共性又有差异。

对于立法方法与立法原则的关系，有学者认为，人们在立法活动中所形成的具有普遍适用性的方法虽然可能被确认为立法原则，如“稳定性与适时性相结合”“总结与借鉴相结合”以及“原则性与灵活性相结合”等等，但诸如此类的立法方法无论具有多大程度的一般性与指导性，都无法摆脱其作为方法或手段的特性。③ 换言之，与立法指导思想以及立法原则相比，立法方法处于更加微观的地位，其在立法活动中所起的作用也更加具体、可感。

## 三、立法原则的作用

正如上述对立法原则概念的描述那样，在立法过程中，立法原则是一国法律体系中对各种法律制度起指导作用的思想，以及具有基础或本源意义的稳定的法律原则和准则。换

① 参见徐向华主编：《立法学教程》（第二版），北京大学出版社 2017 年版，第 43 页。

② 参见朱力宇、叶传星主编：《立法学》（第四版），中国人民大学出版社 2015 年版，第 51 页。

③ 参见徐向华主编：《立法学教程》（第二版），北京大学出版社 2017 年版，第 44 页。

言之，立法原则起着体现立法性质、指引立法方向、保证国家立法统一和进行立法价值评判等作用，是各种立法活动必须遵守的准则。①

1. 体现国家立法的性质与特点

不同国家的性质不同，因此其立法的本质特征、指导思想以及各种原则也大相径庭，而这一点在不同国家各自的立法原则上均有体现。以我国为例，《立法法》第三条②明确了我国立法的人民民主专政、社会主义以及中国共产党领导等性质与特点，第五条③体现了我国立法的民主性，而这些均反映了我国作为社会主义国家不同于资本主义国家的显著的立法性质与特点。

2. 保证国家法制的统一

一个国家的立法主体、立法具体目的、立法的具体效力等纷繁复杂，这也决定了一个国家的法律注定汗牛充栋，所以保证不同法律之间统一性的重要性毋庸置疑。而立法经验表明，立法原则的制定与遵循，能够有效保证所有立法活动都在宪法和法律框架内进行，防止出现越权立法和法律冲突的情况，对国家法律体系的整体统一和协调起到至关重要的作用。

3. 指引国家立法的方向

不同类型的国家具有不同的立法原则，而立法原则对本国的立法活动具有指导作用，帮助立法者从宏观层面厘清不同的社会关系及其诉求，以此保证立法符合自己国家的经济、政治、文化以及社会的发展方向，如《立法法》第三条以及第六条④的有关规定，共同确定了我国立法的基本方向。

## 第二节　我国立法的指导思想

中共十九大报告指出："中国特色社会主义进入新时代。我国社会主要矛盾已经转化为人民日益增长的美好生活需要和不平衡不充分的发展之间的矛盾。"现阶段，我国仍然处于社会主义初级阶段，《中国共产党章程》明确了我国在这一阶段的基本路线，即"领导和团结全国各族人民，以经济建设为中心，坚持四项基本原则，坚持改革开放，自力更生，艰苦创业，为把我国建设成为富强民主文明和谐美丽的社会主义现代化强国而奋斗"。《宪法》序言也指出："国家的根本任务是，沿着中国特色社会主义道路，集中力量进行社会主义现代化建设。中国各族人民将继续在中国共产党领导下，在马克思列宁主义、毛泽东思想、邓小平理论、'三个代表'重要思想、科学发展观、习近平新时代中国特色社

---

① 参见朱力宇、张曙光主编：《立法学》（第三版），中国人民大学出版社 2009 年版，第 57 页。

②《立法法》第三条规定："立法应当遵循宪法的基本原则，以经济建设为中心，坚持社会主义道路、坚持人民民主专政、坚持中国共产党的领导、坚持马克思列宁主义毛泽东思想邓小平理论，坚持改革开放。"

③《立法法》第五条规定："立法应当体现人民的意志，发扬社会主义民主，坚持立法公开，保障人民通过多种途径参与立法活动。"

④《立法法》第六条规定："立法应当从实际出发，适应经济社会发展和全面深化改革的要求，科学合理地规定公民、法人和其他组织的权利与义务、国家机关的权力与责任。法律规范应当明确、具体，具有针对性和可执行性。"

会主义思想指引下，坚持人民民主专政，坚持社会主义道路，坚持改革开放，不断完善社会主义的各项制度，发展社会主义市场经济，发展社会主义民主，健全社会主义法治，贯彻新发展理念，自力更生，艰苦奋斗，逐步实现工业、农业、国防和科学技术的现代化，推动物质文明、政治文明、精神文明、社会文明、生态文明协调发展，把我国建设成富强民主文明和谐美丽的社会主义现代化强国，实现中华民族伟大复兴。”宪法序言的这一规定和其他有关规定，实质上是确认了我国社会主义初级阶段的基本路线是“一个中心，两个基本点”。这是我国当前和今后很长一段时期各方面工作的指导思想，也是我国立法工作最重要的指导思想。对这一指导思想，《立法法》第三条也予以了确认，从宏观上为我国立法主体开展立法活动指明了方向。同时，我国社会主要矛盾的转化，也对新时代开展立法活动提供了指导。

从总体上讲，立法指导思想具备深层次的法理，涉及法学理论中的立场方法问题。法学理论亦存在思想路线的斗争。不同的法学理论立足于不同的哲学立场和方法，其中最为核心的是在历史观上的差异。国家与法律是历史的产物。我们可以了解到古代各个王朝的法律制度，包括它们的制定、修改、废止。然而，如何理解历史的根源，关系到立法的社会实效。法律和国家一样，都是在历史中产生，也会在历史中消亡。在历史观方面存在唯心史观和唯物史观的路线之争。唯心史观把历史视为少数英雄人物的创造，国家和法律也成为少数人（特别是统治阶级中的主要人物）的意志体现，忽视了人民群众在历史发展过程中的地位和作用。唯心史观指导下的立法思想忽视了广大人民群众的切身利益，而维护少数人的利益。唯物史观则认为历史是由人民群众创造的，国家和法律也应该体现人民的意志。由于无产阶级没有自己的特殊阶级利益，因此无产阶级与人民群众的利益紧密相连。无产阶级政党制定的法律主要就是为了满足人民的现实利益和幸福生活。坚持唯物史观的立法指导思想，就是要在立法过程中坚持以人民为主体，保障人民当家作主的地位。

## 一、立法工作必须以经济建设为中心

立法工作以经济建设为中心，是指立法工作必须围绕国家的经济发展大局而开展。以经济建设为中心是立国之要、兴邦之本，是党和国家兴旺发达和长治久安的根本要求。党的十一届三中全会把工作中心转移到经济建设上后，邓小平同志针对过去工作中心转移而又动摇的深刻教训，一直强调要把经济建设当作中心，扭着不放，毫不动摇。这成为以后中央领导集体一直坚持的原则。1980 年 1 月，邓小平同志郑重指出：“现在要横下心来，除了爆发大规模战争外，就要始终如一地、贯彻始终地搞这件事，一切围绕着这件事，不受任何干扰。就是爆发大规模战争，打仗以后也要继续干，或者重新干。我们全党全民要把这个雄心壮志牢固地树立起来，扭着不放，‘顽固’一点，毫不动摇。”①

坚持以经济建设为中心，是由我国社会主义初级阶段的基本国情决定的基本方针。我国正处于并将长期处于社会主义初级阶段，这是我国最基本的国情，也是我国“最大的实际”，中国的一切事情都要从这个实际出发。在社会主义初级阶段，党领导人民建设社会主义的主要任务，是以经济建设为中心，不断解放和发展生产力，满足人民群众对美好生

① 中共中央文献编辑委员会编：《邓小平文选》（第 2 卷），人民出版社 1994 年版，第 249 页。

活的向往。虽然经济发展不是发展的全部，但它却是发展的核心。发展的问题，首先是一个改变落后、赶上先进的问题。在整个社会主义初级阶段，经济总量的增长，始终是发展最核心、最基本的内容。没有经济总量的快速增长，其他各方面的协调发展就难以实现。同时，经济基础决定上层建筑，当前我国社会主义初级阶段的所有制是以公有制为主体、多种所有制共同发展。同时存在着以按劳分配为主体、多种分配方式并存的分配方式。现实中生产力在不断地发展，公有制与多种所有制经济之间的关系也处于不断的调整过程中。法律不仅要保障公有制经济的主导地位，而且要保障多种所有制经济的活力。面对经济基础中不同力量之间的变化，立法者也应注意立法工作对经济力量的影响，既要保障国家经济的整体安全，又要确保经济活力。因此，当前我国的立法工作应当围绕“以经济建设为中心”开展，服务于经济建设、服务于改革开放，以此推动社会主义市场经济有序发展，为实现中华民族伟大复兴提供法治保障。

## 二、立法工作应当坚持四项基本原则

坚持四项基本原则是社会主义初级阶段党的基本路线的两个基本点之一。1979 年 3 月，在党的理论工作务虚会上，针对党内在我国社会主义初级阶段党的基本路线问题的认识上思想混乱的问题，邓小平同志做了重要讲话。他指出：“要在中国实现四个现代化，必须在思想政治上坚持四项基本原则。这是实现四个现代化的根本前提。这四项是：第一，必须坚持社会主义道路；第二，必须坚持无产阶级专政；第三，必须坚持共产党的领导；第四，必须坚持马列主义、毛泽东思想。”这四项基本原则“是我们党长期以来所一贯坚持的。如果动摇了这四项基本原则中的任何一项，那就动摇了整个社会主义事业，整个现代化建设事业”。[①] 作为立国之本，四项基本原则是实现社会主义现代化的政治保证。四项基本原则本身就是一个系统的立法指导思想。

法律是国家公权力运行的基本准则，也是人民权利的宣言书。社会主义道路就是无产阶级通过解放人民群众进而解放自己的一条康庄大道。社会主义将要实现物质财富极大丰富、人的精神境界极大提高、每个人都能自由而全面发展。社会主义的实现需要高度发达的生产力，仍需要几代人甚至几十代人的不懈奋斗。在到达社会主义理想社会之前，国家和法律仍是我们推动社会发展的必要手段。没有国家，就无法保护我们的胜利果实；没有法律，就无法保障我们的前进道路。我们的国家是人民民主专政的社会主义国家，而无产阶级没有自己的特殊阶级利益，他们的利益与人民群众的利益相互结合。所以坚持人民民主专政就是要坚持无产阶级专政，坚持无产阶级专政，就是要坚持中国共产党的领导。中国共产党的领导包括了政治上层建筑的领导和观念上层建筑的领导。坚持马列主义、毛泽东思想，就是在坚持中国共产党在观念上层建筑中的领导地位。坚持社会主义道路、坚持无产阶级专政、坚持中国共产党的领导三者都是强调政治上层建筑的领导权问题，而坚持马列主义、毛泽东思想则是强调观念上层建筑的领导权问题。立法工作是一项系统工程，不仅需要政治上层建筑的程序推动，而且需要观念上层建筑的思想指导。因此，在社会主义初级阶段，我国的一切工作，包括立法工作，必须始终坚持四项基本原则。

---

① 中共中央文献编辑委员会编：《邓小平文选》（第 2 卷），人民出版社 1994 年版，第 164、165、173 页。

## 三、立法工作必须坚持改革开放

改革开放是我们党在新时代最鲜明的旗帜，坚持改革开放也是我们党在社会主义初级阶段基本路线的两个基本点之一。处理好改革开放和立法的关系，是当代中国一个重大的政治课题。在中国共产党的领导下，改革和法治目标是完全一致的，但表现形式不同。改革开放是强国之路，是我党、我们国家发展进步的活力源泉。立法工作必须为改革开放服务，将改革开放纳入法治的轨道。在立法活动中，坚持改革开放不仅意味着要对我国的立法体制进行改革，还意味着要立足于中国的国情，积极吸收和借鉴域外的立法经验。

立法关系到社会变迁，立法与改革开放两者是对立统一的辩证关系。立法与改革开放难免存在一定的对立。立法是要制定新的法律反映当前较为成熟稳定的社会关系，是要将国家经济生活、政治生活、社会生活、文化生活、生态生活中主要的人民意志变成国家意志。申言之，立法是把某种社会关系以法的方式确定下来。改革开放包含两个方面，改革现有制度和对外开放。但是无论是对内改革还是对外开放，根本立足点依然是改革。对外开放的过程中，需要对国内原有的封闭制度进行改革。因此，改革开放就是要剔除不合时宜的旧制度，把不适应生产力发展的制度、体制、机制清理出去，建立起新的符合时代和社会发展需要的制度、体制和机制。所谓不合时宜的旧制度，是指无法促进生产力发展的管理制度、行政制度、思想方式等。可见，改革开放是一个“变”的过程，立法是一个“定”的过程。改革开放在不断地解构旧制度，立法就要随之不断地建构新制度。

立法与改革开放的对立关系并不意味着立法者只能作出单一的选择，而是应该通过立法工作把改革开放的“变”与立法的“定”统一起来。不可否认的是，改革开放过程中的立法难免带有一定的时代印迹和局限性，蕴藏着暂时性因素。立法与改革开放的统一性意味着立法需要为改革提供应有的制度保障和体制动力。改革开放的经验成果若不能及时以立法形式固定下来，就会成为昙花一现。改革开放除了政治力量推动，还需要法律的秩序维护，否则就会成为胡作非为。改革开放为立法工作扫除了旧有体制机制的束缚，产生新的适合生产力发展的社会关系，立法工作就能更加顺利地开展。有了改革开放，我国立法才能从西方发达国家身上汲取有益的经验成果，才能从自身发展的经验成果中获得进一步发展的启示。有了改革开放，我国立法才能保持与时俱进，始终站在历史的高度上。

立法与改革开放两者之间的对立使得两者相辅相成、互相促进，同时两者的统一为我国社会主义现代化建设提供了制度动力。根据唯物辩证法的分析，立法和改革开放具有质量互变的发展过程。立法是一种暂时的“质变”，改革开放是不断“量变”的过程，量变到了一定程度，就会引起暂时的质变，而暂时的质变又会重新开启新的量变，最终形成永久的质变。在质量互变过程中，需要把握好“度”。立法与改革开放的质量互变过程中，需要使两者保持一种平衡状态。要把握好改革开放和立法之间的“度”，就需要坚持立法过程的民主集中制，积极听取各方面意见建议，集中正确的观点，善于把人民意志转变为国家意志。

## 四、立法工作应着重打破不平衡不充分发展的局面

中共十九大报告指出，中国社会主要矛盾已经转化为“人民日益增长的美好生活需要

和不平衡不充分的发展之间的矛盾”，易言之，社会达到“平衡充分的发展”方能解决这个主要矛盾。然而，当前的中国，无论是东部，抑或中部和西部，均存在各种发展不平衡不充分的局面。以经济发达为特征的中国东部的发展相对于中西部而言，处于整个国家发展大局最平衡、最充分发展的一环，是决胜全面建成小康社会最扎实的链条，但相对于全面建设社会主义现代化强国的中期目标而言，又显得不平衡、不充分，尚需“加大马力”以获得发展之原动力。立法是解决社会主要矛盾的法治基石，需要法学研究工作者从法理的层面对“平衡充分的发展”的内核及其相关要素作出更多的阐释，以便挖掘与之相对应的立法对策，最终为主要矛盾转变提供立法推进的思路。

社会主要矛盾转变意味着党和国家的立法工作需要以实现全面建成小康社会为重心，把社会资源集中到人民需要的生活领域，满足人民对于经济、政治、文化、社会、生态方面的需求。不平衡不充分的发展伤害了我国经济的发展质量和效益，造成城乡发展不平衡、东西部发展不平衡、沿海和内陆发展不平衡等问题。我国经济发展已经从高速增长阶段转向了高质量发展阶段，我国立法亦应从因事立法走向因业立法，通过立法保障国家发展大业的长久繁荣。目前，经济领域的立法应服务于转变发展方式、优化经济结构、转换经济增长动力等方面，实现效率变革和质量变革。围绕现代化经济体系，坚持质量第一、效益优先，促进经济结构优化升级。立法工作应配合经济体系现代化建设，解决不平衡不充分发展的问题。从整体上考虑，物质文化生活水平已经相对普遍地提高了，但是收入差距仍然存在，这是实现人民自由而充分发展的重要问题。让老百姓都能分享经济发展的成果，实现社会的公平正义，不得不依靠立法手段。

## 第三节　我国法定的立法原则

关于我国的立法原则，党的多份文件均有所体现。中共十九大报告和中共十九届四中全会相继明确指出：“坚持科学立法、民主立法、依法立法。”根据这一精神，结合《宪法》《立法法》的规定，我国法定的立法原则主要包括合宪性、统一性（或称“法治原则”）、民主性、科学性四项原则。有的学者还指出，在经济全球化的背景下，比较立法也是我国一项重要的立法原则。所谓比较立法原则，是指国家在立法过程中，通过横向认识不同社会制度或法律传统的法律制度，以期借鉴其经验，推动自身立法工作的原则。[①] 这里主要对法定的立法原则进行讨论。

### 一、合宪性原则

一些学者将“依法立法”作为立法原则，认为依法立法原则具有三层含义：第一，一切立法权的存在和行使都应有法的根据；第二，规范立法制度和立法活动的法应充分反映人民的意愿；第三，脱离法律轨道的立法活动和行为要受到法律的追究。[②] 也有一些立法

---

① 参见张文显主编：《法理学》（第五版），高等教育出版社 2018 年版，第 236－238 页。

② 参见张文显主编：《法理学》（第五版），高等教育出版社 2018 年版，第 229－231 页。

学教材称之为广义上的法治原则。[①] 总之，依法立法原则（广义上的法治原则）包含合宪性原则和统一性原则。我们认为，笼统来看，“依法立法”中的“法”在含义上固然可以包含宪法和法律，但宪法作为根本大法，在我国享有独特的法律地位，将依法立法原则作为一种法定的立法原则，存在着削弱根本大法地位的倾向。事实上，党的十八大以来，无论是国家宪法日的设立，抑或全国人民代表大会法律委员会更名为全国人民代表大会宪法和法律委员会，均充分体现了党加强宪法实施和维护宪法权威的法治导向。因此，为了更加准确地理解党的文件精神，宜将“依法立法”的官方表述理解为合宪性原则和立法的统一性原则。

所谓合宪性原则是指任何立法的目的都应该包括保证宪法在社会生活中得以真正执行。合宪性原则不仅在于确立宪法至高无上的效力，更重要的是，它为现代立法奠定了政治基础，现代立法都要尊重宪法这一根本大法所确立的基本政治理念。[②]《宪法》序言明确规定：“全国各族人民、一切国家机关和武装力量、各政党和各社会团体、各企业事业组织，都必须以宪法为根本的活动准则，并且负有维护宪法尊严、保证宪法实施的职责。”第五条进一步规定：“一切法律、行政法规和地方性法规都不得同宪法相抵触。一切国家机关和武装力量、各政党和各社会团体、各企业事业组织都必须遵守宪法和法律。一切违反宪法和法律的行为，必须予以追究。任何组织或者个人都不得有超越宪法和法律的特权。”2018 年修正后的《宪法》将“全国人民代表大会法律委员会”更名为“全国人民代表大会宪法和法律委员会”。“宪法和法律委员会”作为“宪定机构”将承担推动宪法实施、开展宪法解释、推进合宪性审查、加强宪法监督、配合宪法宣传等职责。同时，《立法法》第三条明确规定：“立法应当遵循宪法的基本原则。”第八十七条规定：“宪法具有最高的法律效力，一切法律、行政法规、地方性法规、自治条例和单行条例、规章都不得同宪法相抵触。”可见，合宪性原则不仅是我国法定的立法原则，而且是我国立法的首要基本原则。据此，在我国，任何立法活动均要遵循宪法的基本原则，不得同宪法相抵触，保障宪法确立的制度和原则得到落实。

## 二、统一性原则

一个国家现行法律所形成的法律体系，在形式和内容上都应当是有机联系的统一整体。[③] 我国制定《立法法》的目的在于消除因不同立法权限而造成的立法冲突，从而达到法制统一。法制统一是维护国家统一、社会稳定以及促进市场要素自由流动的重要保障，也是加快完善社会主义市场经济体系的重要要求。立法的统一性原则是指立法应当依照法定的权限和程序，从国家整体利益出发，维护社会主义法制的统一和尊严。[④] 作为一个单一制国家，我国在制定各种法律规范时，应当注意不同法律规范之间的联系性与统一性，无论在形式还是内容上，都应当做到彼此协调、内在统一，只有这样才能使我国法律体系

① 参见徐向华主编：《立法学教程》，上海交通大学出版社 2011 年版，第 64 - 67 页。

② 参见曾粤兴主编：《立法学》，清华大学出版社 2014 年版，第 39 页。

③ 参见朱力宇、叶传星主编：《立法学》（第四版），中国人民大学出版社 2015 年版，第 60 页。

④ 参见朱力宇、叶传星主编：《立法学》（第四版），中国人民大学出版社 2015 年版，第 60 - 61 页。

逐渐形成一个有机统一的整体，促进我国法律的高效运转。我国法律体系非常庞大，内容众多，涉及人民生活的方方面面。不同法律规范是根据不同法律关系、法律主体、立法目的而制定的，而且不同的法律规范还有立法时间差异的问题，先后制定的不同的法律规范往往存在一定的法律空隙。如果这些法律规范之间的差异和空隙太大，容易导致法律规范之间互相冲突和矛盾。法律的生命来自信仰，而人民对法律的信仰很大程度上取决于法律的统一性。法律之所以能为社会提供秩序，是因为它代表了一种确定性，即根据法律规定，我们能大概预测自己和他人的行为。当人们面对的是不确定的生活时，人们就无法对自己的生活进行安排，也就对未来失去信心。法律为社会提供了基本的确定性，人们能根据法律的规定，预计自己的生活发展。法律要提供生活的确定性，就需要立法者在立法工作中坚持统一性原则，使法律能够一以贯之。

从实证法的角度看，立法的统一性原则充分体现在我国的《宪法》和《立法法》中。《宪法》第五条明确规定："国家维护社会主义法制的统一和尊严。"《立法法》第三条规定："立法应当遵循宪法的基本原则。"第四条进一步明确规定："立法应当依照法定的权限和程序，从国家整体利益出发，维护社会主义法制的统一和尊严。"可见，《宪法》和《立法法》从内容与程序两方面对促进我国不同法律规范之间协调统一提出了概括性、原则性的要求。

### 三、民主性原则

英国学者柏克指出："在所有的政府形式中，只有人民才是真正的立法者。"① 一切权力属于人民和源于人民。因此，在立法活动中，民主性原则必不可少。所谓民主性原则是指立法机关在立法活动中必须走群众路线、按照民主集中制原则决策，充分保障人民通过多种途径参与立法活动的行为准则。我国是人民当家作主的现代民主国家，立法权源于人民，所立之法必须彰显社会主义民主，充分体现人民的意志，保护人民利益。可见，民主性原则的核心在于立法要为了人民，依靠人民。② 立法是现代法治国家对社会资源进行公平分配的一种方式。社会资源由人民创造，由人民共享。通过立法程序，对社会资源进行集中统一的安排。此时，民主立法可以集中不同群体的利益诉求，为立法提供大量意见建议。在人民代表大会的立法平台上，不同群体的代表可以对立法工作进行商议和讨论，增强立法的科学性。立法的民主性原则的具体程序方法是指由人民代表提出法律案和进行立法审议。人民代表提出法律案是人民主动参与立法的民主性权利，进行立法审议是人民对立法过程的意志控制。虽然在立法实践过程中，往往是由相关的党政机关提出立法需求，然后启动立法工作，但是由于党政机关代表了人民的权利和意志，因此这一实践情形依然是立法民主性的表现。立法民主性原则表现在立法议题及方案在起草阶段由人民代表提出，须有公众参与和民主协商。这有利于充分调动人民参与立法的积极性。立法民主性原则可以打破部门利益。人民的利益才是最终的利益，不同的公权力机构的部门利益服从于人民的利益。立法民主性原则强调人民的参与，未经人民参与的立法程序必然导致利益的

---

① ［英］埃德蒙·柏克著，蒋庆等译：《自由与传统——柏克政治论文选》，商务印书馆 2001 年版，第 283 页。

② 参见张文显主编：《法理学》（第五版），高等教育出版社 2018 年版，第 234 页。

分化，民主意志受到限缩。立法民主性原则意味着在立法的酝酿和启动阶段，人民就应该参与立法。

《宪法》第二条第三款规定：“人民依照法律规定，通过各种途径和形式，管理国家事务，管理经济和文化事业，管理社会事务。”《立法法》作为对该宪法精神在立法工作中的具体化，其第五条规定：“立法应当体现人民的意志，发扬社会主义民主，坚持立法公开，保障人民通过多种途径参与立法活动。”该条实际上从实体与程序两方面对立法的民主性提出了要求，即立法既要在实体上体现人民意志，又要在程序上做到立法公开，保障人民参与以及监督立法渠道的畅通，以此全方位保障民主立法的实现。在立法实践中，公众参与立法是民主性原则的具体体现。公众参与立法的形式一般有公开征求意见、列席与旁听、座谈会等。

## 四、科学性原则

马克思认为：“立法者不是在创造法律，不是在发明法律，而仅仅是在表述法律，用有意识的实证法将精神关系的内在规律表现出来。”① 可见，立法是一项科学活动，尊重立法规律，有助于减少错误，提高立法质量。同时，法律是立法者意志的体现，其根本价值在于实现立法者的立法目的，而立法作为立法者有目的、有意识的自觉活动，② 具有较强的主观性，因此，只有将立法者的主观符合客观实际才能改造实践，符合我国现代化建设和改革开放的需要。由此可知，立法必须是科学的，立法的科学性原则也由此衍生。所谓科学性原则，是指从我国实际出发，尊重和体现客观规律，正确处理立法与改革的关系，科学合理地规定权利与义务、职权与职责，增加法律的可执行性和可操作性，使每一部法律规范都切实管用。③ 我国立法工作本质上是一种“建构理性”，注重历史和社会发展的科学规律对社会制度进行有意识的设计。立法的科学性原则要求立法应在政治价值和意识形态的基础上，更注重其现实性。立法科学性原则要求我们从自然科学和社会科学的“科学”立场说明实践活动的规律。根据立法活动的实践经验，对不同立法文件进行科学定位，掌握立法行为的层次性，并对不同层次的问题进行科学性考察。我们需要使用法学概念梳理、区分不同但相互联系的立法问题，规定清楚立法的科学性问题。科学性这一概念来自自然科学，它摒弃宗教神学、先验论等不可证伪的理论观念，以实证的方法为基本遵循，强调对结果的可控性和准确性。科学性概念进入社会实践领域，成为实践活动的价值标准。立法活动是有目的地改造社会的过程。法律带有非常明显的社会目的，是促进实现各类社会目的的手段。立法的科学性原则要求实现立法目的，符合政治价值观和法律规范性。立法目的与政治理念则属于超验性命题。因为科学性只是符合科学规律，但科学性立法本身不对价值问题作出判断。立法科学性原则要求我们认真对待立法的客观性、可检验性和普遍性标准，注重法律体系的系统连贯性和逻辑统一性。立法科学性原则提供的是一个形式性标准，而不作任何价值评价。立法科学性原则的纯粹理性可以由任何政治目的

① 《马克思恩格斯全集》第1卷，人民出版社1995年版，第347页。

② 参见徐向华主编：《立法学教程》（第二版），北京大学出版社2017年版，第66页。

③ 参见张文显主编：《法理学》（第五版），高等教育出版社2018年版，第232－233页。

所灌注，它提供的只是方法科学性的标准。至于目的本身是否正当，不在立法科学性原则的考虑范围之内。尽管如此，这并不意味着立法科学性原则与良法善治相背离。由于科学性是指形式理性，而法之善恶是实践理性，那么立法科学性原则如何确保立法程序能产生良法善治？理论上，立法活动中涉及的伦理性、目的性追求可以通过科学立法而实现。立法科学性原则只是提供了一种可以实现目的的手段，手段本身不是目的。但是，在中国特色社会主义制度下，立法是为了人民的利益，其伦理价值不言自明。因此，在人民意志的指引下，立法者可以在立法科学性原则的基础上创制出良法，实现善治。

我国实证法上对立法的科学性原则的表述集中体现在《立法法》第六条："立法应当从实际出发，适应经济社会发展和全面深化改革的要求，科学合理地规定公民、法人和其他组织的权利与义务、国家机关的权力与责任。法律规范应当明确、具体，具有针对性和可执行性。"该条确立了我国立法实事求是、科学合理、具体明确的原则要求，有利于提高我国整体的立法质量和水平，实现立法方法、立法策略等立法技术的科学化和合理化。

## 五、地方特色原则

上述四个立法原则是从中央立法和地方立法的角度而言的，而地方特色原则仅从地方立法的角度进行探讨。所谓地方特色原则，是指地方立法能反映本地的特殊性，符合本地实际，解决本地的实际问题的原则。① 以往的立法学专著或者教材普遍没有重视地方特色原则作为我国法定的立法原则，是因为 2015 年修改《立法法》前，地方立法主体不够广泛，仅局限于少数具有立法权的地方立法主体，与当前数量众多设区的市成为地方立法主体的局面形成鲜明对比。基于此，在传统立法学研究中，中央立法自然成为重点研究对象，而在研究范式上，地方特色原则作为一项法定原则自然被忽视。设区的市的地方立法自主权可以有效实现当地人民的意志和利益。地方立法是形塑中央与地方政法关系的制度性设计，代表了地方政府职能及其履职方式的重要调整。在实践中，地方立法既要服从于单一制的国家结构，也要兼顾地方民主意志。中央有权力通过立法决定地方的一切重大事项，也可以根据地方特点制定相应的法律。但是，中央不可能凡事亲力亲为，地方依然存在一定的自主性空间。我国幅员辽阔、人口众多，国家治理需要因地制宜。除了省一级的立法，还有非常重要的设区的市一级的立法，因为设区的市这一级有承上启下的枢纽作用。地方立法不是要"地方自治"，而是强调地方人民决策和行动之自由。地方立法在获得中央立法授权的同时，也需要承当相应的政治责任。地方立法的主要内容是居民利益与地方事务，地方政权机构通过地方立法对当地居民利益和地方事务进行制度性安排。由于缺乏必要的地方性法律法规的指引，过去存在着"红头文件"治理现象，导致一些地方政府部门在权力运行过程中"无法可依"，地方立法是地方政府施政合法性的重要保障。地方立法是地方公共产品与服务的生产平台。地方市县的医疗、教育、环保、安全、体育等方面的公共产品与服务关系到居民的幸福感，地方居民也对这些方面的公共产品供给非常热心，需要通过地方的民主立法机构对地方政府提出自己的需求。地方立法则为公共产品和服务的供给提供了法律保障，优化公共产品和服务资源的配置。地方立法可以协调地方

---

① 参见石佑启、朱最新主编：《地方立法学》，广东教育出版社 2015 年版，第 72 页。

利益群体的政治诉求，不同的党政部门与社会团体都可以通过人民代表大会和政治协商会议的方式参与到立法活动中，是实现参与式民主的有效途径。地方立法能很好兼顾国家制度的统一稳定性和满足地方需求。立法过程中人民参与度是影响立法权威的重要标尺，地方立法能有效满足地方居民的生活需求，增强法律法规的效力。

地方立法坚持地方特色原则是由地方立法的特性决定的。重复中央立法的相关规定不是体现地方立法的现实需要。地方立法是要细化中央立法的粗放条款，反映地方实际需求，打破全国各地区经济社会发展的不平衡局面。随着中央授权地方进行经济改革的事项愈多，地方立法的作用愈发重要。重视并研究地方立法对当前全面推进依法治国具有非常重要的理论与实践意义。因此，在我国的地方立法中，立法主体要坚持地方特色原则。事实上，这一原则并非公理性原则，而是法定原则。《立法法》要求地方立法主体“根据本行政区域的具体情况和实际需要”制定地方性法规、自治条例和单行条例、经济特区法规和地方政府规章,① 这就是地方特色原则的法律依据。

① 参见《立法法》第七十二条、第七十三条、第七十四条、第七十五条、第八十二条的规定。

# 第二编　立法制度

# 第三章　立法主体

## 第一节　立法主体概述

### 一、立法主体释义

立法主体是立法权的重要载体。离开了立法主体，立法权便只能停留在理论研究上，无法转化为现实的法律规范。那么，什么是立法主体？立法主体是一个学理概念，而非法律概念，学界对其含义作出了不同的界定。目前主要分为“法治说”与“功能说”。

“法治说”强调拥有立法权是立法主体的必备条件，不享有立法权的组织和个人不能成为立法主体。在学界，法治说有两种具体观点：第一，强调立法主体的广泛性。朱力宇等人认为，立法主体是指“根据宪法和有关法律规定，有权制定、修改、补充、废止各种规范性文件以及认可法律规范的国家机关、社会组织、团体和个人”。① 徐向华等人认为，立法主体是“根据宪法和法律规定或授权，有权制定、修改、废止、解释规范性法律文件的政权机关或其他社会组织、团体”。② 第二，强调立法主体的唯一性。周旺生认为，立法主体是指“依法有权进行或参与法的制定、认可和变动活动的国家机关的总称”。③ 从立法学教材来看，强调立法主体的广泛性是主流观点。

“功能说”认为，立法主体是指有权参与和实际参与立法活动的机关、组织和个人的统称。④ 与法治说不同，功能说不过分强调立法主体必须依法享有立法权，而是注重立法主体是否具有立法功能。从功能说的定义延伸可知，该学说主张立法主体除了指具有一定职权的立法参与者外，还包括虽然不具有立法权但能对立法起实际作用或能对立法产生重要影响的机关、组织和个人。例如，现代国家的执政党在立法工作中能产生重要影响，这些组织也是立法主体。

立法主体包括了立法形式主体和立法参与主体，其中立法形式主体是立法工作的主要部门，立法参与主体是必要的组成部门。立法的形式主体是根据《宪法》《立法法》的规定，享有相关立法权的主体。立法的参与主体是指参与到立法过程中对立法内容产生实质

---

① 朱力宇、叶传星主编：《立法学》（第四版），中国人民大学出版社 2015 年版，第 89 页。

② 徐向华主编：《立法学教程》，上海交通大学出版社 2011 年版，第 89 页。

③ 周旺生：《立法学》，法律出版社 2009 年版，第 164 页。

④ 参见周旺生：《立法学》，法律出版社 2009 年版，第 165 页。

影响的主体。立法的形式主体只能根据《宪法》《立法法》而产生和确定，而立法的参与主体则包括较多的主体。政党、国家元首、相关专业人员、行政机关、司法机关等主体对立法的内容产生实质性影响，属于立法的参与主体。立法的参与主体是体现人民意志，贯彻社会主义民主，保障人民多渠道参与立法的要求。立法参与主体的广泛性是为了集思广益，吸收不同群体的意志。

从现代法治国家的立法实践来看，尽管没有立法权的主体能够对国内立法工作产生重要影响，有时候甚至起到关键的作用，但离开立法权，立法工作终究会流于空谈。因此，本书赞同“法治说”，也强调立法主体的广泛性。当然，这并不意味着本书完全否定“功能说”。鉴于“功能说”注重实际情况，有助于充分发挥各类立法主体的作用，对于完善“法治说”的作用不能忽视。据此，为了更好地阐释立法主体的含义，本书对其作出如下说明：

1. 立法主体具有立法权

立法活动在本质上是政权意志的反映，是一定政权机关按照法定职权和法定程序所进行的活动。[①] 因此，立法主体与立法权紧密相连，只有具备宪法和法律赋予的立法权，才能成为适格的立法主体。对此，需要明确的是，在现代国家的立法活动中，很多主体均会对立法产生一定的影响，有些甚至是实质性的，但这些主体并不具有法定立法权，其对立法的影响最终必须以法定立法主体的名义、通过法定立法程序才能予以实现。[②] 换言之，判断一个主体是否为立法主体，不仅要考察其对立法活动的影响力，还必须考察其是否具有法定立法权。

2. 立法主体主要是国家机关

一般而言，立法活动均为国家专有行为，因此，国家机关是最主要的立法主体，其余任何社会组织、团体或个人必须经过宪法或法律的授权才可以进行一定的立法活动，这也是立法主体法定的一定体现。但这类立法主体毕竟是少数，绝大多数的立法活动均由国家机关予以完成。[③] 对此，虽然议员投票和国家元首签署、批准或公布法律等行为在立法活动过程中有重要意义，但这时的个人是以议员、国家元首之类的特定身份或代表国家机关活动的，不是以通常的个人身份参与立法。立法主体之所以应当是国家机关，原因在于立法是表现国家意志和利益的最重要的活动，只有国家机关才适合并能准确公正地表达国家意志和利益，而其他社会组织和个人通常不能或不适宜表达国家意志和利益，抽象的国家则无法自行表达其意志和利益。[④]

3. 立法主体的立法权具有整体性

立法主体行使的立法权是整体意义上的国家权力，既包括法律文件的制定权、修改权、解释权、废止权、撤销权等实体性权力，也包括提出议案权、审议权、表决权和公布权等程序性权力。[⑤] 换言之，有些主体虽然在立法活动中具有一定参与立法的权力，但由

① 参见徐向华主编：《立法学教程》（第二版），北京大学出版社 2017 年版，第 82 页。

② 参见徐向华主编：《立法学教程》（第二版），北京大学出版社 2017 年版，第 82 页。

③ 参见朱力宇、叶传星主编：《立法学》（第四版），中国人民大学出版社 2015 年版，第 89 页。

④ 参见周旺生：《立法学》，法律出版社 2009 年版，第 164 页。

⑤ 参见徐向华主编：《立法学教程》（第二版），北京大学出版社 2017 年版，第 82 页。

于其不能行使完整的立法权而不属于立法主体，如国家机关中专门从事立法的工作机构及其工作人员。

4. 立法主体不同于立法者

与立法主体在含义上存在联系的概念——立法者，是“参与立法者”或者“立法参与者”的简称、通称。在英文中，用 legislator 来表述立法者，包括议员、立法委员、立法机关中的立法工作人员、国会代表等。诚然，在一场立法活动中，由于涉及众多环节，参与立法的具体个人必然众多。这些参与立法的具体个人一般可被视作立法者。我国是人民民主专政的社会主义国家，根据人民主权原则，每个公民都有权参与立法，这也是实现人民当家作主的重要方式，最大限度地保证立法的民主性和科学性。在立法实践中，各民主党派、工会、共青团、妇联等社会组织和团体以及法学专家学者等个人就某些立法向立法机关提出立法建议，甚至还参与法律草案的草拟工作，他们对立法的作用越来越大，是立法者的重要组成部分。但在“法治说”看来，立法主体是具有法定立法权的国家机关、社会组织、团体和个人，而不是立法活动的参与者或者具体个人。① 此外，在英文中，可用 legislative body 来表述立法主体。

## 二、立法主体的种类

按照法治说与功能说，可以对立法主体作出法治意义与功能意义的区分，相应地可以按照两个标准对立法主体范围予以划分：一是是否具有立法权，二是是否对立法活动起实质作用或者产生重大影响。由此可知，按照不同的标准可以对立法主体作出不同的区分。本书以立法主体自身的性质为标准，将立法主体分为国家机关、其他社会组织、主权享有者和个人；以权力来源为标准，将立法主体分为法定立法主体和授权立法主体。

1. 以立法主体自身的性质为标准

根据立法主体自身的性质，可以将立法主体分为国家机关、其他社会组织、主权享有者和个人四类。② 通过这种分类可以判断其行使立法权的性质，不同立法性质的立法主体行使的立法权具有不同的特点。③

（1）国家机关。

在国家机关内部，又主要包括以下不同类型的主体：

①具有代表性质的代议机关，即议会、代表机关等，也称立法机关。立法机关的立法权相对完整，从提案、审议到表决乃至公布的整个立法过程均具有广泛的权限，是现代国家最为主要且重要的立法主体。

②具有管理性质的行政机关，即政府。行政机关的立法权相对立法机关具有从属性，其在立法过程中不得违反立法机关制定的法律。此外，行政立法通常采取行政首长负责制，即所立之法是否颁行直接由政府决定，而非表决。

③具有创制判例性质的司法机关，如法院。由于英美法系承认司法机关的立法权，因

① 参见朱力宇、叶传星主编：《立法学》（第四版），中国人民大学出版社 2015 年版，第 90 页。

② 参见周旺生：《立法学》（第二版），法律出版社 2009 年版，第 167 页。

③ 参见徐向华主编：《立法学教程》（第二版），北京大学出版社 2017 年版，第 83 页。

此司法机关立法主要出现在英美法系（普通法系）的国家中，其判例法也被称为“法官造法”。

④具有特定职权的国家机关，如国家元首。国家元首是一国实际上或形式上对内对外的最高代表，在国家机构体系中实质上或象征性地居于首脑地位，在总统制、共和制的国家中，国家元首一般称总统、主席等，而在君主制和君主立宪制的国家中，一般称皇帝、国王、大公等。

（2）其他社会组织。

其他社会组织主要包括政党、利益集团、压力集团以及对国家和社会生活颇具影响力的公民社团等，这些立法主体往往可以对立法活动起到引导、支配、控制、制约以及其他作用，但由于其不具有法定的立法权，因而对立法起到的作用更多体现在策划与决策等幕后环节上。

（3）主权享有者。

主权享有者主要指以对国家政权拥有最终权力的主权者的名义存在的立法主体，如整体意义上的人民、公民等，但这类立法主体对立法活动的影响较为薄弱，远不如作为立法主体的国家机关和其他社会组织。

（4）个人。

立法活动终究需要人来开展，有些个人所处的重要地位或具备的其他某些条件，使其能在立法活动中起重大作用。但个人必须以一定的身份或名义在立法中起作用，换言之，离开了特定的身份地位，个人便无法对立法活动产生影响，如帝王、总统等。

2. 以权力来源为标准

根据立法主体权力来源的不同，可以分为法定立法主体和授权立法主体。这种分类便于判断不同立法权各自的权限范围、行使程序以及监督手段等问题。

（1）法定立法主体。

法定的立法主体指立法权来源于宪法或宪法性法律明文规定的立法主体，主要指一国的立法机关。如《立法法》第七条规定：“全国人民代表大会和全国人民代表大会常务委员会行使国家立法权。”

（2）授权立法主体。

授权的立法主体指立法权来自其他立法主体（主要是立法机关）授权的立法主体。被授权的主体行使立法权时通常会受到授权期限、适用范围等多方面的限制。例如，《立法法》并非将所有的国家机关都纳入授权立法主体，目前仅限于国务院和经济特区所在地的省、市的人民代表大会及其常务委员会。同时，也不是所有的国家机关都可以成为立法权的授权主体，根据《立法法》，国务院针对法律相对保留的事项制定行政法规时，其授权主体是全国人民代表大会及其常务委员会；但针对经济特区所在地的省、市的人民代表大会及其常务委员会制定经济特区法规，则作出更加严格的限制，其授权主体仅限于全国人民代表大会，不包括全国人民代表大会常设机关。当然，这是2000年《立法法》颁布后的规定。1989年全国人民代表大会授权全国人民代表大会常务委员会在深圳市依法选举产生市人民代表大会及其常务委员会后，可对深圳市人民代表大会及其常务委员会、人民政府作出授权决定。1992年，全国人民代表大会常务委员会依法授权深圳市人民代表大会及其常务委员会、人民政府享有经济特区立法权，至今，该项决定仍有效力。

此外，《立法法》针对授权立法主体行使立法权还作出了多方面限制：一是授权决定应当明确授权的目的、事项、范围、期限以及被授权机关实施授权决定应当遵循的原则等。其中，国务院被授权的立法事项不得包括：①犯罪和刑罚；②对公民政治权利的剥夺和限制人身自由的强制措施和处罚；③司法制度。二是除授权决定特别规定外，授权期限不得超过五年。三是被授权机关应当在授权期限届满的六个月以前，向授权机关报告授权决定实施的情况，并提出是否需要制定有关法律的意见；需要继续授权的，可以提出相关意见，由全国人民代表大会及其常务委员会决定。四是授权立法事项，经过实践检验，制定法律的条件成熟时，由全国人民代表大会及其常务委员会及时制定法律。法律制定后，相应立法事项的授权终止。五是被授权机关应当严格按照授权决定行使被授予的权力。六是被授权机关不得将被授予的权力转授给其他机关。七是被授权机关制定的法律规范存在超越授权范围或者违背授权目的的问题时，授权机关有权撤销该法律规范，必要时可以撤销授权。

## 第二节　立法机关

### 一、立法机关的概念和特征

1. 立法机关的概念

立法机关是指根据法定权限，依照法定程序，制定、认可、修改、解释、废止法律的国家代议机关。需要说明的是，现代意义上的立法机关一般专指相对于行政机关以及司法机关而言的具有代表性质的代表机关或议会，虽然行政机关与司法机关在一定程度上也是立法主体，但由于其主要职责在于执法和司法，因此不将其称作立法机关。[①] 由于历史传统与国情的差异，各国立法主体的范围不可能完全一致。受现代分权制衡理论的影响，加之国家治理的实际需要，一般而言，各国都会设置立法机关，将其作为本国最重要的立法主体，行使立法职权，产生法律规范，调整各方面的行为。一般认为，立法机关是国家政权机构中地位最高的国家机关，是权力机关、决策机关。[②] 各国的立法机关名称各异，如英国的议会、美国的国会、我国的人民代表大会等，且其具体设计、组建也不尽相同，但一般而言，主要包括：议员（或代表）、议会领导机构、议会委员会、议会党团、议会的工作机构等。

2. 立法机关的特征

与其他立法主体相比，立法机关主要有以下特征：

（1）立法机关属于国家机关。

在现代法治国家，立法是一项十分重要的国家政权活动，而立法权与行政权、司法权

① 参见朱力宇、叶传星主编：《立法学》（第四版），中国人民大学出版社 2015 年版，第 93 页。

② 参见周旺生：《立法学》，法律出版社 2009 年版，第 172 页。

等共同构成国家权力体系。立法机关代表国家行使立法权，制定、认可、修改、解释、废止法律，通过立法活动对国家产生重要影响。

（2）立法机关最主要的职能是立法。

与行政机关行使执法职能、司法机关行使司法职能不同，立法机关作为国家机关，按照分工，它在一国中最主要的职能是进行立法活动，这也是它与其他国家机关最主要的区分标志。

（3）立法机关是制定、认可和变动法律的国家机关。

立法机关是专门实施立法职能的国家机关，它制定的法律一般具有普遍适用性，并且在效力位阶上仅次于宪法，其他法律规范不得与其相抵触，否则将会失去效力，甚至被撤销。虽然其他立法主体也能够制定、修改、废止规范性法律文件，或者参与立法活动，但终究无法取代立法机关制定、认可、修改、解释、废止法律。

（4）立法机关是主要由代表组成，以议事方式进行活动的国家机关。

立法机关通常是由代表组成的代议机关。无论是实行直接民主制还是间接民主制的国家，都不可能将立法权赋予全国公民，由公民直接立法。一般而言，各国都会采取一定的方式产生代表，由他们组成国家立法机关，以召开会议的方式实现其职能，充分发挥民主的优势，集体讨论决定国家重要事项，而不实行首长负责制或者个人负责制。这也是立法机关与其他国家机关的重要区别。

## 二、立法机关的种类

按照不同的标准，可以对立法机关作出不同的分类。①

1. 法定立法机关和授权立法机关

根据权力来源的不同，可以将立法机关分为法定立法机关和授权立法机关。法定立法机关是指根据宪法或法律的规定而设立的立法机关。宪法或法律确定立法机关的方式有两种：一种是直接规定某机关为立法机关；另一种是虽不直接规定某个机关为立法机关，但以明确某机关享有立法权的方式间接确定立法机关。例如，我国宪法和法律都没有直接规定全国人民代表大会及其常务委员会为国家立法机关，但规定它们享有国家立法权。法定的立法机关通常是常设机关，拥有较为完整的立法权，专门实施立法职能。授权立法机关是指为解决特定问题，在特定时间内存在，由立法机关依法设立的机关。如《立法法》规定经济特区所在地的省、市的人民代表大会及其常务委员会根据全国人民代表大会的授权决定，可以制定经济特区法规，在经济特区范围内适用。通常情况下，法定立法机关的地位高于授权立法机关，前者制定的法律规范在效力位阶上也比后者制定的法律规范高。

2. 专门立法机关和非专门立法机关

根据立法机关是否以立法作为其最主要职能，可以将立法机关分为专门立法机关与非专门立法机关。专门立法机关是指按照宪法或法律确定的、具有完整或者比较完整立法权的、以立法工作作为其最主要职能的机关。非专门立法机关是指除了立法职能外，还有其他职能

---

① 参见周旺生：《立法学》（第二版），法律出版社2009年版，第173－175页；徐向华主编：《立法学教程》，上海交通大学出版社2011年版，第92－93页。

的机关。例如，基于行政管理的需要，很多国家的宪法或法律都规定行政机关拥有行政立法权，可以依法进行行政立法。然而，按照现代分权理论，行政机关更重要的职能是实施行政管理活动。又如英美法系国家和地区在传统上便有“法官造法”的传统，因而在这些国家和地区中司法机关也享有立法权，属于立法机关。但司法机关更重要的职责是依法审理案件，作出公正裁判。因此，在判例法国家和地区，司法机关属于非专门立法机关。

3. 中央立法机关和地方立法机关

根据立法机关级别的不同，可以将立法机关分为中央立法机关和地方立法机关。在实行中央和地方两级立法体制的国家，以国家名义进行立法活动的机关为中央立法机关，通常包括享有国家立法权的代议机关和中央行政立法机关，以及被授权制定全国性法律的临时性立法机关。在我国，中央立法机关主要指全国人民代表大会及其常务委员会、国务院、国家监察委员会等。以地方名义进行立法活动的机关是地方立法机关，一般包括享有地方立法权的代议机关和地方行政机关。在我国，地方立法机关主要指省、自治区、直辖市、设区的市、自治州的人民代表大会及其常务委员会和人民政府。中央立法机关一般高于地方立法机关，中央立法机关制定的法律规范一般是地方立法机关制定法律规范的依据，并且地方立法机关的立法一般不能与中央立法机关的立法相抵触。

4. 普通立法机关和特殊立法机关

根据立法机关是否经常存在，可以将立法机关分为普通立法机关和特殊立法机关。普通立法机关是指长期存在的，制定、修改和废止法律的机关。国外的议会、国内的人民代表大会等便属于这类立法机关。普通立法机关通常是现代国家主要的立法机关，承担着大量的立法任务。特殊立法机关是指为了制定宪法或特别重大的法律规范而临时设立的立法机关，如我国在 1954 年制定宪法时成立了一个以毛泽东为主席的宪法起草委员会。

5. 一院制立法机关和两院（多院）制立法机关

根据立法机关内部构成的差异，可以将立法机关分为一院制立法机关和两院（多院）制立法机关。在很多国家，通常设置议会作为立法机关，而议会有由一院组成的，也有由两院组成的。由一院组成的立法机关称为一院制立法机关，由两院组成的立法机关称为两院制立法机关。一院制立法机关与两院制立法机关各有优劣利弊：一院制立法机关的优势在于构成单一，意见相对集中，可以避免出现两院制立法机关的内部矛盾，便于提高工作效率，及时立法。从地理分布上看，亚洲、非洲的国家多采用一院制；从国家结构形式来看，单一制国家多采用一院制。两院制立法机关的优势在于可以防止单独的立法机关匆忙草率地立法，起牵制平衡的作用。但其效率一般低于一院制立法机关。除了一院制立法机关和两院制立法机关，有的国家还存在过三院制立法机关，如南非。

## 三、立法机关的产生

“法治”作为一种现代文明，已为世界上大多数国家所接受。依法治国的前提是法制健全，而健全法制保障则依赖于拥有立法权的主体根据本国国情的实际需要，积极立法。因此，现代国家都会设置负责立法的机关作为统治阶级追求建设法治国家的重要标志。立法机关是一国进行立法活动最重要的立法主体，即使是发达国家也无法做到全民立法，况且现实情况也不允许由全体公民参与立法。这就需要一定的主体通过一定的方式组成立法组织。然而，由于各国历史传统与现实国情存在较大差异，各国立法机关的产生方式也未尽一致。总体来看，立法机关的产生方式主要包括选举产生、任命产生、世袭产生和当然担任产生。

1. 选举产生

选举产生是指由公民根据自己的意愿，按照法定的规则和程序，通过直接选举、间接选举，或者直接选举与间接选举相结合的方式，选举一定数量的公民作为国家代议机关的代表，由他们组成国家立法机关。

2. 任命产生

选举是立法机关产生的主要方式，但不是唯一方式。除了通过选举方式产生代表组成立法机关外，有的国家的立法机关代表是通过任命产生的，包括政府任命、议会任命、国家元首任命等。此时，被任命者可以不经过选举，直接进入立法机关。

3. 世袭产生

在某些实行君主立宪制的国家，立法机关的部分成员是通过世袭产生的。例如，英国上议院是英国议会的两院之一，其议员包括王室后裔、世袭贵族、终身贵族、上诉法院法官和教会大主教及主教。其中，世袭贵族占比最高。

4. 当然担任产生

当然担任产生是指根据法律规定，在国家机关担任过特定职务或者拥有特定身份的人直接成为立法机关成员。这种产生方式主要包括两种情形：一是国家总统在卸任后，如果不自行放弃议员资格，则终身担任议员；二是在行政机关担任某些重要职位的官员在任职期间为立法机关的当然成员。

## 四、立法机关的职权

从近现代各国的实践来看，代议机关作为立法机关组织开展立法工作，既是履行职责也是行使权力，兼具权力与义务的双重性。虽然立法机关的重要职权是立法，但其作为民意机关，其职权同时还包括通过国家预算、监督政府、任免公职人员等。

1. 立法权

立法主体与立法权紧密相连，立法主体是立法权的行使者，立法权是立法主体享有的最重要的国家权力。所谓立法权，是指有权国家机关依法制定、修改、补充、废止各种规范性文件以及认可法律规范的权力。① 鉴于本书第四章将对“立法权”进行专门探讨，在此不再赘述。

2. 财政监督权

财政监督权是指立法机关依照宪法的规定对政府财政收支计划的编制、审批、执行和决算等预算管理过程进行立法规范，并据此对政府编制的财政收支预算方案及其调整方案进行民主审查批准，对政府执行预算的过程情况和决算的真实性、合法性和有效性所进行的专项检查和综合评价监督的权力。该职权主要通过对政府提交的财政法案进行审议来实

---

① 参见朱力宇、叶传星主编：《立法学》（第四版），中国人民大学出版社2015年版，第90页。

现，财政法案包括国家收入和支出各种法案，其中以预算案和决算案最为重要。预决算基本是由政府提出，并且由政府执行的，因此对预决算的审议，实际上是对政府财政进行监督，事实上是一种监督权。在我国，《宪法》和《中华人民共和国地方各级人民代表大会和地方各级人民政府组织法》（以下简称《地方组织法》）均明文规定，作为立法机关的人民代表大会及其常务委员会可审查、批准国民经济和社会发展计划以及预算和预算执行情况的报告。

3. 人事任免权

人事任免权是指立法机关依法对国家机关的领导人员及组成人员进行选举、任命、罢免、免职、撤职等诸种权力。在我国，《宪法》和《地方组织法》均明文规定，作为立法机关的全国人民代表大会及其常务委员会可对国家主席、行政机关、军事机关、国家监察机关、司法机关等国家机关的领导人员进行任免。

4. 质询权

质询权，又称“质问权”，是指具有质问权者（如议员、人民代表）依法对国家行政机关及其公职人员提出质问和要求答复的权力。质询的功能是获取信息和敦促受质询机关行动。在我国，《宪法》和《地方组织法》均明文规定，人大代表对行政机关、审判机关、检察机关等国家机关工作严重不满，或发现这些机关有失职行为，给国家和社会造成重大损失的，在人民代表大会会议上，人大代表可以依法对有关部门提出质询。

## 第三节 其他立法主体

### 一、行政机关

行政机关是指在国家政权机构中代表国家依法行使行政权，组织和管理国家行政事务的国家机关。毫无疑问，行政机关是国家行政管理活动的重要主体，不属于立法机关，但它却在各国立法实践中发挥着重要的作用，享有行政立法权，是具有重要影响力的立法主体。行政机关的立法职能仅次于立法机关。按照我国主流观点，只有行政机关制定行政法规范的活动才是行政立法。由此可见，行政立法属于一种抽象行政行为。[①]

行政机关作为立法主体具有一定的客观必然性：第一，立法机关作为法定立法主体，专施立法职能，为了保障立法的民主性、科学性和程序性，立法机关一般会设置较为复杂的立法程序，从立法规划到通过立法往往需要漫长的时间，难以满足行政机关执法的现实需要。第二，基于行政管理的需要，一般说来，行政机关是国家政权机构中具有较大立法冲动的国家机关。第三，随着经济社会的发展，社会分工向精细化、专业化发展，赋予行政机关立法权，由其立法，有利于立法的贯彻实施。行政机关作为立法主体，其实施的各项行为都必须遵循宪法和法律，其制定的法律规范也不得与宪法和法律相抵触，还要受到立法机关的监督。

① 参见姜明安主编：《行政法与行政诉讼法》（第六版），北京大学出版社、高等教育出版社2015年版，第160页。

## 二、司法机关

司法机关是行使司法权的国家机关，除了主要行使司法职能外，在某些情况下还拥有一定的立法权，对立法发挥着重要的作用，是当前很多国家的重要立法主体。狭义的司法机关指专施审判职能的法院；广义的司法机关不仅包括法院，还包括检察机关和负责司法行政工作的机关（如司法行政部门、公安部门）。这里采狭义之说，司法机关仅指法院。在实践中，司法机关主要通过以下四个方面对立法发挥作用。

1. 创造判例

法院在审理具体的案件时会形成生效判决，这些具体的生效判决可以抽象出一般规则和原则，并对本院和下级法院的审判活动产生约束力。当遇到相同或相似的案件时，除非出现新的情况，必须作出与本院或者上级法院过去判决相同的判决，不得作出与本院或者上级法院过去判决相反或者不一致的判决，直至将来某一天最高法院在另外一个同类案件中作出不同的判决为止。在民法法系（又称“大陆法系”“罗马—日耳曼法系”“成文法系”）国家，判例是非正式的法律渊源，除个别情况外，理论上不承认判例具有约束力。但在普通法法系国家，判例是正式的法律渊源，即判例法。在我国，判例虽然可以对法院产生一定影响，但判例不是我国的法律渊源，人民法院在判决时不能直接引用过去的生效判决。判例法制度的基本思想是承认法律本身是不可能完备的，法官在遇到具体案情时，应根据具体情况和法律条款的实质，作出具体的解释和判定。其基本原则是“遵循先例”，但不等于盲目服从、机械遵守，而是由法官灵活运用，当先例适合眼下的案例，则遵循；如果先例不适合眼下的案例，那么法官可以拒绝适用先例，或者另行确立一个新的法律原则而推翻原来的判例。

2. 作出司法解释

司法解释是指司法机关在适用法律过程中对具体应用法律问题所作的具有普遍司法效力的解释。法律即使再完备，也难以避免“法律漏洞”现象。同时，立法机关的立法通常具有概括性、原则性的特征，需要法院在审理具体案件时根据宪法和法律作出解释。为了弥补立法的不足，当今世界上很多国家都规定其司法机关拥有解释法律的权力。法院对相关规范性法律文件的解释，事实上已经成为一种立法活动。在我国，现行《立法法》规定法律解释权归属于全国人民代表大会常务委员会，但同时规定，最高人民法院对审判工作中具体应用法律问题作出解释，如《最高人民法院关于适用〈中华人民共和国行政诉讼法〉的解释》。最高人民法院作出的司法解释对各级人民法院的审判具有约束力，是办案的依据。《宪法》和《立法法》没有规定法院为我国的立法主体，但最高人民法院作出司法解释实际上属于一种立法活动。然而，基于法院不享有独立的法律解释权，我国法学界普遍认为法院并不属于立法主体。

3. 提出法案

司法机关可以通过向立法机关提出法案参与立法。例如，《立法法》第十四条第二款、第二十六条第二款规定，最高人民法院有权向全国人民代表大会、全国人民代表大会常务委员会提出法律案。

4. 开展司法审查

司法审查是指法院通过司法程序来审查和裁决立法机关和行政机关制定的法律、法令以及行为是否违反宪法的活动。经过审查，被认为是违反宪法的立法和行政行为便是无效的。各国对于司法审查权的配置并非完全一致，有的国家规定由普通法院（主要是最高法院形式）开展，如美国；有的则将该项权力赋予专门法院，如德国的宪法法院、法国的宪法委员会等。自1982年《宪法》颁布后，我国由全国人民代表大会及其常务委员会承担合宪性审查的任务，初步建立合宪性审查制度，但由于相关制度机制不健全，许多涉嫌违反宪法的法律规范往往需要停止生效后方可消除违宪效果，如《国务院关于劳动教养问题的决定》。据公开资料显示，迄今为止，只有3例合宪性审查的案例，分别是1990年全国人民代表大会对香港基本法作出符合宪法的决定①和1993年全国人民代表大会对澳门基本法作出符合宪法的决定②，以及2017年全国人民代表大会常务委员会对广深港高铁“一地两检”作出符合宪法和香港基本法的决定③。进入中国特色社会主义新时代后，我国于2018年修正《宪法》时，将“法律委员会”更名为“宪法和法律委员会”，由该委员会承担维护宪法权威的职责，此举被视为我国健全合宪性审查制度的重要探索。目前我国主要通过备案审查的方式审查法律规范的合宪性和合法性，并通过行政诉讼等制度纠正违法行政行为。

## 三、国家元首

在现代国家，国家元首与中央立法机关、中央行政机关、最高司法机关、中央军事机关等共同构成最高国家政权机构。国家元首是一国的最高首脑，是一个国家在实质或形式上对内对外的最高代表。国家元首的职权一般由该国宪法规定，一般说来，其职权主要包括：公布法律权，发布命令权，任免权，召集议会权，外交权，统帅武装部队权，赦免权，荣典权等。在各国的立法活动中，国家元首也发挥着不可替代的作用，是重要的立法主体。从各国的立法实践来看，总结而言，国家元首在立法方面发挥的作用主要体现在三个方面：一是召集和解散立法机关；二是公布法律；三是发布命令。我国为了适应改革开放的需要，在1992年对国家元首体制进行改革，实行中共中央总书记、国家主席、军委主席“三位一体”的新型现代国家元首制。我国国家元首在立法上发挥的作用除了表现为领导立法外，根据《宪法》和《立法法》的规定，经全国人民代表大会及其常务委员会表决通过的法律案必须由国家主席签署主席令后方可公布、施行。

## 四、被授权的组织或个人

除了国家政权机构可以成为立法主体外，在一些国家，其宪法和法律还规定经过宪法、法律或者立法机关的授权，特定组织或个人可以成为立法主体，行使立法权，进行立

① 参见《全国人民代表大会关于〈中华人民共和国香港特别行政区基本法〉的决定》。

② 参见《全国人民代表大会关于〈中华人民共和国澳门特别行政区基本法〉的决定》。

③ 参见《全国人民代表大会常务委员会关于批准〈内地与香港特别行政区关于在广深港高铁西九龙站设立口岸实施“一地两检”的合作安排〉的决定》。

法活动。例如2000年瑞士联邦宪法第一百四十一条规定，如果在法规正式发布后100天内有50 000个有资格投票的人或任何八个州提出要求，则应将以下内容提交人民投票：①联邦法；②有效期超过一年的紧急联邦法案；③联邦法令，但宪法或某法令有此规定；④国际条约：持续时间不受限制，可能不会被终止；⑤规定加入国际组织；⑥包含重要的法律规定，或者其执行需要制定联邦法律。[①] 这意味着瑞士公民在某种条件下也能成为立法主体。再如，1987年菲律宾宪法第六章第三十二条规定，国会应尽早指定人民行使法律创制权和举行公民投票的制度，并规定这一制度的例外情况，使人民在提出请愿并在国会登记后直接地建议和制定法律，通过或否决国会和地方立法机关通过的法律法令或其中的部分内容。但上述请愿须得到登记选民总数至少百分之十的人的签名。其中每个选区必须有至少百分之三的登记选民签名。[②] 这也表明符合一定数量的菲律宾公民可提出法律案，并决定国会法律的"命运"。

## 第四节　我国的立法主体

世界各国统治阶级普遍将立法权授予有限的主体，但也有瑞士、菲律宾等极少数国家除了授予给特定的国家机关外，还将部分立法权授予符合条件的组织或者个人。为了维护国家法制统一，增强法律规范的权威性和专业性，我国《宪法》《立法法》《地方组织法》等相关法律规定，享有立法权的主体仅限于特定的国家机关。

### 一、全国人民代表大会及其常务委员会

我国《宪法》第二条规定："中华人民共和国的一切权力属于人民。人民行使国家权力的机关是全国人民代表大会和地方各级人民代表大会。"我国是人民民主专政的社会主义国家，人民是国家的主人，由人民通过直接民主或者间接民主的方式管理国家事务和社会事务。但由于我国现在仍然处于社会主义初级阶段，人口数量庞大，幅员辽阔，各地区的经济文化发展水平不平衡，政治状况也不尽相同，目前仍然不宜在全国范围内各层级中都实现直接民主，而是通过直接选举或者间接选举的方式产生各级人民代表大会代表，由他们组成各级人民代表大会，反映人民意志。全国人民代表大会是我国最高国家权力机关，也是我国地位最高的政权机构，拥有国家立法权，可以修改宪法，还可以制定和修改刑事、民事、国家机构和其他的基本法律，其制定的法律在效力上仅次于宪法，其他国家机关制定的规范性法律文件不得与其制定的法律相抵触，是我国最重要的立法主体。

全国人民代表大会的性质要求其代表具有广泛的代表性，代表人数必须维持一定的规模，按照《中华人民共和国选举法》规定，全国人民代表大会代表名额不得超过3000名。

---

① 参见 Federal Constitution of the Swiss Confederation, https://www.admin.ch/opc/en/classified - compilation/19995395/index.html, 2020年5月5日。

② 参见 the 1987 Constitution of the Republic of the Philippines - Article Ⅵ, https://www.officialgazette.gov.ph/constitutions/the - 1987 - constitution - of - the - republic - of - the - philippines/the - 1987 - constitution - of - the - republic - of - the - philippines - article - vi/, 2020年5月5日。

与西方国家不同，我国实行兼职代表制，大部分代表都有自身的本职工作，不便于经常开会行使职权。为此，《宪法》第六十一条规定："全国人民代表大会会议每年举行一次，由全国人民代表大会常务委员会召集。如果全国人民代表大会常务委员会认为必要，或者有五分之一以上的全国人民代表大会代表提议，可以临时召集全国人民代表大会会议。"从每年全国人民代表大会召集会议的时间来看，一般为15天左右，遇上国家领导人换届之年，则多2~3天。为了充分发挥最高国家权力机关的作用，保证国家机器正常有效运转，有必要设置常设机关负责全国人民代表大会的日常事务，即在全国人民代表大会中选举产生出一个人数较少的，便于经常召集会议、行使职权、讨论决定有关事项的机构，这就是全国人民代表大会常务委员会。《立法法》规定全国人民代表大会与全国人民代表大会常务委员会共同行使国家立法权。

从宏观上看，根据《宪法》和有关法律的规定，全国人民代表大会的职权主要包括五大方面：立法权、重大国事决定权、人事任免权、监督权和其他应当由最高国家权力机关行使的职权。[①] 全国人民代表大会常务委员会的职权则包括：关于全国人民代表大会组织方面的职权、立法权、国家重大事务的决定权、人事权、监督权和其他权力。从微观上看，在立法方面，全国人民代表大会行使立法权主要表现在：修改宪法；制定和修改刑事、民事、国家机构的和其他的基本法律。全国人民代表大会常务委员会则主要在三方面行使立法权：解释宪法和法律；制定和修改除应当由全国人民代表大会制定的法律以外的其他法律；在全国人民代表大会闭会期间，对全国人民代表大会制定的法律进行部分补充和修改，但是不得同该法律的基本原则相抵触。

## 二、国务院

国务院即中央人民政府，是最高国家权力机关的执行机关，即最高行政机关。国务院每届任期一般为五年，实行总理负责制，由总理、副总理若干人、国务委员若干人、各部部长、各委员会主任、审计长、秘书长组成。总理领导国务院的工作。副总理、国务委员协助总理工作。总理、副总理、国务委员、秘书长组成国务院常务会议。由总理召集和主持国务院常务会议和国务院全体会议，讨论和决定国务院工作中的重大问题。为了更好地执行最高国家权力机关的意志，领导和管理全国范围内的行政事务，国务院有权根据宪法和法律制定行政法规。行政法规的效力仅次于宪法和法律，高于地方性法规和规章。与全国人民代表大会及其常务委员会相比，国务院制定行政法规的程序更加简便。根据《行政法规制定程序条例》的规定，国务院制定行政法规的程序包括：立项、起草、审查、决定

---

① 《宪法》第六十二条规定："全国人民代表大会行使下列职权：（一）修改宪法；（二）监督宪法的实施；（三）制定和修改刑事、民事、国家机构的和其他的基本法律；（四）选举中华人民共和国主席、副主席；（五）根据中华人民共和国主席的提名，决定国务院总理的人选；根据国务院总理的提名，决定国务院副总理、国务委员、各部部长、各委员会主任、审计长、秘书长的人选；（六）选举中央军事委员会主席；根据中央军事委员会主席的提名，决定中央军事委员会其他组成人员的人选；（七）选举国家监察委员会主任；（八）选举最高人民法院院长；（九）选举最高人民检察院检察长；（十）审查和批准国民经济和社会发展计划和计划执行情况的报告；（十一）审查和批准国家的预算和预算执行情况的报告；（十二）改变或者撤销全国人民代表大会常务委员会不适当的决定；（十三）批准省、自治区和直辖市的建置；（十四）决定特别行政区的设立及其制度；（十五）决定战争和和平的问题；（十六）应当由最高国家权力机关行使的其他职权。"

和公布。行政法规的名称一般称“条例”，也可以称“规定”“办法”等。国务院根据全国人民代表大会及其常务委员会的授权决定制定的行政法规，称“暂行条例”或者“暂行规定”。行政法规的解释权归属国务院，行政法规的解释与行政法规具有同等效力。

改革开放以来，我国行政权一直处于相对强势地位。各项改革措施需要由行政机关贯彻执行，而行政机关要实现党和国家的发展规划，必然要有足够的政治权力和行政资源。政府机构通过行政立法来贯彻党和国家的意志。这也形成了一些部门利益和地方利益的合法化现象。行政法规虽然在位阶上低于法律，但是由于行政法规涉及面广、数量众多、部门多样，对人民生活产生更直接的影响。国务院可以依据全国人大及其常委会的授权而进行立法，也可以直接依据宪法和组织法的规定进行立法。前者属于授权立法，要受到全国人大及其常委会的监督约束。后者属于职权立法，是国务院行使职权的一种方式，具有相对独立性。国务院制定的行政法规往往依据法律授权，也就是为了贯彻执行法律而进行相关的执行性立法。这些执行性立法说明国务院制定行政法规的权力是有限的，需要来自相关法律明确的规定。不过，由于法律无法涵摄所有社会情境，所以实务过程中国务院往往自行制定大量的执行性立法。执行性立法对法律法规的事实要件和法律后果作出明确规定，实现对国家发展规划和宪法法律的具体化。同时，执行性立法对行政程序、秩序、架构作出明确规定，实现行政权力的流畅运行。

国务院具有对法律进行具体化的职权。法律是人民意志的体现，行政立法是行政机关贯彻人民意志的方式之一。法律主要分为构成要件和法律后果两个部分，法律文本的陈述与现实社会存在一定的能动解释空间。如果没有进一步的行政法规对法律文本进一步细化，那么法律就可能流于形式。为了避免法律僵化，立法者在立法之初特地使用较为抽象的表述，以便行政机关在未来的执行过程中进一步细化，应对可能出现的新事物。在法律后果方面，法律本身提供了一个大致的范围，其后则由行政机关在贯彻法律的过程中根据当地的经济发展需要或人文环境等情况进一步细化法律后果。申言之，行政立法是在宪法、法律的框架之下通过细化法律的事实要件、法律后果以期贯彻人民意志的一种方式。执行性立法不仅是国务院的一项权力，也是国务院的一项责任。国务院有义务对其所执行之法律进行具体化。在效力方面，国务院作出的执行性立法在行政系统中具有最高效力，对下级行政机关产生约束效力。国务院既可以对个案作出具体行政行为，也可以对同一事项作出抽象行政行为。

国务院具有规范行政组织结构和程序的职权。执行法律需要明确相关的责任主体，即由哪个部门来负责执行相关法律。要么由现有的行政部门负责执行，要么新设行政部门专门负责。一些事项需要同一级别不同部门、不同级别的相同部门、不同级别的不同部门相互配合。国务院在执行法律的过程中，需要首先明确具体的执行部门，这是国务院的组织职权。例如《宪法》第八十九条规定，国务院可以“规定中央和省、自治区、直辖市的国家行政机关的职权的具体划分”。《国务院组织法》第十一条亦规定国务院可以根据工作需要和精简的原则，设立若干直属机构主营各项专门业务，设立若干办事机构协助总理办理专门事项。因此，国务院在执行法律、贯彻人民意志的过程中，有权依法对某些行政部门进行设立、裁撤、合并。除了明确部门责任外，国务院还有权规定部门执行法律的程序。全国人大及其常委会主要制定法律的框架，而没有过多地规定法律执行的程序。因此，在法律程序只有抽象规定的情况下，国务院理应对行政程序进行具体化。

## 三、国家监察委员会

国家监察委员会是最高监察机关，领导地方各级监察委员会的工作。国家监察委员会由全国人民代表大会产生，负责全国监察工作。国家监察委员会由主任、副主任若干人、委员若干人组成，主任由全国人民代表大会选举，副主任、委员由国家监察委员会主任提请全国人民代表大会常务委员会任免。国家监察委员会主任每届任期同全国人民代表大会每届任期相同，连续任职不得超过两届。国家监察委员会对全国人民代表大会及其常务委员会负责，并接受其监督。

为了加强党对反腐败工作的集中统一领导，依法建立党统一领导的反腐败工作机构，实现对所有行使公权力的公职人员监察全覆盖，中共中央办公厅于2016年11月印发《关于在北京市、山西省、浙江省开展国家监察体制改革试点方案》，正式启动国家监察体制改革，部署在三省市设立各级监察委员会，从体制机制、制度建设上先行先试、探索实践，为在全国推行积累经验。2017年11月4日，全国人民代表大会常务委员会通过在全国各地推行国家监察体制改革试点工作的决定。2018年第十三届全国人民代表大会第一次会议审议通过宪法修正案草案，修正案草案将监察委员会相关内容写入其中，赋予了监察委员会的宪法地位。2018年第十三届全国人民代表大会第一次会议通过了《中华人民共和国监察法》（以下简称《监察法》），为深化我国监察体制改革奠定了坚实的制度基础。

为了更好地保障国家监察委员会依法履行最高国家机关职责，2019年颁布的《全国人民代表大会常务委员会关于国家监察委员会制定监察法规的决定》，规定国家监察委员会可以根据宪法和法律，制定监察法规，并应当在监察法规公布后的三十日内报全国人民代表大会常务委员会备案。国家监察委员会制定监察法规的事项仅限于：为执行法律的规定需要制定监察法规的事项；为履行领导地方各级监察委员会工作的职责需要制定监察法规的事项。自此，我国又新增了一个重要的立法主体，即国家监察委员会。需要注意的是，前述决定仅规定国家监察委员会有权制定监察法规，其他各级监察委员会目前仍不是我国的立法主体。

国家监察委员会制定监察法规是履行宪法法律职责、深入贯彻《监察法》的必要职权。监察制度是我国国家治理体系和治理能力现代化建设的重要步骤。建立健全监察制度，必须有完善的监察法律体系。目前我国的监察制度主要依靠《监察法》建构起来，尚处于初步发展阶段。在目前的国家制度中，立法、行政、司法已经相对完善，监察则方兴未艾。由于我国的监察制度不再局限于对行政机关公职人员的行政监察，而是具有更广泛的监察对象，所以监察制度具有独立法律地位。监察制度吸收了原有的行政监察和司法监督、国家检察等内容，形成新的监察力量，亟须进行法律体系的重构和法律内容的创新。建立以监察法为基础的监察立法体系，将有助于重拳打击职务违法犯罪。国家监察委员会是监察立法的主体，它对监察工作中的具体情况更加了解，因此监察委员会制定监察法规有利于监察制度的完善，具有更强的现实针对性。全国人大及其常委会则对监察委员会制定监察法规的行为进行立法监督。这一模式如同国务院等行政机关制定行政法规或部门规章的方式相似。目前我国已经建立起完整的监察机关体系，包括国家级、省级、市县区级的监察机关等。为了捋顺监察机关与立法机关、行政机关、司法机关之间职权划分，解决工作中出现职责模糊不清的问题，国家监察委员会需要制定一些具体的工作条例和规范。赋予国家监察委员会制定监察法规的职权，可以有效统合监察机关内部力量，形成“上命下达”秩序，对外形成反腐败的制度力量。监察法规是具有监察机关制定的具备法律效力和一定法律层级的规范，有利于监察制度的常态化，有利于提高监察工作的严肃性和纪律性。

监察法要求监察委员会实现对全部公职人员的全覆盖监察。监察委员会职权之高、监察对象之广，关系到其他公职人员的人身权利、工作发展、名声荣誉等。因此，监察法规必须在宪法和法律的框架内严格制定和执行，不得随意制定。监察法强调在保障当事人合法权益的基础上打击贪污腐败，在未来的监察法规制定中，也需要把对当事人权益保护的规定不断落实和明确。监察过程中，对监察对象的调查手段、救济程序、司法衔接等措施仍有相当大的自由裁量空间，现阶段亟须对此监察权力进行细化和限制，以避免监察权力被滥用。打铁还须自身硬，监察机关只有先完善自身的监察法规体系的建设，实现监察工作的法治化运行，善于运用法治手段达到监察目的，保障监察对象的合法权益。监察法同时具备了组织法、行为法、程序法的特征。在监察组织方面，它规定了国家监察委员会的形成、任期及其职责。在监察行为方面，它规定了监察范围、管辖与监察权限。在监察程序方面，它规定了监察机关行使监督、调查职权时，需要遵守严格的程序，对问题线索进行处置、调查、审理。

中国共产党纪律检查委员会与国家监察委员会合署办公，体现了监察机关的政治属性，具有中国特色。纪委领导往往也是监委的主要领导，在办理案件的过程中，两者经常同时出现。中央纪委拥有制定党内法规的权力，国家监察委员会也有制定监察法规的权力。两者合署办公，通过党内法规和监察法规的相互衔接，同时相互区别，实现党内监督和国家监督的相互配合。值得注意的是，合署办公并不是要否定国家监察委员会的独立国家机关之地位。中国共产党纪律检查委员会与国家监察委员会各有职责和职权，所遵循的“法规”亦不同。中国共产党纪律检查委员会主要按照党内法规对党员干部进行监督，国家监察委员会主要按照宪法、法律和监察法规对全体公职人员进行监督。党内法规的规制对象是全体党员，且其严厉程度高于国家法律和监察法规。

目前，监察机关的中央、省级、市级、县区级四级中只有国家监察委员会具有监察法规的制定权，其他层级的监察委员会没有权力制定“地方性监察规章”。这是为了保持监察制度的统一性，实现监察工作“全国一盘棋”。由国家监察委员会制定监察法规，可以有效保障监察工作的严肃性。尽管国家监察委员会享有监察法规制定权，但是其制定权是有限的。根据《宪法》第一百二十四条，监察委员会的组织和职权由法律规定。这意味着国家监察委员会制定的监察法规不包括监察委员会的组织和职权内容，此内容属于法律保留的事项。监察法规是对监察法的内容的具体化。《全国人民代表大会常务委员会关于国家监察委员会制定监察法规的决定》规定，国家监察委员会根据宪法和法律可以就为执行法律的规定需要和为履行领导地方各级监察委员会工作的职责需要而制定监察法规。从理论上看，国家监察机关的监察立法可以采取制定规范性法律文件的方式制定监察法规和效仿司法解释模式作出监察解释。以制定规范性法律文件的方式制定监察法规是监察立法的主要方式，此方式参照国家立法程序，提出立法规划、进行立法起草、在监察机关内外广泛征求意见、国家监察委员会全体会议审议通过并对外公布等。采取监察解释模式则是对监察实务过程中的一些特定问题提出针对性的解决方案。一般是指对特定问题的直接答复或批示。监察解释不仅可以及时有效地解决特定问题，而且能对日后同类型案件产生示范作用。监察解释的制定程序比监察立法的程序简单，具体类似于最高人民法院和最高人民检察院作出的司法解释制定程序。

## 四、国务院各部、委员会、中国人民银行、审计署及具有行政管理职能的直属机构

国务院各部、委员会、中国人民银行、审计署和具有行政管理职能的直属机构，是国家行政机关，除了可以依法行使行政职权外，还可以根据法律和国务院的行政法规、决定、命令，在本部门的权限范围内制定规章。部门规章规定的事项应当属于执行法律或国务院的行政法规、决定、命令的事项。没有法律或者国务院的行政法规、决定、命令的依据，部门规章不得设定减损公民、法人和其他组织权利或者增加其义务的规范，不得增加本部门的权力或者减少本部门的法定职责。涉及两个以上国务院部门职权范围的事项，应当提请国务院制定行政法规；制定行政法规条件尚不成熟，应当由国务院有关部门联合制定规章。

## 五、省、自治区、直辖市及设区的市、自治州的人民代表大会及其常务委员会

我国是单一制国家，在中央与地方的关系上，中央统一行使国家立法权力。然而，如果仅由中央掌握立法权，“一切都由中央制定、颁布，并且定得很死，全国一刀切，那就很难适应千差万别的具体情况，不是挂一漏万，就是主观主义，实践证明不行”。[①] 这就必须向地方下放立法权，一方面可以使中央立法通过地方立法“具体化，从而更具有可操作性”；[②] 另一方面能够充分调动地方的主动性和积极性，解决本地方突出的而中央没有解决或者不宜解决的问题。“中央和地方立法权力的配置实际上是在法制统一的原则下分工合作”。[③] 中央立法主要是解决在全国具有影响力的，涉及国家整体利益或者关乎公民基本权利的问题。地方立法则是反映本地方的特殊性，解决涉及本地方公共事务管理与服务或者关系本行政区域内群体利益的问题。中央立法权与地方立法权资源优化配置，有利于“实现中央和地方立法权力资源配置的最为合理的安排，形成最能发挥立法权力资源功能的中央和地方的立法权力结构”。[④] 为了充分发挥地方的主动性和积极性，弥补中央立法不足，有必要授予地方立法权，进行地方立法。

我国的地方立法自改革开放后逐渐步入正轨，真正进入全面发展时期。经过党和国家

① 中共中央文献编辑委员会：《彭真文选》，人民出版社1991年版，第387页。
② 桂宇石、柴瑶：《关于我国地方立法的几个问题》，《法学评论》2004年第5期。
③ 刘平：《立法原理、程序与技术》，学林出版社2017年版，第104页。
④ 魏海军：《立法概述》，东北大学出版社2014年版，第90页。

拨乱反正后，伴随着改革开放的深入推进，我国现代法治建设迈上新征程。在地方，地方立法主体不断扩容，地方立法权有序下放，地方立法程序日趋完善。1979年颁布的《地方组织法》是新中国成立以来首次以法律形式赋予省级人民代表大会及其常务委员会立法权，规定省级人民代表大会及其常务委员会可以“制定和颁布地方性法规”。[①] 1982年第五届全国人民代表大会第五次会议通过并颁布《宪法》（即1982年《宪法》），以国家根本法的形式确认了1979年《地方组织法》中规定的省级国家权力机关的立法权。此次会议还修改了《地方组织法》，赋予省、自治区人民政府所在地的市和经国务院批准的较大的市的人大常委会可以“拟定本市需要的地方性法规草案”[②] 的权力。这样，地方立法权延伸至省级人民政府与部分地级市人民政府。1986年第六届全国人民代表大会第十八次会议通过关于修改《地方组织法》的决议，赋予前述城市的人民代表大会及其常务委员会“可以制定地方性法规”[③] 的权力，并将前述城市人大常委会的地方性法规草案“拟定权”修改为“制定权”。[④] 值得一提的是，在1981年至1996年期间，全国人民代表大会及其常务委员会先后五次对包括广东省、福建省、海南省、深圳市、厦门市、汕头市、珠海市在内的三省四市的人民代表大会及其常务委员会或人民政府“特别授权立法”。[⑤] 后来，2000年第九届全国人民代表大会第三次会议通过的《立法法》将“经济特区所在的市”

① 《地方组织法》（1979）第六条规定：“省、自治区、直辖市的人民代表大会根据本行政区域的具体情况和实际需要，在和国家宪法、法律、政策、法令、政令不抵触的前提下，可以制订和颁布地方性法规，并报全国人民代表大会常务委员会和国务院备案。”第二十七条规定：“省、自治区、直辖市的人民代表大会常务委员会在本级人民代表大会闭会期间，根据本行政区域的具体情况和实际需要，在和国家宪法、法律、政策、法令、政令不抵触的前提下，可以制订和颁布地方性法规，并报全国人民代表大会常务委员会和国务院备案。”

② 《地方组织法》（1982修正）第二十七条规定：“省、自治区的人民政府所在地的市和经国务院批准的较大的市的人民代表大会常务委员会，可以拟订本市需要的地方性法规草案，提请省、自治区的人民代表大会常务委员会审议制定，并报全国人民代表大会常委会和国务院备案。”

③《地方组织法》（1986修正）第七条第二款规定：“省、自治区的人民政府所在地的市和经国务院批准的较大的市的人民代表大会根据本市的具体情况和实际需要，在不同宪法、法律、行政法规和本省、自治区的地方性法规相抵触的前提下，可以制定地方性法规，报省、自治区的人民代表大会常务委员会批准后施行，并由省、自治区的人民代表大会常务委员会报全国人民代表大会常务委员会和国务院备案。”

④ 《地方组织法》（1986修正）第三十八条第二款规定：“省、自治区的人民政府所在地的市和经国务院批准的较大的市的人民代表大会常务委员会，在本级人民代表大会闭会期间，根据本市的具体情况和实际需要，在不同宪法、法律、行政法规和本省、自治区的地方性法规相抵触的前提下，可以制定地方性法规，报省、自治区的人民代表大会常务委员会批准后施行，并由省、自治区的人民代表大会常务委员会报全国人民代表大会常务委员会和国务院备案。”

⑤ 五次特别授权立法是指：“（1）1981年11月，第五届全国人民代表大会常务委员会第二十一次会议授权广东省、福建省人民代表大会及其常务委员会制定所属经济特区的各项单行经济法规；（2）1988年3月，第七届全国人民代表大会第一次会议授权海南省人民代表大会及其常务委员会根据海南经济特区的具体情况和实际需要制定法规；（3）1992年7月，第七届全国人民代表大会常务委员会第二十六次会议授权深圳市人民代表大会及其常务委员会和深圳市政府分别制定法规和规章在深圳经济特区实施；（4）1994年3月，第八届全国人民代表大会第二次会议授权厦门市人民代表大会及其常务委员会和厦门市政府分别制定法规和规章在厦门经济特区实施；（5）1996年3月，第八届全国人民代表大会第四次会议授权汕头市和珠海市人民代表大会及其常务委员会、政府分别制定法规和规章在各自的经济特区实施。”转引自马英娟：《地方立法主体扩容：现实需求与面对挑战》，《上海师范大学学报（哲学社会科学版）》2015年第3期。

作为“较大的市”[①]之一，且“对经济特区的特别授权立法做出了明确、统一的规定”[②]，规定经济特区所在地的人民代表大会及其常务委员会根据全国人民代表大会授权“制定法规，并在经济特区范围内实施”[③]。2015 年第十二届全国人民代表大会第三次会议通过修改《立法法》的决议，以“设区的市”取代“较大的市”，“全国所有设区的市的人民代表大会及其常务委员会和政府都拥有了立法权，但其权限只限于城乡建设与管理、环境保护和历史文化保护等三个领域”。[④]总体而言，地方立法主体扩容趋势，符合充分发挥地方主动性和积极性的现实需要，对推动我国地方民主法治建设与促进地方经济社会良性发展具有重要作用。截至 2015 年《立法法》修改，拥有地方立法权的主体包括省、自治区、直辖市及设区的市、自治州的人民代表大会及其常务委员会。需要说明的是，部分学者认为，地方立法仅限于省、自治区、直辖市及设区的市、自治州的人民代表大会及其常务委员会制定地方性法规，不包括地方政府制定的规章。

## 六、省、自治区、直辖市、设区的市和自治州的人民政府

省、自治区、直辖市、设区的市和自治州的人民政府属于地方国家行政体系的组成部分，是地方国家权力机关的执行机关，可以根据法律、行政法规和本省、自治区、直辖市的地方性法规，制定规章。地方政府可以针对下列事项制定地方政府规章：①为执行法律、行政法规、地方性法规的规定需要制定规章的事项；②属于本行政区域的具体行政管理的事项。需要说明的是，2015 年最新修订的《立法法》规定，设区的市、自治州的人民政府的立法事项仅限于城乡建设与管理、环境保护、历史文化保护等方面的事项。另外，虽然省、自治区、直辖市的人民政府与设区的市和自治州的人民政府都可以制定地方政府规章，但省、自治区的人民政府制定的规章的效力高于本行政区域内的设区的市、自治州的人民政府制定的规章。

## 七、民族自治地方的人民代表大会

民族区域自治制度作为建设中国特色社会主义政治的重要内容，是我国的一项基本政治制度。在国家的统一领导下，以少数民族聚居的地区为基础，设立民族自治地方自治机关，行使自治权，自主地管理本民族、本地区的内部事务，行使当家作主的权利。民族自治地方包括自治区、自治州、自治县。我国民族自治地方的自治机关是指自治地方的人民代表大会和人民政府，是少数民族管理本民族内部事务权利的部门，是国家的一级地方政权机关。民族自治地方自治机关的自治权包括民族立法权、变通执行权、财政经济自主权、文化及语言文字自主权、组织公安部队权、少数民族干部具有任用优先权等。其中民

① 《立法法》(2000) 第六十三条第四款规定：“本法所称较大的市是指省、自治区的人民政府所在地的市，经济特区所在地的市和经国务院批准的较大的市。”

② 刘平：《立法原理、程序与技术》，学林出版社 2017 年版，第 62 页。

③ 《立法法》(2000) 第六十五条规定：“经济特区所在地的省、市的人民代表大会及其常务委员会根据全国人民代表大会的授权决定，制定法规，在经济特区范围内实施。”

④ 刘平：《立法原理、程序与技术》，学林出版社 2017 年版，第 63 页。

族立法权是指除了自治区、自治州的人民代表大会及其常务委员会和人民政府可以分别制定地方性法规和地方政府规章外，自治区、自治州、自治县的人民代表大会有权依照当地的政治、经济和文化的特点，制定自治条例和单行条例。自治区的自治条例和单行条例，报全国人民代表大会常务委员会批准后生效；自治州、自治县的自治条例和单行条例，报省、自治区、直辖市的人民代表大会常务委员会批准后生效。自治条例和单行条例可以依照当地民族的特点，对法律和行政法规的规定作出变通规定，但不得违背法律或者行政法规的基本原则，不得对宪法和民族区域自治法的规定以及其他有关法律、行政法规专门就民族自治地方所作的规定作出变通规定。

## 八、其他立法主体

在军队内部，根据《立法法》的规定，中央军事委员会可以根据宪法和法律，制定军事法规。中央军事委员会各总部、军兵种、军区、中国人民武装警察部队，可以根据法律和中央军事委员会的军事法规、决定、命令，在其权限范围内，制定军事法规。军事法规、军事规章在武装力量内部实施。

除了前述立法主体外，在“一国两制”的指导下，根据宪法和基本法，我国设立香港特别行政区和澳门特别行政区。特别行政区实行与祖国内地不同的政治、经济制度，对所辖区域社会的政治、经济、财政、金融、贸易、工商业、土地、教育、文化等方面享有高度自治权，包括行政管理权、立法权、独立的司法权和终审权。《香港基本法》规定，香港特别行政区立法会是香港特别行政区的立法机关，以选举的方式产生，由在外国无居留权的香港特别行政区永久性居民中的中国公民组成。但非中国籍的香港特别行政区永久性居民和在外国有居留权的香港特别行政区永久性居民也可以当选为香港特别行政区立法会议员，其所占比例不得超过立法会全体议员的百分之二十。香港特别行政区的立法机关制定的法律须报全国人民代表大会常务委员会备案。备案不影响该法律的生效。全国人民代表大会常务委员会在征询其所属的香港特别行政区基本法委员会后，如认为香港特别行政区立法机关制定的任何法律不符合本法关于中央管理的事务及中央和香港特别行政区的关系的条款，可将有关法律发回，但不作修改。经全国人民代表大会常务委员会发回的法律立即失效。该法律的失效，除香港特别行政区的法律另有规定外，无溯及力。由于香港属于普通法系，因此香港特别行政区法院实质上也属于立法主体。《澳门基本法》规定，澳门特别行政区立法会是澳门特别行政区的立法机关，澳门特别行政区行政长官有权制定行政法规并颁布执行。澳门特别行政区第13/2009号法律《关于订定内部规范的法律制度》在认可行政长官享有行政法规制定权的基础上，还将行政法规分为独立行政法规和补充性行政法规。

与西方国家不同，我国的国家元首和司法机关不属于立法主体。根据《宪法》的规定，我国实行集体元首制，由国家主席和全国人民代表大会常务委员会共同行使权力。国家主席在立法上仅具有形式意义的法律公布权，不具有实质意义上的立法权。另外，我国的最高司法机关——最高人民法院和最高人民检察院根据《宪法》《立法法》和有关组织法的规定，可以向全国人民代表大会及其常务委员会提出法律案，也可以向全国人民代表大会常务委员会提出法律解释的要求，还可以分别作出属于审判、检察工作中具有应用法律的解释，但其不享有独立的立法权。还需要说明的是，在我国的立法实践中，未曾出现过授权社会组织、团体或个人进行立法的先例，但也不代表他们就不能对我国的立法活动产生影响。我国的一切权力属于人民，因此社会组织、团体或个人根据法律规定，通过各种途径和形式参与各种立法活动，从而对国家事务、经济和文化事务、社会事务进行管理。近年来，公众参与立法的活动愈来愈频繁，充分体现了我国立法工作越来越重视民主性原则的适用。

# 第四章　立法权限

## 第一节　立法权的概念和特征

### 一、立法权的历史源流及其概念

国家权力体系是由若干权力共同构成的有机整体。对于国家权力体系具体由哪些部分组成，不同的历史时期、不同学者提出了不同的观点，不胜枚举。在古希腊、古罗马时期，亚里士多德首开分权学说的先河，他在《政治学》一书中将国家权力分为三种机能，即议事、执行和审判。西塞罗认为国家权力体系是由立法权、行政权、司法权和监察权构成的。进入近代后，资产阶级启蒙思想家对国家权力体系的构成提出了更多论述。如英国资产阶级思想家洛克提出了关于分权的思想，他在《政府论》（下篇）中将国家权力分为立法权、执行权和对外权。他在总结英国资产阶级夺取立法权的经验后，将立法权理论化，提出立法权乃国家最高权力之所在，应由议会行使的重要观点。法国启蒙思想家孟德斯鸠在《论法的精神》一书中提出三权分立学说，把国家权力分为三部分：立法权、行政权和司法权，分别由三个不同的机关掌握和行使，互相制约、保持平衡，以限制王权、防止国王暴政。黑格尔以君主立宪制为基点，也把国家权力分为三种，即立法权、行政权和王权，并强调王权的地位和作用。近代以降，在前人理论的基础上，学者们对国家权力作了更细致的划分与分析。清朝末期，为了救亡图存、振兴中华，国内刮起"西学东渐"之风，"立法权"便是在这个时候被引入的。梁启超还撰写《论立法权》的文章，阐释立法、行政与司法分权之理。然而，该文影响力有限，国人始终没有建立明确的分权理念，直到孙中山先生在借鉴西方经验的基础上，结合我国国情实际，把资产阶级的三权分立发展为五权分立，即在立法权、行政权、司法权三权分立的基础上，加上考试权、监察权。自此，分权概念的轮廓在我国基本成型。

正因为国家职能需要分工，而分工在法律上的形式即为权力的划分，故而才会演变出立法权的概念。① 可见，立法权是近代分权理论与实践的产物，源于分权思想，是国家权力体系中一种相对独立的权力，是具有政治性质的一种重要国家权力。在学界，关于立法权的定义，主要具有两种：广义上的立法权是指一切有权立法主体行使创制、认可、修改或废止规范性法律文件的权力；狭义上的立法权是指立法机关行使的创制、认可、修改或

---

① 参见池海平、巢容华：《立法学研究》，武汉出版社2003年版，第133页。

废止法律的权力。[1] 我们倾向于广义说，但该定义停留于形式特征而未能揭示立法权的实质属性，所谓立法权，是指为主权者所拥有的，由特定国家政权机关行使，在国家权力体系中居于特殊地位，旨在制定、认可、变动规范性法律文件，以调整一定社会关系的综合性权力体系。

## 二、立法权的特征

关于立法权的特征，我们可以从其概念中进行抽取与把握，主要具有四个基本特征。

1. 立法权是一种综合性权力体系

与其他国家权力一样，立法权是由一系列子权力所构成的，自成体系。立法权的行使涉及方方面面，作为一种综合性权力体系，它由多种级别、多种类别、多种内容、多种形式、多种结构的具体立法权构成，不是单一的权力结构。[2] 就实体而言，立法权的综合性是指其由制定权、修改权、废止权、解释权、批准权、认可权等一系列子权力所构成的。就程序而言，立法权的综合性是指其包括立法提案权、审议权、表决权和公布权四种程序性子权力。从这个角度来看，判断某一主体是否享有立法权，就看它能否行使全部程序性的立法子权力。

2. 立法权具有法定性

立法权的行使主体、行使范围和程序等均由法律规定。申言之，哪些国家机关享有什么样的立法权，立法权限有多大，都由宪法和法律规定，任何机关都不能逾越宪法和法律的规定。有学者通过规范分析监督权的行使以及实际“行动能力”证成作为最高国家权力机关的全国人民代表大会依然具有权力边界。[3] 从纵向来看，中央的立法权高于地方的立法权。与地方立法相比，中央立法具有更高的效力等级、更大的调整范围和更重要的内容和形式。[4] 基于此，地方立法权不能逾越中央立法权，越权的地方立法无效。全国人民代表大会及其常务委员会行使国家立法权。全国人民代表大会制定和修改刑事、民事、国家机构的和其他的基本法律。全国人民代表大会常务委员会制定和修改除应当由全国人民代表大会制定的法律以外的其他法律。《立法法》第八条还列举了十一种只能制定法律的事项。然而，无论是《宪法》，抑或《立法法》《地方组织法》，并没有完全明确中央立法权与地方立法权的界限。这亟待国家进一步完善事权制度。从横向来看，不同的国家机关依法享有的立法权是不同的。在国家权力运作的过程中，立法权、行政权和司法权常出现重合或渗透，但行政机关的立法权、司法机关的立法权与立法机关的立法权存在巨大区别，彼此间的立法权地位是不一样的，前者具有从属的、派生的、次要的地位。在我国，以全国人民代表大会及其常务委员会为例，其作为我国的立法主体，享有制定法律的完整立法权，而其他立法主体在制定法律中或享有某些权力，如国务院享有立法提案权，但它没有其他权力，因而权力是不完整的。当然，一些事项尚未制定法律的，全国人民代表大会及

① 参见李林：《走向宪政的立法》，法律出版社 2003 年版，第 26 页。

② 参见周旺生：《立法学》（第二版），法律出版社 2009 年版，第 198 页。

③ 参见黄明涛：《“最高国家权力机关”的权力边界》，《中国法学》2019 年第 1 期。

④ 参见周旺生：《立法学》（第二版），法律出版社 2009 年版，第 251－252 页。

其常务委员会有权作出决定，授权国务院可以根据实际需要，对其中的部分事项先制定行政法规，但是有关犯罪和刑罚、对公民政治权利的剥夺和限制人身自由的强制措施和处罚、司法制度等事项除外。这意味着作为最高国家行政机关的国务院也不能制定特定的立法事项。

3. 立法权是最重要的国家权力

立法权作为国家权力体系的组成部分，不同于一般的国家权力，可以说是特别重要甚至最重要的权力。① 对此，可以从立法权的三个方面的属性予以认识：①立法权的优先性。立法权是优先于行政权和司法权的国家权力。因为，从法律的作用来看，法律可以成为全社会任何组织和个人的行为准则，形成普遍的约束力。而其他的权力，如行政权或者司法权往往只对部分组织或者个人产生约束力。更进一步而言，立法权是表现人民普遍意志，确立最高的共同行为规范的主要权力形式，因而具有优先性。②立法权的独立性。权力机关行使立法权，同时能监督行政机关、司法机关等机关的权力运行行为，在这个角度而言，立法权在性质上独立于其他权力行使。③立法权的主权性。立法权是人民借以表达意志、协商国是的重要手段。人民通过选举的方式产生权力机关，由权力机关通过立法权的形式凝聚人民的意志，保护人民的根本利益。②

4. 立法权必须由特定主体行使

一国立法权的拥有者是主权者，但具体行使者则是宪法和法律规定的特定的主体。鉴于立法权在国家权力体系中的重要地位，决定其必须由特定的主体加以行使。我国是社会主义国家，人民是国家的主人，一切权力属于人民，但具体行使立法权的则只能是特定的国家机关，而政党、社会组织或者个人没有该项权力。当然，立法权的专属性是相对而言的，在现代国家权力体系中各种权力形式之间可能存在渗透情况。③ 当前，我国进入新时代后，党政联合发文的立法新现象，在一定程度上突破立法权必须由特定主体行使的基本原理，亟待立法学界对此予以进一步分析。但基于目前的立法实践，主流观点依然认可立法权应由立法主体行使，而不能由立法主体以外的主体行使。

## 第二节 立法权的分类与关系

立法权的分类与关系是立法学研究的重要内容，是立法主体实现依法立法的指南针。按照不同的标准，可以对立法权作出不同的分类，主要可分为以下四种类型。④

### 一、中央立法权和地方立法权

按照立法主体地位的不同，可以将立法权分中央立法权和地方立法权。中央立法权和

① 参见周旺生：《立法学》（第二版），法律出版社 2009 年版，第 198 页。
② 参见张永和主编：《立法学》，法律出版社 2009 年版，第 50－51 页。
③ 参见张永和主编：《立法学》，法律出版社 2009 年版，第 51 页。
④ 参见魏海军主编：《立法概述》，东北大学出版社 2014 年版，第 168－172 页。

地方立法权的关系是中央和地方分权关系的重要组成部分。

中央立法权是指有权的中央机关以国家名义行使的用来调整最基本的、带全局性社会关系的立法权。有学者还进一步区分国家立法权和中央立法权，前者是指最高国家立法机关的立法权，后者则是包括所有中央立法主体的立法权。① 两者在立法时均以国家名义颁布法律规范，如享有中央立法权的国务院颁布《中华人民共和国政府信息公开条例》。

地方立法权是指地方有关立法主体所立之法的形式、范围窄于中央立法权的立法权。在我国，地方立法权一般是指省、自治区、直辖市、所有设区的市的人民代表大会及其常务委员会、政府根据本行政区域的具体情况和实际需要在不与宪法、法律、行政法规等法律规范相抵触的前提下制定地方性法规和地方政府规章的权力。

中央立法权与地方立法权的关系要从不同国家结构形式中确定。在单一制国家中，两者是从属性关系，地方立法权源于中央立法权，中央立法权对地方立法权具有支配、控制作用。在联邦制国家中，两者是半独立半从属性关系。中央立法权和地方立法权既相互独立，又相互制约，主要是中央立法权对地方立法权的制约。

## 二、权力机关立法权和行政机关立法权

部分学者在论述行政机关立法权时，往往将其与国家立法权、地方立法权并列讨论。② 甚至有的学者还将地方立法机关和行政机关立法权统称为地方立法权。③ 显然，这些划分标准都是不合适的，中央立法权和地方立法权是按照立法主体地位，即按照纵向的方式进行划分的，而行政机关立法权是按照横向的方式进行界定的。在非判例法国家，按照国家机关的通常设置，在立法主体中，行政机关对应的是权力机关（或称立法机关）。据此，按照立法主体性质的不同，可以将立法权分为权力机关立法权（或称立法机关立法权）和行政机关立法权（或称政府立法权、行政立法权）。

权力机关立法权是指依照宪法、法律的规定由一定的权力机关享有的，旨在调整多方面社会关系的立法权。从世界各国的宪法实践来看，权力机关普遍是立法机关，自然享有立法权，但这并不意味着任何级别的权力机关均享有立法权。在我国，权力机关立法权仅限于设区的市以上的人民代表大会及其常务委员会享有，而县级人民代表大会及其常务委员会或者乡级人民代表大会不享有权力机关立法权。此外，从立法权力的高低来看，权力机关所立之法的效力高于同级行政机关所立之法的效力。例如，省级人民代表大会及其常务委员会制定的地方性法规的效力高于省级政府制定的地方政府规章的效力。

行政机关立法权是指依照宪法、法律的规定由有权的行政机关享有的，旨在调整行政关系的立法权。在国家权力结构中，行政机关立法权是仅次于权力机关的立法权。不可否认的是，行政机关在立法活动中的作用越来越大。当然，行政机关立法权并不意味着所有的行政机关均享有立法权，只能由特定的行政机关行使立法权。在我国，只有国务院及其各部、委员会、中国人民银行、审计署和具有行政管理职能的直属机构、设区的市以上的

① 参见周旺生：《立法学》（第二版），法律出版社 2009 年版，第 210－211 页。

② 参见周旺生：《立法学》（第二版），法律出版社 2009 年版，第 210－216 页。

③ 参见徐向华主编：《立法学教程》，上海交通大学出版社 2011 年版，第 143 页。

政府方可享有行政机关立法权。与权力机关立法权调整多方面社会关系不同，行政机关立法权一般专门用于调整行政关系，在没有获得特别授权的情况下，不能制定调整行政关系以外的法规、规章。《立法法》明确规定国务院无权制定有关犯罪和刑罚、对公民政治权利的剥夺和限制人身自由的强制措施和处罚、司法制度等事项。在立法权的来源方面，权力机关立法权直接来源于人民的授权，是宪法规定权力机关享有的立法权。而行政立法权则一部分来源于宪法规定，另一部分来自权力机关或上级行政机关的授权。此外，权力机关立法的稳定性比行政立法的稳定性强，其时间效力一般长于行政立法的时间效力，但行政立法比权力机关立法的灵敏度高，适应性强。

## 三、明示立法权和默示立法权

立法权源于人民的授予，并非毫无边界。现代国家一般通过宪法、法律的形式对各类立法主体的立法权限进行确定，一般有明示确定和默示确定两种方式。据此，按照立法权表现形式的不同，可以将立法权分为明示立法权和默示立法权。①

明示立法权是指宪法、法律明确规定立法主体行使的立法权。对立法主体的立法权进行明确，有助于立法主体依照明确的法律指引进行立法，避免越权，维护全国法制统一，同时也有助于确保立法主体能够接受人民监督。在我国，《宪法》明确规定全国人民代表大会制定和修改刑事、民事、国家机构的和其他的基本法律，而全国人民代表大会常务委员会制定和修改基本法律以外的法律。再如《立法法》明确规定设区的市人民代表大会及其常务委员会根据本市的具体情况和实际需要，在不同宪法、法律、行政法规和本省、自治区的地方性法规相抵触的前提下，可以对城乡建设与管理、环境保护、历史文化保护等方面的事项制定地方性法规。

默示立法权是指从宪法、法律的条文或者精神中引申出来的立法权。在宪法、法律中以默示的方式规定某一立法主体享有某一事项的立法权限范围，有助于弥补明示立法权的不足，增强制度改革的灵活性，降低滞后性立法对改革的负面影响。例如，《宪法》明确规定全国人民代表大会有权行使应当由最高国家权力机关行使的其他职权。这意味着全国人民代表大会在必要时可依法明确宪法所未明确的其他立法权。换言之，当全国人民代表大会认为有必要制定某项法律但没有直接的法律依据时，即可依据该条款予以制定。再如，《宪法》明确规定国务院行使领导和管理教育、科学、文化、卫生、体育和计划生育工作的职权，这就意味着国务院享有就这些管理事项制定行政法规的立法权。② 值得提出的是，默示立法权是一个“无穷的口袋”，具有明显的不确定性。根据法无授权即禁止的公法原理，默示立法权的行使应当在宪法、法律条文含义的范围内，不能任意作无限扩大的解释。特别地，在当前强调凡属重大改革都要于法有据的全面依法治国新时代，默示立法权应当有所抑制。

① 参见周旺生：《立法学》（第二版），法律出版社 2009 年版，第 208 页。

② 参见周旺生：《立法学》（第二版），法律出版社 2009 年版，第 209 页。

## 四、固有立法权和授权立法权

按照立法权来源的不同，立法权主要分为固有立法权和授权立法权。可见，从性质来看，无论是固有立法权还是授权立法权，其必然是明示立法权，是依据宪法、法律明确规定的立法权。

固有立法权是指根据宪法、法律的规定，创制或变动规范性法律文件的一种立法权。当前，世界上大部分国家都会通过宪法或宪法性法律的形式，明确拥有立法权的主体。这些由宪法或宪法性法律直接规定的立法主体所行使的创制或变动规范性法律文件的权力就是固有立法权。在我国，《立法法》第七条直接赋予全国人民代表大会及其常务委员会制定法律的权力，第八条进一步明确法律的种类；第六十五条第一款则直接赋予国务院根据宪法和法律制定行政法规的权力；第七十二条第一款直接赋予省、自治区、直辖市、设区的市人民代表大会及其常务委员会在不与上位法冲突的情况下制定地方性法规的权力，而第二款则赋予了所有设区的市人民代表大会及其常务委员会在法定事项上制定地方性法规的权力；第八十条直接赋予了国务院各部、委员会、中国人民银行、审计署以及具有行政管理职能的直属机构在权限范围内制定规章的权力，诸如此类立法权，皆是由《立法法》明确规定的固有立法权。

授权立法权，“又称委托立法权或委任立法权，是有关的国家机关由于立法机关的授权（委托）而获得的，在一定期限和范围内进行立法的一种附属立法权”。[①] 根据《牛津法律大辞典》的界定，授权立法是指法律非由议会制定，而由议会将特定事项授予无立法权的团体或个人制定，这些被授权者包括政府、公共事务行政机构和委员会、地方当局、司法机关、大学和其他机构等。[②] 一般而言，授权立法权既可以由行政机关行使，又可以由下级立法机关行使。《立法法》也对授权立法作出了相关规定，如《立法法》第九条以及第六十五条授予了国务院根据实际需要，在全国人民代表大会及其常务委员会授权下，对应当由全国人民代表大会及其常务委员会制定法律予以规范的部分事项先行制定行政法规的权力。又如，《立法法》第七十四条授予经济特区所在地的省、市的人民代表大会及其常务委员会根据全国人民代表大会的授权决定，制定经济特区法规的权力。再如，《立法法》第五十三条第二款规定，全国人民代表大会及其常务委员会可以委托相关领域的专家、教学科研单位、社会组织参与法规的起草工作。在“一国两制”的框架下，全国人民代表大会授权香港特别行政区和澳门特别行政区依照基本法的规定实行高度自治，享有立法权。

① 李龙主编：《法理学》，武汉大学出版社 1996 年版，第 293 页。

② ［英］戴维·M. 沃克著，李双元等译：《牛津法律大辞典》，法律出版社 2003 年版，第 315 页。

# 第五章　立法体制

## 第一节　立法体制的概念与分类

### 一、立法体制的概念

关于立法体制，我国学界颇有分歧，大致可以归纳为一要素说、二要素说和三要素说三类。一要素说认为立法体制是有关立法权限划分的制度。二要素说认为立法体制既包括立法权限的划分，还包括立法机关的设置。三要素说认为立法体制是关于立法机关的设置、立法权限的划分以及立法权运行的基本原则和基本制度的总称。显然，无论学者如何界定立法体制的概念，都是围绕立法权限的划分而展开的。毋庸置疑，立法权限是立法体制的核心内容。

本书认为立法体制可以作广义与狭义的理解。广义的立法体制是指一国有关立法制度的总系统，是由立法权限、立法权运行和立法权载体诸方面的体系和制度所构成的有机整体。具体言之，立法体制由三要素构成：一是立法权限的体系和制度，包括立法权的归属、立法权的性质、立法权的种类和构成、立法权的范围、立法权的限制、各种立法权之间的关系、立法权在国家权力体系中的地位和作用、立法权与其他国家权力的关系等方面的体系和制度。二是立法权的运行体系和制度，包括立法权的运行原则、运行过程、运行方式等方面的体系和制度。三是立法权的载体体系和制度，包括行使立法权的立法主体或机构的建置、组织原则、活动形式、活动程序等方面的体系和制度。狭义的立法体制则是指"一定政权中立法行使权力的配置体系和制度"①。本书倾向于广义的概念，但本章主要围绕"立法权限"这一核心内容而展开探讨。

### 二、立法体制与相关概念比较

1. 立法体制与立法制度

立法制度是立法活动、立法过程所须遵循的各种实体性准则的总称，是国家法制的重要组成部分，集中反映了一国法制的价值判断和价值取向。② 立法制度与立法体制在现代立法中呈现出整体与部分、包含与被包含的关系。换言之，立法制度除包含立法体制的制

① 徐向华主编：《立法学教程》（第二版），北京大学出版社2017年版，第109页。

② 参见曾粤兴主编：《立法学》，清华大学出版社2014年版，第93页。

度外，还包含了立法主体、立法权、立法运作、立法监督等一系列与立法有关的制度。

2. 立法体制与立法体系

立法体系也称制定法体系，是指一国现行的全部规范性法律文件形成的有机整体。立法体系的基本构成要素是根据制定机关和法的效力的不同而划分的不同法律规范，一般表现为纵向关系，属于一个静态的系统，而立法体制则包含更多动态的内容。从构成要素上看，立法体系的构成要素是规范性法律文件，而立法体制则是立法权限的体系和制度、立法权的运行体系和制度以及立法权的载体体系和制度。①

3. 立法体制与立法程序

立法程序是指具有立法权限的主体在立法活动中所须遵循的有关提案、审议、表决、通过法案和公布规范性法律文件的法定步骤和方法。而立法体制除包含立法程序的内容外，还包括行使立法权的国家机关在提案前和公布后的所有立法活动中所须遵循的法定的和非法定的步骤和方法，以及所须遵循的原则。立法体制与立法程序之间虽有联系，但前者的外延明显比后者广，不能简单地将二者等同。

## 三、立法体制的分类

在不同的国家或者同一国家的不同历史时期，所采取的立法体制不尽一致。立法体制是国家制度的重要组成部分。一国选择何种立法体制，通常受到该国国家性质、政权组织形式、国家结构形式、历史传统、民族状况、地理环境、宗教信仰等多方面因素的影响。②可以说，各国的立法体制都是该国政治、经济、文化、社会等各方面因素综合作用的结果，与该国的历史传统和现实基本国情密不可分。

由于一个国家立法体制的建立是客观因素与主观因素两方面共同作用的产物，这就必将在客观上使得各国立法体制呈现出多样化的特点。按照不同的划分标准，可以将立法体制分为不同类型。

1. 专制型立法体制和民主型立法体制

这种分类是以国家权力的划分是否以民主的原则和制度为标准进行划分的。前者指实行君主专制的国家的立法体制，该国家立法权集中于君主一人或少数人手中；后者指实行共和制的国家的立法体制，该国家立法权属于按少数服从多数的民主方式产生的议会或立法机关。在当今世界，已经不存在君主专制的立法体制，各国均选择实行民主型立法体制。由于各国历史传统和现实国情不一，各国的立法体制在民主的形式、范围、程序等方面存在差异。

2. 单一型立法体制和复合型立法体制

这种分类是按照国家立法权是否只由统一类别的立法主体行使做出的划分。单一型立法体制指立法权仅由同一类别的国家机关行使的立法体制；复合型立法体制是指立法权可以由本国两个或两个以上的立法主体共同行使的立法体制。现代国家普遍属于单一型立法体制，本国立法权通常只由国会或者议会行使，但仍有少部分国家采取复合型立法体制，

---

① 参见曾粤兴主编：《立法学》，清华大学出版社2014年版，第94页。

② 参见徐向华主编：《立法学教程》（第二版），北京大学出版社2017年版，第115－116页。

其立法权由代议机关、行政机关行使。在英美法系国家，法院可以通过审判活动“制造法律”，实际上在一定程度上也在分享着国家立法权。

3. 独立型立法体制和制衡型立法体制

这种分类是按照国家立法权的行使是否受其他立法主体的制约进行划分的。独立型立法体制指一个立法主体独立行使立法权，不受其他立法主体制约的立法体制，如国会或国家最高权力机关实行一院制的国家。制衡型立法体制指一个立法主体行使立法权要受到其他立法主体制约的立法体制。例如，美国总统有权对美国国会立法行使否决权，对国会立法产生制衡作用。

4. 一级立法体制和多级立法体制

这种分类是按照中央政权和地方政权行使一国立法权的情况做出区分的。前者指一国立法权专属于中央一级政权机关，不存在中央立法与地方立法区别的立法体制；后者指一国立法权由中央和部分地方政权机关分类行使的立法体制。由于各国地方立法层级划分并非一致，因此多级立法体制还可以分为二级立法体制、三级立法体制、四级立法体制等不同层级的立法体制，如美国便属于三级立法体制，分为联邦中央立法、联邦主体立法和地方立法。一般而言，单一制国家多为一级立法体制，联邦制国家多为二级立法体制。

5. 中央集权立法体制和中央地方分权立法体制

这种分类与上一类的划分标准基本一致，但更便于说明集权与分权的程度。单一制国家中央集权程度高，国家立法权集中于中央；联邦制国家分权程度高，有些国家按照立法事项的不同，由中央与地方分别或共同行使国家立法权。

以上关于立法体制类型的划分是相对的，许多国家的立法体制只能大致划归为某一类型，即使是同一类型的各国立法体制，彼此之间也存在较大的差异。此外，除了以上的分类外，还可以通过其他角度对立法体制进行分类。因此，判断某国属于何种类型立法体制，不能简单、僵硬地套用理论分类，应当根据该国历史传统和现实具体国情进行考虑。

## 第二节 我国的立法体制

### 一、我国立法体制的演变

我国立法体制的发展并非一帆风顺、一蹴而就的，而是充满了波澜和坎坷，经历了艰难曲折的演变过程。我国立法体制的延承映射了中央与地方立法权力的关系，反映了“我国政治变迁、经济发展的社会轨迹，深深印上了我国社会变革的历史烙印”①。从1949年至今，我国立法体制的发展和演变大致经历了三个阶段，形成了三种既相互关联又不尽一致的立法体制。

---

① 王崟屾：《地方立法权之研究——基于纵向分权所进行的解读》，浙江工商大学出版社2014年版，第55页。

1. 1949—1954 年：法定集中、实际分散行使立法权

从中华人民共和国成立到 1954 年宪法颁布前是法定由中央人民政府委员会独立行使立法权，但在实践中却是中央与地方多级主体分散行使立法权的时期。根据中国人民政治协商会议第一届全体会议通过的起到临时宪法作用的《中国人民政治协商会议共同纲领》以及《中央人民政府组织法》的规定，由中国人民政治协商会议选举产生的中央人民政府委员会是唯一的法定立法主体，有权制定并解释国家的法律，有权颁布法令，有权监督其执行，有权废除或修改政务院与国家的法律、法令相抵触的决议和命令。然而，中华人民共和国成立初期，满目疮痍，百废待兴，国家在治国理政方面缺乏经验，并且缺乏由选举产生的人民代表大会行使立法权的条件，全国立法几乎空白，放权由各级人民政府根据实际情况出发进行立法，对于当时尽快恢复与发展国民经济、加快国家法制建设具有积极作用。1949 年 12 月政务院通过《大行政区人民政府委员会组织通则》，规定各大行政区人民政府委员会在中央人民政府政务院或大行政区人民政府委员会领导下，拥有“拟定暂行法令条例”① 的职权；1950 年 1 月政务院通过的《省人民政府组织通则》《市人民政府组织通则》《县人民政府组织通则》规定，省、市、县人民政府在上级人民政府领导下有权“拟定暂行法令条例或单行条例”②；1952 年 2 月政务院通过的《民族区域自治实施纲要》则赋予各民族自治区“制定本自治区单行法规”③ 的权力。就中央与地方的立法权限划分而言，在 1954 年《宪法》颁布之前，中国“实行的是中央与地方相当分权的体制”④。在这一时期，法定由中央集中行使而实际由中央到地方各级主体分散行使立法权力。⑤ 在中央，享有立法权的主体包括中国人民政治协商会议、中央人民政府委员会和政务院；在地方，享有立法权的主体则包括县级以上人民政府。

2. 1954—1979 年：中央高度集权

从 1954 年《宪法》颁布到 1979 年《地方组织法》施行前，这是我国立法权高度集中于中央的时期，此阶段也被有的学者称为“中央集权的立法模式”⑥、“法定高度集中，实际趋向结合行使立法权力的阶段”⑦。在此期间内，全国除民族自治地方外，其他地方国家机关均无立法权，原本规定的大行政区人民政府与省、市、县人民政府拟定暂行法令条例或单行条例的职权也被一概取消。1954 年《宪法》第二十二条规定，全国人民代表大

---

① 《大行政区人民政府委员会组织通则》第四条第二项规定：“拟定与地方政务有关之暂行法令条例，报告政务院批准与备案。”

② 《省人民政府组织通则》第四条第三项规定：“拟定与省政有关的暂行法令条例，报告主管大行政区人民政府转请中央人民政府政务院批准或备案。”《市人民政府组织通则》第四条第三项规定：“拟定与市政有关的暂行法令条例，报告上级人民政府批准施行。”《县人民政府组织通则》第四条第三项规定：“拟定与县政有关的单行法规送请省人民政府批准或备案。”

③ 《民族区域自治实施纲要》第二十三条规定：“各民族自治区自治机关在中央人民政府和上级人民政府法令所规定的范围内，依其自治权限，得制定本自治区单行法规，层报上两级人民政府核准。凡经各级地方人民政府核准的各民族自治区单行法规，均须层报中央人民政府政务院备案。”

④ 参见周旺生：《中国立法五十年（上）——1949—1999 年中国立法检视》，《法制与社会发展》2000 年第5 期。

⑤ 参见徐向华：《中国立法关系论》，浙江人民出版社 1999 年版，第 9 页。

⑥ 参见朱力宇、叶传星主编：《立法学》（第四版），中国人民大学出版社 2015 年版，第 115 页。

⑦ 参见徐向华主编：《立法学教程》（第二版），北京大学出版社 2017 年版，第 120 - 121 页。

会是行使国家立法权的“唯一机关”；[①] 第三十一条规定，全国人民代表大会常务委员会有权“解释法律和制定法令”。[②] 但是，由于全国人民代表大会每年仅召开一次会议，会议时间相对较短，国家法律无法适时制定出台，实践证明，过度集中的立法权难以满足国家各项事业发展的需要。因此，全国人民代表大会先后两次授予全国人民代表大会常务委员会部分立法权。1955 年 7 月第一届全国人民代表大会第二次会议通过关于授权全国人民代表大会常务委员会制定单行法规的决议，授权全国人民代表大会常务委员会“适时地制定部分性质的法律”。[③] 此后，全国人民代表大会于 1959 年 4 月再次作出决议，授权全国人民代表大会常务委员会“对现行法律中一些已经不适用的条文，适时地加以修改，作出新的规定”。[④] 然而，全国人民代表大会的两次授权“仅仅只是向它的常设机构‘划分’出了有限的部分立法权，因此并未能够改变由全国人民代表大会自身统一行使立法权的现象”。[⑤] 1966 年 5 月后，由于“文化大革命”期间受“左”倾错误思想影响，全国法制建设几近瘫痪，立法权形同虚设。在此期间，1975 年与 1978 年颁布的两部《宪法》虽未规定全国人民代表大会是行使国家立法权的唯一机关，但延承了中央高度集权的立法模式。这一时期，中央垄断立法权对于维护国家法制统一，保障计划经济发展起到了一定的推动作用，可是“在一定程度上影响了地方主动性、积极性的发挥，阻碍了国家法制的全面发展”。当然，此时期法制建设虽然倒退，但将立法上存在的重要问题与难题也暴露出来，“为我国以后的立法建设提供了教训和积累了经验”。[⑥]

3. 1979 年至今：中央集权下地方立法主体不断扩容

从 1979 年《地方组织法》生效至今，是我国立法体制不断完善、发展的阶段。随着改革开放的深入推进，我国现代法治建设迈上新征程。在中央，全国人民及其常务委员会依法行使国家立法权，中央行政机关即国务院及其各部委、中国人民银行、审计署和具有行政管理职能的直属机构依法行使行政立法权；在地方，地方立法主体不断扩容，地方立法权有序下放，地方立法程序日趋完善。1979 年《地方组织法》是中华人民共和国成立以来首次以法律形式赋予省级人民代表大会及其常务委员会立法权，规定省级人民代表大会及其常务委员会可以“制定和颁布地方性法规”。1982 年第五届全国人民代表大会第五

① 《宪法》（1954）第二十二条规定：“全国人民代表大会是行使国家立法权的唯一机关。”

② 《宪法》（1954）第三十一条规定：“全国人民代表大会常务委员会行使下列职权：……（三）解释法律；（四）制定法令……”（注：至于全国人民代表大会常务委员会所制定的“法令”，是指“国家机关在职务范围内规定的带有规范性的、法律性的个别文书，与法律是不同的”。转引自王崟屾：《地方立法权之研究——基于纵向分权所进行的解读》，浙江工商大学出版社 2014 年版，第 58 页。）

③ 《中华人民共和国第一届全国人民代表大会第二次会议关于授权常务委员会制定单行法规的决议》规定：“第一届全国人民代表大会第二次会议认为，随着社会主义建设和社会主义改造事业的进展，国家急需制定各项法律，以适应国家建设和国家工作的要求。在全国人民代表大会闭会期间，有些部分性质的法律，不可避免地急需常务委员会通过施行。为此，特依照中华人民共和国宪法第三十一条第十九项的规定，授权常务委员会依照宪法的精神、根据实际的需要，适时地制定部分性质的法律，即单行法规。”

④ 《第二届全国人民代表大会第一次会议关于全国人民代表大会常务委员会工作报告的决议》规定：“为了适应社会主义改造和社会主义建设事业发展的需要，大会授权常务委员会，在全国人民代表大会闭会期间，根据情况的发展和工作的需要，对现行法律中一些已经不适用的条文，适时地加以修改，作出新的规定。”

⑤ 参见桂宇石、柴瑶：《关于我国地方立法的几个问题》，《法学评论》2004 年第 5 期。

⑥ 参见王崟屾：《地方立法权之研究——基于纵向分权所进行的解读》，浙江工商大学出版社 2014 年版，第 61 页。

次会议通过并颁布《宪法》（即1982年《宪法》），以国家根本法的形式确认了1979年《地方组织法》中规定的省级国家权力机关的立法权。此次会议还修改了《地方组织法》，赋予省、自治区人民政府所在地的市和经国务院批准的较大的市的人民代表大会常务委员会可以“拟定本市需要的地方性法规草案”的权力，并规定省级人民政府及前述城市人民政府分别拥有“政府规章制定权”，[①] 这样，地方立法权延伸至省级人民政府与部分地级市人民政府。1986年第六届全国人民代表大会第十八次会议通过关于修改《地方组织法》的决议，赋予前述城市的人民代表大会及其常务委员会“可以制定地方性法规”的权力，并将前述城市人民代表大会常务委员会的地方性法规草案“拟定权”修改为“制定权”。值得一提的是，在1981年至1996年期间，全国人民代表大会及其常务委员会先后五次对包括广东省、福建省、海南省、深圳市、厦门市、汕头市、珠海市在内的三省四市的人民代表大会及其常务委员会或人民政府“特别授权立法”。后来，2000年3月第九届全国人民代表大会第三次会议通过的《立法法》将“经济特区所在的市”作为“较大的市”之一，且“对经济特区的特别授权立法做出了明确、统一的规定”，[②] 规定经济特区所在地的人民代表大会及其常务委员会根据全国人民代表大会授权“制定法规，并在经济特区范围内实施”。2015年第十二届全国人民代表大会第三次会议通过修改《立法法》的决议，以“设区的市”取代“较大的市”，全国所有设区的市的人民代表大会及其常务委员会和政府都拥有了立法权，但其权限只限于城乡建设与管理、环境保护和历史文化保护等三个领域。另外，自香港、澳门回归祖国后，其可以根据高度自治权制定在本行政区域内适用的特别行政区立法，与民族自治地方立法、经济特区立法共同构成我国特殊地方立法体系。

## 二、我国现行的立法体制

以1982年《宪法》为基础，经过2000年《立法法》的出台以及该法在2015年的修改和完善，我国当前已经形成“一元二级多层次”的立法体制，即在中国特色社会主义法律体系下，遵循中央统一领导和法制统一的原则，以宪法为根本法，将国家立法权分为中央立法权和地方立法权两级，不同层级的立法机关所制定的规范性法律文件，不但有效力级别之差，而且有类别之异。我国实行的是一种立足于中国国情的、具有鲜明中国特色的立法体制，既不同于单一制国家的一级立法体制，也不同于联邦制国家的制衡型立法体制。这种中国创新的立法体制，一方面能够维护国家法制统一；另一方面能够充分发挥中央和地方积极性，照顾地方差异，促进国家法制的全面发展。

1. 我国现行立法体制的依据

（1）“大一统”观念是中华民族的共同价值观。五千年的中华文明史，“大一统”思想贯穿始终，不断深化和巩固，延续不辍，代有递嬗。虽然朝代更迭，在不同历史时期统治阶级实行的具体政治制度不一致，但其背后蕴含的制度精神内核之一——“大一统”思

① 《地方组织法》（1982修正）第三十五条第一项规定：“省、自治区、直辖市以及省、自治区的人民政府所在地的市和经国务院批准的较大的市的人民政府，还可以根据法律和国务院的行政法规，制定规章。”

② 刘平：《立法原理、程序与技术》，学林出版社2017年版，第62页。

想却不曾泯灭。"大一统"传统早已跃出政治实体视阈，升华为一种价值观念、意识形态和中华民族共有的历史记忆，熔铸于中国人的心理和行动中，内化为中华民族内心强大的文化信仰和政治使命，在立法上则表现为由在国家政治结构体系中居于最高地位的最高国家权力机关统一行使国家立法权。这对于维护当代中国的国家统一和民族团结，进行制度设计与创新，具有不可或缺的现实意义。

（2）我国现阶段在经济上实行以公有制为主体，多种所有制经济共同发展的基本经济制度，政治上实行民主集中制，加之我国疆域辽阔，人口众多，各地政治、经济、文化、生态、社会等方面发展不平衡。这些现实国情要求我国在立法体制上，必须始终坚持中央的集中统一领导，也要充分发扬民主，让多方面的主体参与立法，维护国家统一，促进各地各行业发展。

（3）我国是单一制国家，在中央与地方的关系上，中央统一行使国家立法权。然而，如果仅由中央掌握立法权，"一切都由中央制定、颁布，并且定得很死，全国一刀切，那就很难适应千差万别的具体情况，不是挂一漏万，就是主观主义，实践证明不行"。① 这就必须向地方下放立法权，一方面可以使中央立法通过地方立法"具体化，从而更具有可操作性"；② 另一方面能够充分调动地方的主动性和积极性，解决本地方突出的而中央没有解决或者不宜解决的问题。"中央和地方立法权力的配置实际上是在法制统一的原则下分工合作。"③ 中央立法主要是解决在全国具有影响力的，涉及国家整体利益或者关乎公民基本权利的问题。地方立法则是反映本地方的特殊性，解决涉及本地方公共事务管理与服务或者关系本行政区域内群体利益的问题。

2. 我国现行立法体制的特点

（1）中央统一领导下各级立法主体分工协作。犹如前文所言，我国立法体制具有鲜明的中国特色，既不同于传统的单一制国家，也不同于联邦制国家。我国遵循中央统一领导与各级立法主体分工协作相结合的原则。全国人民代表大会是最高国家权力机关，与其常设机关享有国家立法权，其他各级立法主体虽然可以根据《宪法》《立法法》和其他法律进行职权立法，但均无此权力。尽管在特殊情况下，全国人民代表大会及其常务委员会可以将某些国家立法权范围内的事项授权国务院立法，但采取的方式是一事一授权的方式，并且在授权期限、应遵循原则、是否可转授权、备案审查等多方面作出严格限制。然而，全国人民代表大会及其常务委员会的立法通常是为了解决全局性、根本性和整体性问题，只能以原则性规定来尽量涵盖各地方的特殊情况和差异。可是，无论全国人民代表大会及其常务委员会的立法多么完备，也无论其考虑得如何周全，都难以照顾到全国各地不同地区、不同行业、不同方面的差异。这就需要其他立法主体的参与，弥补其不足。因此，按照《宪法》《立法法》《地方组织法》《全国人民代表大会常务委员会关于国家监察委员会制定监察法规的决定》等法律的规定，国务院可以制定行政法规，国家监察委员会可以制定监察法规，省级和设区的市的人民代表大会及其常务委员会可以制定地方性法规，国务

① 中共中央文献编辑委员会：《彭真文选》，人民出版社 1991 年版，第 387 页。
② 参见桂宇石、柴瑶：《关于我国地方立法的几个问题》，《法学评论》2004 年第 5 期。
③ 刘平：《立法原理、程序与技术》，学林出版社 2017 年版，第 104 页。

院各部、委员会、中国人民银行、审计署和具有行政管理职能的直属机构可以制定部门规章，省级和设区的市的人民政府可以制定政府规章。这些都属于一般立法。另外，在我国，还有民族自治地方制定自治条例和单行条例、军事机关进行军事立法、香港特别行政区和澳门特别行政区依据高度自治权立法等多种形式的特殊立法，形成了中央统一领导下各级立法主体分工协作的局面。

（2）明确中央专属立法事项。在我国，全国人民代表大会及其常务委员会是专门的立法机关，国家立法权是其最重要的职权。根据《宪法》规定，国家行政机关、检察机关、审判机关和监察机关都由人民代表大会产生，对它负责，受它监督。此外，地方立法主体的立法权来源于中央，其没有固有的立法权。最高国家权力机关的特殊地位决定了没有其不能涉及的立法事项。因此，《宪法》《立法法》等宪法性法律从来没有从正面逐一列举全国人民代表大会及其常务委员会的立法事项，也没有对其他立法主体的具体立法事项一一列举，仅仅是概括性规定，这容易造成地方立法与中央立法冲突。为了避免立法事项不清而造成越权立法、立法冲突等问题，《立法法》第八条对中央专属立法事项予以明确列举，凡属中央专属立法事项，不管中央是否已经立法，地方立法均不得染指；凡属中央专属立法权范围以外的立法事项，在中央未立法之前，地方可以根据本地实际情况先行立法。国务院针对这些事项制定行政法规必须获得全国人民代表大会及其常务委员会的授权。除此之外，《立法法》第九条还专门排除了国务院的立法事项，即有关犯罪和刑罚、对公民政治权利的剥夺和限制人身自由的强制措施和处罚、司法制度等事项，只能由全国人民代表大会及其常务委员会立法，国务院不得对这些事项制定行政法规。这有利于维护国家法制统一，更好地保护我国公民的人权。

（3）尊重民族差异，推动民族立法。我国是统一的多民族国家，有 56 个民族，汉族占总人口的 92%，分布在全国各地；其余 55 个少数民族人口约占全国人口总数的 8%。由于在传统风俗、生活习惯、地理环境等方面存在较大差异，为了有效避免和解决民族问题，我国实行民族区域自治制度，设立自治机关，行使自治权。其中，《宪法》《立法法》《民族区域自治法》等相关法律除授权民族自治地方——自治区、自治州、自治县的人民代表大会有权制定地方性法规外，还可以依照当地民族的政治、经济和文化特点，制定自治条例和单行条例，也可以对法律和行政法规的规定作出变通规定。这有利于不断巩固和发展各民族平等团结互助和谐的社会主义民族关系，有利于维护自治区的稳定发展，有利于保证少数民族地区人民更好地当家作主，有利于维护国家统一和社会稳定、实现共同富裕。

（4）坚持“一国两制”，授权特区立法。“一国两制”，即“一个国家，两种制度”，是中国政府为实现国家和平统一而提出的基本国策。“一国两制”是指在一个中国的前提下，国家的主体坚持社会主义制度，香港、澳门、台湾保持原有的资本主义制度长期不变。“一国两制”已在《宪法》《香港基本法》《澳门基本法》得到法律体现。在“一国两制”的指导下，我国政府已分别于 1997 年 7 月 1 日和 1999 年 12 月 20 日对香港、澳门恢复行使主权，设立香港特别行政区和澳门特别行政区。特别行政区享有高度自治权，实行与内地不同的制度。在立法方面，表现为特别行政区享有独立的立法权，可以根据当地政治、经济、文化等实际情况进行立法。此外，香港、澳门原有的法律，即普通法、衡平法、条例、附属立法和习惯法，除同《香港基本法》和《澳门基本法》相抵触或经特别行政区的立法机关作出修改者外，予以保留。我国内地是中国特色社会主义法治体系，保持社会主义性质，而回归后的香港特别行政区和澳门特别行政区的立法则保持资本主义性质，使得我国立法体制更加丰富多彩，更具特色。

3. 我国现行立法体制的具体内容

立法权是立法体制的核心内容，从理论上讲，它是主权国家的一项权能。任何一项权力都应该有其行使的边界，不能无限膨胀，否则将会打破国家结构的平衡，最终危及公民权利。立法主体拥有立法权，是法律规范的制定者，但其立法权限、立法程序都必须依据法律进行，不得越界、不能任性乱为。立法权限则是限制立法主体行使立法权的“紧箍咒”，由法律加以明确规定。立法权限是指立法主体可以立法的事项的范围，它不同于立法权。不同的立法主体的立法事项通常是不同的。根据《宪法》《立法法》等宪法性法律的有关规定，这里对我国立法主体——拥有立法权的国家机关的立法权限情况作出如下梳理：

（1）全国人民代表大会及其常务委员会的立法权限。

全国人民代表大会和全国人民代表大会常务委员会行使国家立法权。《宪法》第六十二条规定，修改宪法是全国人民代表大会的一项重要权力，《立法法》则规定全国人民代表大会制定和修改刑事、民事、国家机构和其他的基本法律。全国人民代表大会常务委员会是全国人民代表大会的常设机关，制定和修改除应当由全国人民代表大会制定的法律以外的其他法律；在全国人民代表大会闭会期间，对全国人民代表大会制定的法律进行部分补充和修改，但是不得同该法律的基本原则相抵触。作为国家最重要的立法主体，法律没有列举其立法事项。在社会变革迅速的今天，一方面难以穷尽最高国家权力机关的立法事项，另一方面实际上也不适宜对最高国家权力机关的立法事项进行限制，否则将不利于推动我国的改革开放。为了更好地维护国家统一和保障公民基本权利，《立法法》规定了全国人民代表大会及其常务委员会的以下立法事项：①国家主权的事项；②各级人民代表大会、人民政府、人民法院和人民检察院的产生、组织和职权；③民族区域自治制度、特别行政区制度、基层群众自治制度；④犯罪和刑罚；⑤对公民政治权利的剥夺、限制人身自由的强制措施和处罚；⑥税种的设立、税率的确定和税收征收管理等税收基本制度；⑦对非国有财产的征收、征用；⑧民事基本制度；⑨基本经济制度以及财政、海关、金融和外贸的基本制度；⑩诉讼和仲裁制度；⑪必须由全国人民代表大会及其常务委员会制定法律的其他事项。同时规定在以上事项尚未制定法律时，全国人民代表大会及其常务委员会有权作出决定，授权国务院可以根据实际需要，对其中的部分事项先制定行政法规，但是有关犯罪和刑罚、对公民政治权利的剥夺和限制人身自由的强制措施和处罚、司法制度等事项除外。由此可见，全国全国人民代表大会及其常务委员会的立法权限具有以下特点：一是全国人民代表大会具有制定和修改宪法的职权。全国人民代表大会及其常务委员会具有制定、修改和废除法律的职权。但是，哪些事项可以由全国人民代表大会制定基本法律，哪些事项可以由全国人民代表大会常务委员会制定基本法律以外的法律，《立法法》没有作细致的划分。二是全国人民代表大会及其常务委员会的立法范围非常宽泛，包括涉及重大的国家事务和社会关系的事项，一般不涉及地方事务。三是全国人民代表大会及其常务委员会的立法范围是开放的，法律没有规定禁止全国人民代表大会及其常务委员会立法的事项。四是对全国人民代表大会及其常务委员会的授权立法事项作了限制。

（2）国务院的立法权限。

国务院是最高国家行政机关，是最高国家权力机关的执行机关。除了拥有行政执法权外，《宪法》和《立法法》还规定其拥有行政立法权，可以根据宪法和法律，制定行政法规。行政法规可以就下列事项作出规定：①为执行法律的规定需要制定行政法规的事项；②《宪法》第八十九条规定的国务院行政管理职权的事项。

（3）国家监察委员会的立法权限。

国家监察委员会是最高监察机关，领导地方各级监察委员会的工作，专门负责全国监察工作。国家监察委员会根据宪法和法律，制定监察法规。监察法规可以就下列事项作出规定：①为执行法律的规定需要制定监察法规的事项；②为履行领导地方各级监察委员会工作的职责需要制定监察法规的事项。

（4）国务院各部、委员会、中国人民银行、审计署和具有行政管理职能的直属机构的立法权限。

国务院各部、委员会、中国人民银行、审计署和具有行政管理职能的直属机构，可以根据法律和国务院的行政法规、决定、命令，在本部门的权限范围内，制定规章。部门规章规定的事项应当属于执行法律或者国务院的行政法规、决定、命令的事项。没有法律或者国务院的行政法规、决定、命令的依据，部门规章不得设定减损公民、法人和其他组织权利或者增加其义务的规范，不得增加本部门的权力或者减少本部门的法定职责。当涉及两个以上国务院部门职权范围的事项，应当提请国务院制定行政法规或者由国务院有关部门联合制定规章。

（5）省、自治区、直辖市、设区的市和自治州的人民代表大会及其常务委员会的立法权限。

省、自治区、直辖市的人民代表大会及其常务委员会根据本行政区域的具体情况和实际需要，在不同宪法、法律、行政法规相抵触的前提下，可以制定地方性法规。设区的市、自治州的人民代表大会及其常务委员会根据本市的具体情况和实际需要，在不同宪法、法律、行政法规和本省、自治区的地方性法规相抵触的前提下，可以对城乡建设与管理、环境保护、历史文化保护等方面的事项制定地方性法规。地方性法规可以就下列事项作出规定：①为执行法律、行政法规的规定，需要根据本行政区域的实际情况作具体规定的事项；②属于地方性事务需要制定地方性法规的事项。除《立法法》第八条规定的事项外，其他事项国家尚未制定法律或者行政法规的，省、自治区、直辖市和设区的市、自治州根据本地方的具体情况和实际需要，可以先制定地方性法规。在国家制定的法律或者行政法规生效后，地方性法规同法律或者行政法规相抵触的规定无效，制定机关应当及时予以修改或者废止。

（6）省、自治区、直辖市、设区的市和自治州的人民政府的立法权限。

省、自治区、直辖市和设区的市、自治州的人民政府，可以根据法律、行政法规和本省、自治区、直辖市的地方性法规，制定规章。地方政府规章可以就下列事项作出规定：①为执行法律、行政法规、地方性法规的规定需要制定规章的事项；②属于本行政区域的具体行政管理事项。设区的市、自治州的人民政府制定的地方政府规章，限于城乡建设与管理、环境保护、历史文化保护等方面的事项。

(7)民族自治地方的人民代表大会的立法权限。

民族自治地方的人民代表大会有权依照当地民族的政治、经济和文化的特点，制定自治条例和单行条例。自治区的自治条例和单行条例，报全国人民代表大会常务委员会批准后生效。自治州、自治县的自治条例和单行条例，报省、自治区、直辖市的人民代表大会常务委员会批准后生效。自治条例和单行条例可以依照当地民族的特点，对法律和行政法规的规定作出变通规定，但不得违背法律或者行政法规的基本原则，不得对宪法和民族区域自治法的规定以及其他有关法律、行政法规专门就民族自治地方所作的规定作出变通规定。

（8）有关授权立法的规定。

针对授权立法，2015 年修改后的《立法法》对授权主体、被授权主体、授权范围、授权事项、授权期限、被授权机关应遵循的原则等有关授权立法的基本问题作出了明确的规定。《立法法》作出以下规定：①《立法法》第八条规定的事项尚未制定法律的，全国人民代表大会及其常务委员会有权作出决定，授权国务院可以根据实际需要，对其中的部分事项先制定行政法规，但是有关犯罪和刑罚、对公民政治权利的剥夺和限制人身自由的强制措施和处罚、司法制度等事项除外。②应当由全国人民代表大会及其常务委员会制定法律的事项，国务院根据全国人民代表大会及其常务委员会的授权决定先制定的行政法规，经过实践检验，制定法律的条件成熟时，国务院应当及时提请全国人民代表大会及其常务委员会制定法律。③授权决定应当明确授权的目的、事项、范围、期限以及被授权机关实施授权决定应当遵循的原则等。④授权的期限不得超过五年，但是授权决定另有规定的除外。⑤被授权机关应当在授权期限届满的六个月以前，向授权机关报告授权决定实施的情况，并提出是否需要制定有关法律的意见；需要继续授权的，可以提出相关意见，由全国人民代表大会及其常务委员会决定。⑥授权立法事项，经过实践检验，制定法律的条件成熟时，由全国人民代表大会及其常务委员会及时制定法律。法律制定后，相应立法事项的授权终止。⑦被授权机关应当严格按照授权决定行使被授予的权力。被授权机关不得将被授予的权力转授给其他机关。同时，《立法法》规定经济特区所在地的省、市的人民代表大会及其常务委员会根据全国人民代表大会的授权决定，制定法规，在经济特区范围内实施。此外，2015 年修改后的《立法法》还增加了一项特殊的授权，规定全国人民代表大会及其常务委员会可以根据改革发展的需要，决定就行政管理等领域的特定事项授权在一定期限内在部分地方暂时调整或者暂时停止适用法律的部分规定。

（9）有关军事立法的规定。

中央军事委员会根据宪法和法律，制定军事法规。中央军事委员会各总部、军兵种、军区、中国人民武装警察部队，可以根据法律和中央军事委员会的军事法规、决定、命令，在其权限范围内，制定军事规章。军事法规、军事规章在武装力量内部实施。军事法规、军事规章的制定、修改和废止办法，由中央军事委员会依照《立法法》规定的原则规定。

（10）特别行政区的立法权限。

根据《香港基本法》和《澳门基本法》的规定，特别行政区享有高度自治的立法权，还可享有全国人民代表大会和全国人民代表大会常务委员会授予的其他立法权。同时，为了保障特别行政区享有高度自治的立法权，全国性法律除列于《基本法》附件三者外，不在特别行政区实施。凡列于《基本法》附件三之法律，由特别行政区在当地公布或立法实施。全国人民代表大会常务委员会在征询其所属的特别行政区基本法委员会和特别行政区政府的意见后，可对列于《基本法》附件三的法律作出增减，任何列入《基本法》附件三的法律，限于有关国防、外交和其他按本法规定不属于特别行政区自治范围的法律。全国人民代表大会常务委员会决定宣布战争状态或因特别行政区内发生特别行政区政府不能控制的危及国家统一或安全的动乱而决定特别行政区进入紧急状态，中央人民政府可发布命令将有关全国性法律在特别行政区实施。①

① 特别行政区进入紧急状态后全国性法律在特别行政区实施的讨论，可参见冯泽华：《新时代中央对港澳全面管治权：实施困境与法治进路》，《统一战线学研究》2020 年第 1 期。

# 第六章　中央立法

## 第一节　中央立法的概念和特征

### 一、中央立法的概念

中央立法是指特定的中央国家政权机关，依法制定、认可、修改、解释和废止效力可以及于全国的规范性法律文件活动的总称。① 一般而言，中央国家机关的类型众多，但并非所有的中央国家机关都享有立法权。因此，此处所谓“特定的中央国家政权机关”指众多中央国家机关中，依法有资格行使立法权的中央国家机关，而非所有中央国家机关。从广义上而言，中央立法包括最高国家立法机关的立法、最高国家行政机关及其组成部门、最高国家监察机关等享有立法权的中央国家机关的立法。从狭义上而言，中央立法只包括最高国家立法机关的立法。在立法学研究中，往往取广义之义。

中央立法是相对于地方立法而言的，在存在两级或多级立法体制的国家里，即存在两者的区分。在单一制国家里，中央立法在国家法律体系中占据主导地位。鉴于中央国家机关是代表全国利益而设立的机构，享有立法权的中央国家机关制定的法律规范在全国范围内具有普遍的约束力。尽管在特定的情况下，中央国家机关制定的规范性法律文件可能针对的是地方事务，但这样的中央立法在全国范围内是有效的，例如《香港基本法》是全国人民代表大会制定的，属于中央立法范畴，也属于基本法律，在包括香港特别行政区范围内的全中国均有效力。②

### 二、中央立法的特征

中央立法与地方立法相比，具有以下三个基本特征。

---

① 参见周旺生：《立法学》（第二版），法律出版社 2009 年版，第 250 页。

② 当然，也有学者认为《香港基本法》的效力范围不及于全国，参见周旺生：《立法学》（第二版），法律出版社 2009 年版，第 250 页。我们认为，这种观点是值得商榷的，不利于保持“一国两制”行稳致远。以《香港基本法》第二十二条为例，该条明确规定：“中国其他地区的人进入香港特别行政区须办理批准手续，其中进入香港特别行政区定居的人数由中央人民政府主管部门征求香港特别行政区政府的意见后确定。”依据该规定，内地居民进入香港特别行政区，需要办理港澳通行证。再者，《香港基本法》第二十一条明确规定：“香港特别行政区居民中的中国公民依法参与国家事务的管理。”在实践中，各省市的香港籍人大代表、政协委员即依据该规定而为之。

1. 中央立法具有更高的效力等级

中央立法是由不同效力等级的宪法、法律、行政法规、监察法规和部门规章组成的,[①]但中央立法作为一个整体，在效力等级上高于地方立法，是地方立法的重要依据。没有中央授权，地方立法不得与中央立法相冲突。[②] 当然，在尚未制定中央立法时，地方立法可以在某些事项做先行性、突破性的规定，但当中央立法制定后，这些地方先行性、突破性的规定不能与中央立法相冲突。

2. 中央立法具有更大的调整范围

中央立法在调整内容的范围以及适用的范围上均大于地方立法。中央立法的效力覆盖全国，且可以针对政治、经济、文化、生态、国防、外交等各个社会领域进行规范，可以制定和变动刑事、民事以及其他各部门法的法律、法规，但地方立法的效力只能及于地方，且一般不能调整政治、国防、外交、刑事等方面的事项。

3. 中央立法具有更重要的内容和形式

相比于地方立法，中央立法一般调整涉及一国全局范围内的重要事项，甚至关系到一国根本制度和整个国计民生的重大事项，且在形式上具有宪法、法律、行政法规、部门规章等多种法的形式，这是地方立法无权也无法实现的。[③] 在出现地方立法与中央立法相抵触的情况下，有权的中央国家机关还能依据中央立法改变或者撤销地方立法。

## 第二节 我国中央立法的分类

### 一、全国人民代表大会立法

1. 全国人民代表大会立法的概念与特征

全国人民代表大会立法是指我国最高国家权力机关依法制定、认可、修改、解释和废止效力可以及于中国全部主权范围的规范性法律文件的总称。

全国人民代表大会立法是我国中央立法的首要组成部分，具有以下几个基本特征：

(1) 最高性。

全国人民代表大会立法的最高性主要体现在三个方面：①地位最高。与西方国家普遍采用三权分立且制衡的国家机关关系不同，全国人民代表大会是我国的最高国家权力机关，中央行政机关、司法机关以及监察机关都由它产生，受其监督，对其负责。②全国人民代表大会行使制宪权、修宪权以及宪法监督权。而宪法是我国的根本法，在整个中国法的体系中居于最高地位。③全国人民代表大会行使最高立法权，包括法律的制定、变动以及监督权。

① 其中，部门规章的效力与地方性法规相同。

② 参见周旺生:《立法学》(第二版)，法律出版社 2009 年版，第 250 页。

③ 参见周旺生:《立法学》(第二版)，法律出版社 2009 年版，第 250 页。

(2) 根本性。

全国人民代表大会立法的根本性主要体现在三个方面：①内容的根本性。全国人民代表大会立法的调整对象是整个国家、社会和公民生活中的全局性、根本性关系。②形式的根本性。全国人民代表大会立法在形式上产生的是根本大法、基本法律和其他重要法律。③效力的根本性。全国人民代表大会立法是我国立法体制的核心，除全国人民代表大会常务委员会立法对其可以补充外，其他立法不能与之抵触。

(3) 完全独立性。

全国人民代表大会立法的完全独立性主要体现在两个方面：①全国人民代表大会的立法权可以完全独立行使。全国人民代表大会的每项立法权的行使都须通过全国人民代表大会会议的审议、表决等关键性程序。②全国人民代表大会所立之法无须向其他国家备案或者报其批准，也不存在由其他国家机关撤销的问题。

(4) 最具完整性。

全国人民代表大会立法的最具完整性主要体现在两个方面：①立法内容的完整性。全国人民代表大会所立之法涵盖宪法、行政法、民法、刑法、诉讼法、社会法等部门法，内容广泛，最为完整。②权力行使的完整性。全国人民代表大会对其所立之法享有完整的制定、修改、补充、废止权，也有提案、审议、表决、决定公布权。

2. 全国人民代表大会的具体立法权

全国人民代表大会的具体立法权主要包括以下三个方面：

(1) 制定和修改宪法。

全国人民代表大会制定和修改宪法的权力主要表现为三种形式：①制定宪法。一般地，制定宪法只出现在国家建设之初或者一个国家的经济社会发生重大变化时，如我国的1954年宪法。②对宪法进行重大修改后重新公布。我国先后于1975年、1978年以及1982年对宪法进行三次修改并重新公布的历史，1982年宪法也是现行宪法的版本。③以修正案的方式对宪法进行修改。全国人民代表大会曾分别于1988年、1993年、1999年、2004年以及2018年以修正的方式对宪法进行过修改，并形成了相应的修正案。

(2) 制定和修改基本法律。

《宪法》第五十七条、五十八条以及《立法法》第七条共同确定了全国人民代表大会的立法权，主要包括：制定和修改刑事、民事、国家机构和其他的基本法律。

(3) 开展立法监督。

全国人民代表大会的立法监督权主要有二：①全国人民代表大会有权改变或撤销全国人民代表大会常务委员会制定的不当法律；②全国人民代表大会有权撤销全国人民代表大会批准的违宪、违法或违反行政法规、违反对宪法和民族区域自治法的规定以及其他有关法律、违反行政法规专门就民族自治地方所作的规定作出变通规定的自治条例和单行条例。

## 二、全国人民代表大会常务委员会立法

1. 全国人民代表大会常务委员会立法的概念与特征

全国人民代表大会常务委员会立法是指我国最高国家权力机关的常设机关依法制定、

认可、修改、解释和废止效力可以及于全国的规范性法律文件活动的总称。全国人民代表大会常务委员会立法与全国人民代表大会立法共同构成我国国家立法的最重要的组成部分，与其他形式的立法相比，全国人民代表大会常务委员会立法具有以下几个独特之处：

（1）立法地位仅次于全国人民代表大会立法。

全国人民代表大会常务委员会是全国人民代表大会的常设机关，制定和变动除应当由全国人民代表大会制定的法律以外的其他法律，在全国人民代表大会闭会期间，对全国人民代表大会制定的法律进行部分补充和修改，但是不得同该法律的基本原则相抵触。与全国人民代表大会一样，全国人民代表大会常务委员会制定的法律适用于全国范围。

（2）立法频率最高、范围较广。

全国人民代表大会常务委员会享有广泛的立法权，作为全国人民代表大会的常设机关，比全国人民代表大会更多地行使国家立法权，立法任务繁重。在全国人民代表大会闭会期间，全国人民代表大会常务委员会还需要根据社会发展情况而对全国人民代表大会制定的法律进行部分补充和修改，有权解释全国人民代表大会制定和自己制定的法律，甚至有权解释宪法。

（3）立法具有一定的独立性和完整性。

全国人民代表大会常务委员会立法调整的对象是国家、社会和公民生活中的基本事项和重要事项，对其立法既有制定、修改、补充和废止权，也有提案、审议、表决和决定、公布权。既有权自己立法，也有权授权或者监督其他立法主体立法。

（4）立法具有一定的受制性。

全国人民代表大会常务委员会不能制定和修改宪法，其补充和修改全国人民代表大会的法律，是以不得同该法律的基本原则相抵触为前提的。在“一国两制”框架内，全国人民代表大会常务委员会不能修改《香港基本法》和《澳门基本法》。全国人民代表大会常务委员会为特别行政区制定维护国家安全的规范性法律文件需要得到全国人民代表大会的授权。

2. 全国人民代表大会常务委员会的具体立法权

根据《宪法》和《立法法》的有关规定，全国人民代表大会常务委员会的法定立法权包括以下几项：

（1）解释宪法和法律。

解释宪法和法律是保证宪法和法律有效实施的重要前提，通过解释宪法和法律而产生的文件分别为宪法性文件和法律性文件，仍旧是宪法和法律的组成部分，因此与宪法和法律具有同等效力，而解释宪法和法律在性质上也仍属于立法范畴。

《宪法》第六十七条①和《立法法》第四十五条②均对全国人民代表大会常务委员会解释宪法和法律的权力作出了明确规定。

---

① 《宪法》第六十七条规定：“全国人民代表大会常务委员会行使下列职权：（一）解释宪法，监督宪法的实施；……（四）解释法律；……”

② 《立法法》第四十五条规定：“法律解释权属于全国人民代表大会常务委员会。法律有以下情况之一的，由全国人民代表大会常务委员会解释：（一）法律的规定需要进一步明确具体含义的；（二）法律制定后出现新的情况，需要明确适用法律依据的。”

（2）制定和修改法律。

根据《宪法》第六十七条规定，全国人民代表大会常务委员会具有制定和修改除应当由全国人民代表大会制定的法律以外的其他法律的权力，该规定包含以下两层含义：

第一，制定和修改除应由全国人民代表大会制定的法律以外的其他法律。“全国人民代表大会制定的法律”是指全国人民代表大会制定的刑事、民事、国家机构的和其他应当由全国人民代表大会制定的法律。

第二，对全国人民大会制定的法律进行补充和修改。该项权力只能在全国人民代表大会闭会期间行使，且只能对相关法律进行部分补充和修改，且不得违背被补充和修改的法律的基本原则。

（3）对基本法律进行部分补充和修改。

《宪法》第六十七条规定：“在全国人民代表大会闭会期间，对全国人民代表大会制定的法律进行部分补充和修改，但是不得同该法律的基本原则相抵触。”该条明确赋予了全国人民代表大会常务委员会对全国人民代表大会制定的法律进行补充和修改的权力。

（4）立法监督。

根据《宪法》第六十七条、第一百条、第一百一十六条和《立法法》第九十四条、第九十五条、第九十六条以及第九十七条的有关规定，全国人民代表大会常务委员会具有法定立法监督权。主要表现在以下四个方面：①全国人民代表大会常务委员会有权监督《宪法》的实施。②全国人民代表大会常务委员会有权撤销同宪法、法律相抵触的行政法规、决定和命令，撤销同宪法、法律和行政法规相抵触的地方性法规和决议，撤销省级人民代表大会常务委员会批准的违背宪法和立法法的自治条例和单行条例。③裁决法律之间的冲突，即法律之间对同一事项的新的一般规定与旧的特别规定不一致，不能确定如何适用时，由全国人民代表大会常务委员会裁决。④接受有关立法主体的立法备案权和批准有关规范性法律文件权。

（5）其他立法权。

全国人民代表大会常务委员会的其他立法权主要是两项：①全国人民代表大会常务委员会可以行使全国人民代表大会授予的立法权。②全国人民代表大会常务委员会有权决定外国缔结的条约和重要协定的批准和废除。

## 三、国务院立法

1. 国务院立法的概念和特征

国务院立法是指中国最高国家行政机关即中央人民政府，依法制定、认可、修改、解释和废止行政法规并参与国家立法活动以及从事其他立法活动的总称。[①]

国务院立法具有以下几个特征：

（1）国务院立法兼具从属性和主导性。

国务院立法的从属性主要体现在国务院虽然是中央人民政府，是最高国家行政机关，但在宪法体制中，国务院作为最高国家权力机关的执行机关，决定了国务院立法是从属于

① 参见周旺生：《立法学》（第二版），法律出版社2009年版，第266页。

全国人民代表大会及其常务委员会的立法。而主导性则体现在国务院作为中央人民政府和最高国家行政机关，依法享有统一领导和管理国家行政工作的职权，因此相比地方立法，具有主导性。

（2）国务院立法范围较广泛、专业性较强。

根据《宪法》第八十九条规定[①]，国务院的立法事项十分广泛，涉及经济、政治、文化等社会生活的方方面面，而随着行政管理专业化分工的日益精细、各个领域和部门之间的专业化水平的逐渐提高，规范这些活动的立法的专业性要求也日益凸显。

（3）国务院立法具有完整性与准备性。

根据《宪法》第八十九条规定，国务院在其职权范围内行使立法权和根据全国人民代表大会以及常务委员会的授权进行立法时，其立法权是完整的，而当国务院向全国人民代表大会或全国人民代表大会常务委员会提出立法议案时，其立法只是为全国人民代表大会立法或全国人民代表大会常务委员会立法做准备，因此此时的国务院立法只具有准备性。

（4）国务院立法具有多样性、先行性和受制性。

国务院立法的多样性主要表现在国务院既有权制定和变动行政法规，还有权向国家立法机关提出法案；其先行性主要体现在，国务院制定行政法规在一定程度上是为全国人民代表大会及其常务委员会未来制定相关法律积累经验、准备条件；而其受制性则表现为，国务院作为最高国家权力机关的执行机关，其要对最高国家权力机关负责，接受最高国家权力机关的监督。

2. 国务院的立法依据及范围

国务院的立法依据主要见于《宪法》第八十九条以及《立法法》第六十五条[②]的相关规定。国务院的立法范围主要包括以下四个方面：

（1）制定行政法规。

国务院制定行政法规主要包括这三个事项：①为执行法律需要而制定行政法规的事

---

① 《宪法》第八十九条规定："国务院行使下列职权：（一）根据宪法和法律，规定行政措施，制定行政法规，发布决定和命令；（二）向全国人民代表大会或者全国人民代表大会常务委员会提出议案；（三）规定各部和各委员会的任务和职责，统一领导各部和各委员会的工作，并且领导不属于各部和各委员会的全国性的行政工作；（四）统一领导全国地方各级国家行政机关的工作，规定中央和省、自治区、直辖市的国家行政机关的职权的具体划分；（五）编制和执行国民经济和社会发展计划和国家预算；（六）领导和管理经济工作和城乡建设、生态文明建设；（七）领导和管理教育、科学、文化、卫生、体育和计划生育工作；（八）领导和管理民政、公安、司法行政等工作；（九）管理对外事务，同外国缔结条约和协定；（十）领导和管理国防建设事业；（十一）领导和管理民族事务，保障少数民族的平等权利和民族自治地方的自治权利；（十二）保护华侨的正当的权利和利益，保护归侨和侨眷的合法的权利和利益；（十三）改变或者撤销各部、各委员会发布的不适当的命令、指示和规章；（十四）改变或者撤销地方各级国家行政机关的不适当的决定和命令；（十五）批准省、自治区、直辖市的区域划分，批准自治州、县、自治县、市的建置和区域划分；（十六）依照法律规定决定省、自治区、直辖市的范围内部分地区进入紧急状态；（十七）审定行政机构的编制，依照法律规定任免、培训、考核和奖惩行政人员；（十八）全国人民代表大会和全国人民代表大会常务委员会授予的其他职权。"

② 《立法法》第六十五条规定："国务院根据宪法和法律，制定行政法规。行政法规可以就下列事项作出规定：（一）为执行法律的规定需要制定行政法规的事项；（二）宪法第八十九条规定的国务院行政管理职权的事项。应当由全国人民代表大会及其常务委员会制定法律的事项，国务院根据全国人民代表大会及其常务委员会的授权决定先制定的行政法规，经过实践检验，制定法律的条件成熟时，国务院应当及时提请全国人民代表大会及其常务委员会制定法律。"

项。具体又分为三类：第一，综合性的实施细则、实施条例、实施办法；第二，为实施法律中的某项规定或制度而作出的专门规定；第三，对法律实施过程中的过渡、衔接等问题作出的规定。②《宪法》第八十九条规定的国务院行政管理职权的事项。③全国人民代表大会及其常务委员会的授权立法事项。

（2）向全国人民代表大会及其常务委员会提出法律案。

法律提案权是我国立法权力体系中的重要组成部分。国务院有权向全国人民代表大会及其常务委员会提出法律案。在实践中，绝大多数的法律案是由国务院提出的。

（3）对外缔结条约和协定。

缔约权是立法权的重要组成部分。国务院有权同外国缔结条约和协定，业已签署的条约和协定须经全国人民代表大会常务委员会的批准。

（4）立法监督。

根据《立法法》的规定，国务院享有一定范围内的立法监督权，包括“改变”、“撤销”[①]、“裁决”等实施监督的具体形式。

## 四、国务院部门立法

1. 国务院部门立法的概念及特征

国务院部门立法是指中国最高国家行政机关所属部门，依法制定、认可、修改、解释和废止行政规章以及从事其他立法性活动的总称。[②]

国务院部门立法具有以下几个特征：

（1）具有中国特色。

中央政府所属部门享有立法权的情况不常见，但在我国，国务院所属部门享有一定的立法权，在行政管理立法方面发挥重要作用。在我国，行政法规的许多条款比较粗放，这就依赖于国务院所属部门通过制定实施细则予以细化。

（2）突出的从属性。

在各种层次和类别的中央立法体制中，国务院部门立法是位于最低层次的一种立法形式。国务院部门立法不得与宪法、法律、行政法规以及国务院的决定和命令相抵触。如国务院认为部门规章的规定不恰当，国务院有权予以改变或者撤销。

（3）立法的调整范围比较广泛。

首先，国务院各部门的单独立法并非都具有广泛的调整范围，但众多部门的立法综合起来，其调整范围则变得极为广泛。其次，无论是整体部门的立法还是单个部门的立法，调整范围都是具体的。

（4）集群性立法。

国务院部门立法是作为同一国家机关所属部门的集群性立法存在的一种立法。首先，国务院部门立法是数十个立法主体立法的总称，这同全国人民代表大会及其常务委员会立法和国务院立法都是单个立法主体立法不同。其次，相比于地方立法由多层次、多类别的具体立

① 《立法法》第九十七条第三款规定：“国务院有权改变或者撤销不适当的部门规章和地方政府规章。”

② 参见周旺生：《立法学》（第二版），法律出版社2009年版，第273页。

法构成，部门立法本身不再包含层次性，不同部门的规章之间也具有同等的效力。

2. 国务院部门立法的范围

国务院部门的立法权主要表现在国务院所属部门对行政规章的制定，《立法法》第二章系列规定对此进行了明确，且本书的第三章关于“国务院各部、委员会”的内容作出了相关阐释，此处不再赘述。

## 五、国家监察委员会立法

1. 国家监察委员会立法的特征

国家监察委员会立法是指国家监察委员会根据宪法和法律制定、认可、修改、解释和废止监察法规活动的总称。

与其他形式的中央立法相比，国家监察委员会立法具有以下几个特征：

（1）立法范围较窄。

国家监察委员会只能就执行法律的规定需要以及履行领导地方各级监察委员会工作的职责需要的范围制定监察法规，无权就超出这个范围以外的领域制定监察法规。

（2）具有从属性。

国家监察委员会作为最高监察机关，它的立法活动要对全国人民代表大会及其常务委员会负责，受后者制约。同时，全国人民代表大会常务委员会有权撤销同宪法和法律相抵触的监察法规。

（3）只有中央级别的监察委员会享有立法权。

按照当前的法律规定，只有国家监察委员会享有立法权，地方各级监察委员会不享有立法权。

2. 国家监察委员会立法的依据及范围

《宪法》和《中华人民共和国监察法》（以下简称《监察法》）均依法明确中华人民共和国各级监察委员会是国家的监察机关，设立国家监察委员会和地方各级监察委员会。国家监察委员会是最高监察机关，领导地方各级监察委员会的工作。为更好地贯彻实施《宪法》和《监察法》，《全国人民代表大会常务委员会关于国家监察委员会制定监察法规的决定》明确国家监察委员会享有制定监察法规的权力。

根据全国人民代表大会常务委员会的决定，监察法规可以就这些事项作出规定：①为执行法律的规定需要制定监察法规的事项；②为履行领导地方各级监察委员会工作的职责需要制定监察法规的事项。同时，监察法规不得与宪法、法律相抵触。这表明监察法规的效力等级低于宪法、法律。

# 第七章　地方立法

## 第一节　地方立法的概念和特征

### 一、地方立法的概念

地方立法是指特定的地方国家政权机关，依法制定、认可、修改、解释和废止效力不超过本行政区域范围的规范性法律文件活动的总称。[①] 这里的“特定的地方国家政权机关”是指依照《宪法》《立法法》和《地方组织法》，享有立法权的地方国家机关以及根据授权可以行使立法权的地方国家机关。广义上而言，地方立法是地方国家权力机关和地方国家行政机关的立法活动，[②] 而狭义上而言，地方立法特指地方国家权力机关的立法活动。[③]

地方立法是国家立法的重要组成部分，一般由多类别和多层次的立法构成。在我国，地方立法是由一般地方立法和特别地方立法组成的。地方立法的效力仅限于制定机关所管辖行政区域的一定范围内。

### 二、地方立法的特征

1. 地方性

地方性是地方立法的核心特征。所谓地方性，主要表现为三个方面[④]：第一，立法主体的地方性，即地方立法的主体只能是地方国家机关。中央国家机关制定专门解决地方问题的法律，如全国人民代表大会制定《香港基本法》，这样的立法活动不属于地方立法。第二，立法内容的地方性。地方立法的任务是解决地方问题，立法内容必须体现地方的实际情况。这要求地方立法坚持地方特色原则，这是衡量地方立法质量的重要标准。[⑤] 第三，立法效力的地方性。地方立法的法律效力只能限于本地行政区域内，超出本行政区域无效力。

---

① 参见周旺生：《立法学》（第二版），法律出版社 2009 年版，第 277 页。

② 参见王飚主编：《实用立法技术》，中国法制出版社 1995 年版，第 8 页。

③ 参见王盛林主编：《地方立法概念》，山东人民出版社 1993 年版，第 19 页。

④ 参见石佑启、朱最新主编：《地方立法学》，广东教育出版社 2015 年版，第 19 页。

⑤ 参见涂青林：《论地方立法的地方特色原则——以立法法修改后广东立法为例》，《地方立法研究》2017 年第 6 期。

2. 复杂性

从总体上看，地方立法比中央立法更复杂。首先，地方立法有更多的关系需要处理，制定的地方性法规至少要处理六种关系，即与宪法和法律的关系，与行政法规的关系，与部门规章的关系，与地方政府规章的关系，与上级或下级地方权力机关及其常设机关的地方性法规的关系。此外，民族自治地方制定地方性法规还要处理与自治条例、单行条例的关系。其次，由于地方立法调整的社会关系更具体，因此在总体上需要规定的事项更多。最后，各地发展不平衡的经济、政治、文化等现状也加剧了地方立法的复杂化。①

3. 从属与自主两重性

地方立法具有从属与自主两重性，从属方面体现在地方立法与中央立法相比，处于相对次要的地位，制定地方性法规时不能与中央立法相冲突，且要以贯彻实施中央立法为责任。自主方面体现在地方立法作为一国立法体制的组成部分，也有相对独立的地位，即地方可以在坚持或兼顾法制统一的前提下，依据本地情况独立自主地立法，以此解决地方具体问题。②

4. 城市立法在地方立法中占据重要位置

城市尤其是重要城市在现代生活中的重要地位决定它们应当行使地方立法权。在当代社会，城市的发展状况是社会文明发展的重要标志。就我国而言，城市的地位和作用在社会生活中日益突出，城市经济体制改革状况如何很大程度上成为整个改革成败的关键，因此，城市地方立法也变得尤为重要。③

5. 先行性

地方立法的先行性在单一制的大国尤为明显。当大国的经济体制需要改革，但缺少经验时，这种改革的成本即无法有效得到预测。地方立法可为中央立法提供探索性经验。我国幅员辽阔，人口众多，各地情况复杂。地方立法的效力只局限于某一特定的行政区域，可与中央立法共同调整细微的领域。以深圳经济特区为例，据统计，在105项先行性经济特区法规中，有41项是早于国家法律、行政法规出台的，更有64项法规填补了国家立法层面的空白。④

## 第二节　我国地方立法的地位和作用

### 一、地方立法的地位

1. 地方立法的法律地位

根据《宪法》《立法法》《地方组织法》《香港基本法》《澳门基本法》的规定，省、

① 参见周旺生：《立法学》（第二版），法律出版社2009年版，第278页。

② 参见周旺生：《立法学》（第二版），法律出版社2009年版，第278页。

③ 参见周旺生：《立法学》（第二版），法律出版社2009年版，第278－279页。

④ 参见陈逸群：《25年制定法规220项护航改革发展　深圳64项法规填补国家立法空白》，《深圳晚报》，2017年7月13日，第A03版。

直辖市、设区的市、经济特区所在的市的人民代表大会及其常务委员会，有权制定地方性法规，其人民政府有权制定政府规章。自治区、自治州、自治县的人民代表大会有权制定自治条例和单行条例。特别行政区的立法机关和政府有权制定规范性法律文件。在“一国两制”下，特别行政区享有高度自治的立法权，其制定的规范性法律文件仅在特别行政区实施，其法律效力与仅在内地实施的中央立法因不在同一法域语境而无法比较。当然，中央有权依照宪法和基本法的规定，制定效力高于特别行政区立法的规范性法律文件，如列入基本法附件三中的全国性法律。而内地其他地方制定的规范性法律文件的效力普遍低于中央立法。

2. 地方立法的实践地位

地方立法的实践地位主要体现在两个方面：一方面，地方立法是中国特色社会主义立法体制中重要的、有机的组成部分。地方立法为中央立法提供新鲜的经验，为中央立法的发展创造条件。① 另一方面，地方立法是解决地方问题的重要制度保障。中国各地情况复杂，中央不可能以统一的立法形式解决。地方立法有助于弥补中央立法的不足，因地制宜地解决各地问题。

## 二、地方立法的作用

1. 细化上位法和国家政策

大多数中央立法为上位法，在调整全国社会关系的过程中，必须寻求的是各地的共性，在地方个性方面无法逐一规范。国家政策比中央立法在社会关系调整的程度上更加宏观，更无法直接适用于各地事务。为了让上位法和国家政策能够贯彻落实，地方立法有必要对其进行细化，甚至在特别的地方需要进行变通执行，以弥补上位法在地方事务上存在的欠缺和不便操作之处。

2. 为中央立法探索经验

在我国，尽管地方立法从本质而言属于授权性质，但中央立法和地方立法有各自的调整范围。有的问题由中央解决，有的问题由地方解决，有的问题可以由两者共同解决。当中央不便解决，或者全国统一解决的时机不成熟、经验不充足，就有必要通过局部地方先行先试，积极探索出可推广、可复制的经验后，逐步为中央立法提供现实基础。这样的立法成本相对较低，有助于中央积极吸收各地立法经验，提高国家的法治程度。

3. 自主解决地方问题

我国幅员辽阔，各地均存在特殊的历史与地理情况，明确地方立法的自主性，有助于各地立法主体在职权范围内积极解决地方特有的问题。事实上，由于我国立法尚未完善，无法可依的现象仍然存在，地方行政机关和司法机关往往高度依赖国家政策来解决问题，而国家政策的宏观性又让执法人员带有随意的主观性，不利于控制公权力，保障公民权利。积极规范地方立法，承认地方立法的法律地位，有助于各地立法主体用地方立法调整本行政区域的特殊社会关系，促进地方权力体系中立法与执法、司法的良性循环。

---

① 参见石佑启、朱最新主编：《地方立法学》，广东教育出版社2015年版，第25页。

# 第三节 一般地方立法

## 一、一般地方立法的概念与特征

一般地方立法是相对于特殊地方立法而言的地方立法，是指一般地方的有关国家政权机关，依法制定、认可、修改、解释和废止效力可以及于本地范围的规范性法律文件活动的总称。[①] 在我国，一般地方的有关国家政权机关包括省、直辖市以及设区的市的人民代表大会及其常务委员会、人民政府。

一般地方立法相对于特别地方立法具有以下特征：

1. 一般地方立法更具普遍性

首先，一般地方立法是由宪法和宪法性法律明文规定的地方立法，其立法权直接来源于宪法和宪法性法律，而非中央立法主体的另行授权。其次，一般地方立法调整的对象具有普通性、一般性，而非鲜明的特殊性。最后，一般地方立法在总体上不具有破格性与不确定性，而是普通的、常规的、明确具体的。[②]

2. 一般地方立法的任务更繁重

一方面，一般地方立法的行政地域范围远大于特别地方立法；另一方面，一般地方立法既要贯彻实施中央法律法规，又要解决本地问题，亦即一般地方立法需要制定地方性法规和规章予以规范确定的事项更为繁杂。[③] 因此，从立法任务来看，一般地方立法要比特别地方立法繁重。

3. 一般地方立法的从属性和自主性更鲜明

首先，与特别地方立法相比，一般地方立法由于要贯彻实施中央法律、行政法规，使中央立法具体化，因而其具有明显的从属性。其次，在立法程序和立法范围上，一般地方立法的自主性更大，如地方性法规不需要向全国人民代表大会常务委员会报批，在时间和空间上也没有像经济特区立法、自由贸易区立法等特别地方立法那样受到严格的限制。

## 二、我国一般地方立法的分类

1. 省、直辖市的立法

省、直辖市是中国地方最高一级行政区域，由中央人民政府管辖。省、直辖市的人民代表大会及其常务委员会根据本行政区域的具体情况和实际需要，在不同宪法、法律、行政法规相抵触的前提下，可以制定地方性法规。省、直辖市的人民政府，可以根据法律、行政法规和本省、自治区、直辖市的地方性法规，制定规章。

① 参见周旺生：《立法学》（第二版），法律出版社2009年版，第286页。

② 参见周旺生：《立法学》（第二版），法律出版社2009年版，第286页。

③ 参见周旺生：《立法学》（第二版），法律出版社2009年版，第286页。

2. 设区的市的立法

2015 年修改后的《立法法》明确设区的市享有立法权，其中，全国人民代表大会作出决定，赋予东莞、中山、三沙、嘉峪关四座城市参照设区的市享有立法权。设区的市的人民代表大会及其常务委员会根据本市、自治州的具体情况和实际需要，在不同宪法、法律、行政法规和本省、自治区的地方性法规相抵触的前提下，可以对城乡建设与管理、环境保护、历史文化保护等方面的事项制定地方性法规，报省、自治区的人民代表大会常务委员会批准后施行。设区的市的人民政府，可以根据法律、行政法规和本省、自治区、直辖市的地方性法规，制定规章。

## 第四节　特别地方立法

### 一、民族自治地方立法的概念和特征

1. 民族自治地方立法的概念

民族自治地方立法是指自治区、自治州、自治县的人民代表大会依法制定、认可、修改、解释和废止效力可以及于本民族自治地方的自治条例和单行条例的活动的总称。根据《宪法》和《民族区域自治法》，民族区域自治地方的人民代表大会经过法律授权，可以制定地方性法规、地方政府规章、自治条例、单行条例或者对相关法律制定“变通规定”“补充规定”。从行政级别来看，民族区域自治地方包括自治区、自治州和自治县，每一层级都享有相应的立法权。值得注意的是，自治区立法权与一般的地方立法权并行不悖，自治区、自治州的人民代表大会及其常务委员会可以根据《地方各级人民代表大会和地方各级人民政府组织法》《立法法》，享有地方性法规的制定权。民族区域自治地方的自治条例和单行条例只能由民族区域自治地方的人民代表大会来制定，而不能由其常务委员会行使此权力。

民族区域自治地方立法权有助于保障少数民族地区的政治、经济、文化、生态的权益。从内容层面分析，我国民族区域自治地方的自治立法权可以分为“原生立法”和“衍生立法”。民族区域自治地方“原生立法”是指在法律和行政法规没有明确规定的情况下，民族区域自治地方可以根据当地的特定情况制定自治条例和单行条例。“衍生立法”是指当国家法律或国务院的行政法规不适合民族区域自治地方的政治、经济、文化特点时，民族区域自治地方可以根据宪法和法律的授权，在法定限度内对法律、行政法规作出“变通规定”或者“补充规定”。此处的民族地方特点主要是指城乡建设与管理、环境保护、历史文化保护等事项。“原生立法”与“衍生立法”源于民族区域自治地方立法权的“双重属性”。即民族区域自治地方的自治机关一方面与一般的地方人民代表大会及其常务委员会、同一级的人民政府具有相同的地方立法权，同时又具有自己特有的自治立法权。此现象出现在自治区、自治州的自治机关中，而自治县无地方立法权和自治立法权的竞合。在制定程序方面，自治条例和单行条例必须先报有关机关批准后才能生效，避免民族区域自治地方原有的自治条例和单行条例与国家出台的有关法律或行政法规相抵触。理论

上看，我国宪法单一制框架为地方自治留下了一定空间。从效力层级和生效程序看，自治条例、单行条例与一般的地方性法规具有很大共性。他们都是在中央统一领导下，地方发挥主动性、积极性的一种方式。“原生立法”与“衍生立法”的双重属性还来源于自治立法权的权力与权利双重属性。申言之，自治权一方面代表了中央对地方的政治权力的延伸，代表了国家利益和全体人民意志，自治权服从于中央政权；另一方面代表了民族自治地方群体的利益，是中央对地方政治权力的适当保留。因此，民族自治地方的立法权不可能违背上级国家机关的意志，同时上级国家机关也不得随意干涉民族自治地方的立法权。

2. 民族自治地方立法的特征

民族自治地方立法的主要特征表现为以下五点。①

（1）区域的特定性。

民族自治地方立法有特定的区域。民族自治地方是根据当地民族关系、经济发展等条件，并斟酌历史情况所建立的以一个或几个少数民族聚居区为基础的少数民族聚居的地方，包括自治区、自治州、自治县，不包括自治乡。

（2）立法主体的唯一性。

民族自治地方立法有特定的立法主体，即根据《宪法》《民族区域自治法》《地方组织法》以及《立法法》确定的特定的民族自治机关才是法定的立法主体，民族自治机关主要包括自治区、自治州、自治县的人民代表大会和人民政府，但其中只有人民代表大会才是法定的立法主体，不包括人民代表大会常务委员会。

（3）立法形式的独特性。

民族自治地方立法有特定的表现形式。与一般地方立法相比，民族自治地方具有自治条例和单行条例的法的独特表现形式。

（4）立法权限的广泛性。

民族自治地方立法权是一种具有广泛性的立法权。民族自治地方的立法权属于其自治权的范畴，其可以规定一般地方立法不能涉及的事项，立法范围更加广泛，如《立法法》第七十五条及第九十条赋予的民族自治地方对法律、行政法规以及地方性法规的变通执行权。

（5）立法依据的差异性。

民族自治地方的实际情况与一般地方的政治、经济和文化存在较大差异，民族自治地方立法在立法依据、立法程序以及与中央立法的关系上也具有特色。根据《立法法》第七十五条规定，民族自治地方可以依照当地民族的特点制定自治条例和单行条例，自治区的自治条例和单行条例要报全国人民代表大会常务委员会批准后生效，自治州、自治县的自治条例和单行条例，报省、自治区、直辖市的人民代表大会常务委员会批准后生效。

## 二、经济特区立法的概念和特征

1. 经济特区立法的概念

所谓经济特区，是指自改革开放后，为了招商引资，发展对外贸易而实行特殊政策的

① 参见周旺生：《立法学》（第二版），法律出版社2009年版，第292－293页。

某地区的特定区域。截至2020年5月底，我国共有7个经济特区，分别是深圳经济特区（广东省）、珠海经济特区（广东省）、厦门经济特区（福建省）、汕头经济特区（广东省）、海南经济特区（海南省）、喀什经济特区（新疆维吾尔自治区）、霍尔果斯经济特区（新疆维吾尔自治区）。据此可知，经济特区往往是设区的市或者省级行政单位。

经济特区立法具有两种意义上的理解，一为性质意义上的，二为地理意义上的。所谓性质意义上的经济特区立法，是指自改革开放以来，中国出现的经济特区的有关国家机关基于全国人民代表大会或其常务委员会的专门授权而形成的、效力不超过经济特区范围的规范性法律文件的一种地方立法。所谓地理意义上经济特区立法，除了性质意义上的立法，还包括经济特区作为设区的市、省级行政单位而制定的地方性法规和地方政府规章的立法活动。[①] 作为特别地方的立法，经济特区立法特指的是性质意义上的立法。

2. 经济特区立法的特征

经济特区立法与一般地方立法、民族自治地方立法以及其他地方立法相比，主要具有如下特征：

（1）立法权来源不同。

经济特区的立法权来源于全国人民代表大会及其常务委员会的授权，而一般地方和民族自治地方的立法权直接源于宪法、立法法、民族区域自治法和地方组织法的规定。[②]

（2）立法的效力等级和调整范围不同。

经济特区地方立法的效力等级和调整范围不像一般地方立法和民族自治地方立法一般具有确定性，且其制定的规范性法律文件效力或者位阶众说纷纭，至今莫衷一是，尚未取得共识，主流观点也尚未出现。[③]

（3）先行性。

同一般地方立法相比，经济特区地方立法带有明显的破格性、先行性，有时还带有一定程度的试行性。[④] 例如，截至2019年8月底，深圳经济特区共制定法规229件，现行有效法规168件，其中经济特区法规130件。[⑤] 其中超过三分之一是在国家和地方立法没有先例的情况下先行先试。

（4）独特性。

在立法程序和立法任务方面，经济特区地方立法带有特殊性、不确定性，且在立法时间和空间等方面受到种种明确的限制。[⑥] 而一般地方立法的程序和任务是常规的，自主性更大。

---

① 参见周旺生：《立法学》（第二版），法律出版社2009年版，第297页。

② 参见周旺生：《立法学》（第二版），法律出版社2009年版，第297页。

③ 具体讨论可参见邹平学、冯泽华：《中国特色社会主义先行示范区深圳法治建设的内在逻辑及立法进路》，《深圳大学学报（人文社会科学版）》2020年第4期。

④ 参见周旺生：《立法学》（第二版），法律出版社2009年版，第297页。

⑤ 参见张一琪、韩维正：《用法治为一流营商环境护航——〈关于支持深圳建设中国特色社会主义先行示范区的意见〉解读之二》，《人民日报·海外版》，2019年8月28日，第2版。

⑥ 参见周旺生：《立法学》（第二版），法律出版社2009年版，第297页。

## 三、特别行政区立法的概念和特征

1. 特别行政区立法的概念

特别行政区是以“一国两制”为指导思想，以宪法和基本法为依据，为合理解决香港、澳门以及台湾问题所设置的直辖于中央人民政府的特殊行政区域。[①] 目前，我国特别行政区共有两个，分别为香港特别行政区和澳门特别行政区，在行政级别上，相当于省级行政单位。按照基本法的规定，特别行政区享有高度自治的立法权。据此，特别行政区立法在我国地方中享有非常独特的法律地位。所谓特别行政区立法，是指特别行政区的立法主体根据中央授权，依法制定、认可、修改、解释和废止效力不超过本行政特区范围的规范性法律文件活动的总称。

2. 特别行政区立法的特征

与其他特别地方立法相比，特别行政区立法具有以下几个基本特征：

（1）高度自治性。

特别行政区的地方立法最显著的特征即其高度自治性。按照基本法规定，香港和澳门特别行政区回归前的法律可以依法予以保留，例如，香港原有法律，即普通法、衡平法、条例、附属立法和习惯法，除同本法相抵触或经香港特别行政区的立法机关作出修改者外，予以保留。这里的习惯法，还包含清代的法律。[②] 此外，香港特别行政区是传统普通法系地区，法官造法也是特别行政区立法的一种形式。这也是特别行政区立法具有高度自治性的重要表现。

（2）地方立法中立法范围最广、具有一定的完整性。

特别行政区立法除国防、外交以及不属于特别行政区自治范围的事务外，均可立法。例如，可以就民商事法律制度、公务员制度、货币制度、司法制度等领域进行立法。一般认为，中国内地与香港、澳门分别属于不同的法域，彼此间的法律制度接近于相互独立的状态。

（3）受监督性。

尽管特别行政区立法具有高度自治性，但其仍然接受中央的监督。按照基本法的规定，特别行政区的立法机关制定的法律须报全国人民代表大会常务委员会备案。备案不影响该法律的生效。全国人民代表大会常务委员会在征询其所属的特别行政区基本法委员会后，如认为特别行政区立法机关制定的任何法律不符合本法关于中央管理的事务及中央和特别行政区的关系的条款，可将有关法律发回，但不作修改。经全国人民代表大会常务委员会发回的法律立即失效。该法律的失效，除特别行政区的法律另有规定外，无溯及力。

---

① 参见周旺生：《立法学》（第二版），法律出版社2009年版，第299－300页。

② 例如，香港新界地区的“丁权”保护问题。根据1898年6月中英两国政府签订的《展拓香港界址专约》的规定，英国从清政府手中取得“新界”99年的“租借权”。因新界及其附近岛域的土地所有权仍然属于中国所有，根据清朝法律，新界居民永久地拥有土地，向政府交缴地租。由于新界居民对于英国殖民的反抗，港英当局作出重大的让步，尊重香港新界原居民的原有习惯，允许他们保留原有习惯和传统的特权。香港回归后，新界居民的“丁权”是“合法的传统权益”，受基本法保护。

## 四、自由贸易区立法的概念和特征

1. 自由贸易区立法的概念

自由贸易区立法，是指享有立法权的国家机关依照宪法、立法法、地方组织法以及全国人民代表大会及其常务委员会的授权，依法制定、认可、修改、解释和废止效力不超过自由贸易区范围的规范性法律文件活动的总称。目前，享有立法权的国家机关一般是各省市的人民代表大会及其常务委员会。

自由贸易区并非按照行政区域的方式进行设立的，往往是各省市内划定若干片区而作出的自由贸易区，但作为中国比较特别的地方，享有的“立法待遇”也比较独特。截至2020年9月，我国共有21个自由贸易区，分别是中国（上海）自由贸易试验区、中国（广东）自由贸易试验区、中国（天津）自由贸易试验区、中国（福建）自由贸易试验区、中国（辽宁）自由贸易试验区、中国（浙江）自由贸易试验区、中国（河南）自由贸易试验区、中国（湖北）自由贸易试验区、中国（重庆）自由贸易试验区、中国（四川）自由贸易试验区、中国（陕西）自由贸易试验区、中国（海南）自由贸易试验区、中国（山东）自由贸易试验区、中国（江苏）自由贸易试验区、中国（广东）自由贸易试验区、中国（河北）自由贸易试验区、中国（云南）自由贸易试验区、中国（黑龙江）自由贸易试验区、中国（北京）自由贸易试验区、中国（湖南）自由贸易试验区、中国（安徽）自由贸易试验区。

目前，各省市的自由贸易区立法主要由所在该省市的人民代表大会常务委员会进行。为推进和保障上海自由贸易区建设，充分发挥其推进改革的作用，根据《全国人民代表大会常务委员会关于授权国务院在中国（上海）自由贸易试验区暂时调整有关法律规定的行政审批的决定》、国务院批准的《中国（上海）自由贸易试验区总体方案》（以下简称《总体方案》）、《国务院关于在中国（上海）自由贸易试验区内暂时调整有关行政法规和国务院文件规定的行政审批或者准入特别管理措施的决定》和其他有关法律、行政法规的规定，上海市人民代表大会常务委员会于2014年制定《中国（上海）自由贸易试验区条例》。尔后，广东省人民代表大会常务委员会于2016年制定《中国（广东）自由贸易试验区条例》。为支持海南全面深化改革开放，推动中国（海南）自由贸易试验区试点政策落地，2020年4月，第十三届全国人民代表大会常务委员会第十七次会议表决通过了全国人民代表大会常务委员会关于授权国务院在中国（海南）自由贸易试验区暂时调整适用有关法律规定的决定。

2. 自由贸易区立法的特征

（1）区域性。

自由贸易区立法的区域性主要体现为两个方面：第一，立法内容的区域性。自由贸易区立法是适应地方的实际情况而制定的。第二，立法效力的区域性，即立法的效力只限于自由贸易区内。如《中国（广东）自由贸易试验区条例》明确规定本条例适用于经国务院批准设立的中国（广东）自由贸易试验区。

（2）先行性。

设立自由贸易区的目的在于进一步对接高标准国际经贸规则，在更广领域、更大范围形成各具特色、各有侧重的试点格局，推动全面深化改革、扩大开放。因此，自由贸易区立法往往涉及国家事权，对于地方立法而言，具有先行性、突破性，为国家的全面深化改革事业探路。

（3）独特性。

自由贸易区立法与“飞地”立法一样，区域范围没有完全与行政区域相对应，往往是某一城市内划出某一块区域作为制度改革的试验区，因此，其立法具有独特性，与一般地方立法存在差异，也与其他特别地方立法存在差异。具体而言，自由贸易区所在的省、市人民代表大会常务委员会通过的立法文件只在自由贸易区实施且制度改革的权限往往触及国家事权，可以停止适应某些法律规范，在改革权限方面甚至超越经济特区立法权。

# 第八章　授权立法

## 第一节　授权立法概述

### 一、授权立法的概念

授权立法，又被称为委托立法或者委任立法。授权立法首见于西方社会，1539 年英国议会通过公告法，授权国王基于治理国家和维持秩序的目的可以发布公告，其所发布的公告的效力等同于议会所制定的法律。在当时，授权立法的含义是指行政机关根据议会授权制定的各种行政管理法规。[①] 随着政府行政职权的日益扩张，行政机关享有社会管理的立法权的需求就越大，到了 20 世纪，授权立法在世界各国已经得到了广泛的运用，至今，授权立法制度已经成为当代各国立法制度当中的重要组成部分。

就授权立法的概念而言，目前通说认为，授权立法是指立法机关授权有关国家机关依据所授予的立法权进行立法的活动。[②] 该种观点对授权立法的基本核心内容进行了概述，是一个广而泛的解释，其局限性就在于不能够突出授权立法的具体特征。除了该种观点之外，我国法学界对授权立法也有几种不同的看法。有的学者认为，授权立法是指立法机关通过法定形式将某些立法权授予行政机关，行政机关应依据授权法（含宪法）创制法规的行为。[③] 与这种观点相类似的是，有学者认为授权立法是指行政机关根据单行法律或授权决议所授予的立法权而进行的立法。[④] 持有这两种观点的学者是从获得授权的主体（受权主体）是行政机关的角度进行理解，其概念过于局限，并不能囊括所有的授权立法情形。有的学者认为，狭义上的授权立法是指有权立法的国家机关通过一定形式，将属于自己立法权限范围内的立法事项授予其他有关国家机关进行立法，被授权机关在授权范围内进行立法的活动。[⑤] 这种观点的局限性就在于其只指出了狭义授权立法的含义，并未解释广义授权立法的含义，并且，该种观点过于强调被授权机关的立法活动。

综上，我们认为，授权立法是指国家立法机关通过单行法律和法规或授权决议的方式，将其立法权限内的立法事项授权给其他能够独立承担立法责任的国家机关进行立法的

---

① 参见王名扬：《英国行政法》，北京大学出版社 2007 年版，第 84 页。

② 参见周旺生：《立法学》（第二版），法律出版社 2009 年版，第 303 页。

③ 参见李林：《立法机关比较研究》，人民日报出版社 1991 年版，第 276 页。

④ 参见姜明安主编：《行政法与行政诉讼法》（第六版），北京大学出版社、高等教育出版社 2015 年版，第 161 页。

⑤ 参见朱力宇、叶传星主编：《立法学》（第四版），中国人民大学出版社 2015 年版，第 109 页。

活动。这一概念中的国家立法机关是指根据宪法确定的，在立法体制中享有最高立法权、行使国家立法权的国家机关，而非所有享有立法权限的国家机关。值得注意的是，在我国，地方立法从本质上属于授权立法，即最广义上的授权立法，但在立法学研究中，地方立法与授权立法的研究对象存在差异，一般分开阐释各自的基本原理。

## 二、授权立法的特征

授权立法是国家立法制度中重要的一环，授权立法的现象目前在我国也相当常见。与职权立法相比，授权立法极具独特性。

1. 授权立法具有从属性

如果说职权立法是一种原生性立法，那么授权立法就是一种派生性立法。授权立法的受权主体其本身依据宪法及宪法性法律的规定具有一定的立法权，但是对于授权立法的立法权，其立法权并非来源于其自身的职权立法权，而是来源于国家立法机关的授权，是从属于授权主体的立法权，受权主体要对授权主体负责，完成授权主体所交付的立法任务。

2. 授权立法具有限制性

授权立法的限制性主要体现在两个方面。一方面，授权立法有明确的立法权限范围，受权机关在接受授权时，必须在授权范围内进行立法。并且，授权立法还受时限、事项和程序的多重限制。另一方面，授权主体为国家立法机关，而受权主体则为行政机关或位阶低于授权主体的下级立法机关，受权主体在进行立法活动时要接受授权主体的监督，受其限制。

3. 授权立法具有灵活性

国家立法机关所享有的立法权具有高度的稳定性，且随着时代的发展，需要法律调整的社会关系不断增多，国家立法机关的立法任务相当的繁重。在这种情况下，授权立法就比较灵活和简便，既可以应对某些随时可能出现的突发性事件，也可以缓解国家立法机关繁重的立法任务压力。

## 三、授权立法的主体

授权立法的主体包括授权主体和受权主体（或称为被授权主体）。授权主体是指将自己所享有的立法权授予其他国家机关行使的国家机关。[①] 一般而言，授权主体要满足以下两个条件：第一，必须是依法享有立法权的国家机关；第二，授权的“权”应当属于其法定的立法权。受权主体是指接受授权主体的授权进行立法活动的国家机关。[②] 受权主体必须是与授权立法事项具有相关性的，且能够独立完成授权立法的国家机关。

根据《立法法》的规定，授权主体主要是享有国家立法权的全国人民代表大会及其常务委员会，而受权主体则具有相对多样性，包括国务院、各省市以及经济特区所在的省、市的人民代表大会及其常务委员会。

---

① 参见杨临宏：《立法学：原理、制度与技术》，中国社会科学出版社 2016 年版，第 152 页。

② 参见杨临宏：《立法学：原理、制度与技术》，中国社会科学出版社 2016 年版，第 152 页。

## 四、授权立法的范围

授权立法必须要有明确的范围才能确保授权立法的内容不会产生混乱以及立法权不被滥用，保障国家立法权的主导地位。根据我国现行《立法法》的规定，关于授权立法的范围的规定主要有三种。

1. 对国务院的授权立法范围

根据《立法法》第九条和第六十五条的规定，对于全国人民代表大会及其常务委员会的专属立法权的事项，在尚未制定法律的情况下，全国人民代表大会及其常务委员会可以授权国务院对其中的部分事项制定行政法规。具体而言，对国务院的授权立法范围主要有以下几点内容：

（1）授权立法的事项属于全国人民代表大会及其常务委员会专属立法权，即《立法法》第八条规定的立法事项内容。

（2）授权立法的事项尚未制定法律，且不具备制定为法律的成熟条件，这是授权立法的前提条件。

（3）授权立法的事项必须是《立法法》所允许授权的事项，即排除了有关犯罪和刑罚、对公民政治权利的剥夺和限制人身自由的强制措施和处罚、司法制度等事项。

2. 对经济特区的授权立法范围

我国现行的《立法法》并未就经济特区授权立法的具体范围进行规定，仅在第七十四条规定了经济特区所在地的省、市的人民代表大会及其常务委员会可以根据全国人民代表大会的授权决定制定法规。与国务院授权立法范围相同的是，经济特区的授权立法事项也应当排除有关犯罪和刑罚、对公民政治权利的剥夺和限制人身自由的强制措施和处罚、司法制度等国家专属立法权事项。

3. 试点性授权立法范围

根据《立法法》第十三条的规定，全国人民代表大会及其常务委员会可以根据改革发展的需要，决定就行政管理等领域的特定事项授权在一定期限内在部分地方暂时调整或者暂时停止适用法律的部分规定。例如 2013 年 8 月《全国人民代表大会常务委员会关于授权国务院在中国（上海）自由贸易试验区暂时调整有关法律规定的行政审批的决定》，规定试点期限为三年。这是一种试点性，也是一种暂时性的授权立法，授权部分地方就行政管理等领域的特定事项可以进行暂时的调整。这一类的授权具有明确的试点时间，且试点的目的就在于为某项制度的改革丰富和积累经验，故其范围仅限于行政管理等领域的某项特定事项。

## 五、授权立法的期限和终止

授权立法的期限是指授权立法合法存在的有效时间。[①] 对于授权立法的期限，《立法法》第十条明确规定了授权的期限不得超过五年，但是授权决定另有规定的除外。同时，

① 参见杨临宏：《立法学：原理、制度与技术》，中国社会科学出版社 2016 年版，第 161 页。

该条也明确了在授权期限届满六个月以前，受权主体应当向授权主体报告授权立法的实施情况并提出是否有必要制定法律的意见，对于需要继续授权的，可以提出意见由全国人民代表大会常务委员会决定是否继续授权。明确授权立法的期限，有利于监督授权立法的实施情况。并且，授权立法期满后的制度安排具有灵活性，在不具备成熟条件的情况下，可以通过继续授权的方式对社会关系进行调整，确保法律保护的社会关系有法可依。

《立法法》对授权立法的终止也有明确的规定。根据《立法法》第十一条规定："授权立法事项，经过实践检验，制定法律的条件成熟时，由全国人民代表大会及其常务委员会及时制定法律。法律制定后，相应立法事项的授权终止。"即当授权立法事项上升为法律时，相应的授权则终止。需要注意的是，授权立法调整的社会关系是否已经定型，以及在授权立法期间所积累的经验是否足够是判断"制定法律的条件成熟时"的重要标准。例如，国务院根据1985年全国人民代表大会的授权于2006年制定了《车船税暂行条例》，至五年授权期限届满时，2011年全国人民代表大会常务委员会认为条件成熟，制定并审议通过了《中华人民共和国车船税法》，同时终止了对国务院的该项授权。

## 六、授权立法的限制

授权立法所授予的是一项"权力"，权力必须依法行使才能保障不被滥用，如果不对授权立法进行限制，立法权就容易被滥用。因此，必须对授权立法设有一定的限制，才能保障授权立法的合法性。

1. 授权不得转授

根据《立法法》第十二条规定，被授权机关不得将被授予的权力转授给其他机关。授权立法是将一项立法权力授予一个具体的国家机关，在授权时，授权主体需要充分考察受权主体对立法活动以及对立法事项的专业性程度。因此，基于维护立法体制的稳定性和保障立法活动的专业性两个理由，受权主体在接受授权后，不得将授权转授给其他国家机关。

2. 遵循授权的目的及范围

根据《立法法》第十条和第十二条的规定，授权决定应当明确授权的目的、事项、范围、期限以及被授权机关实施授权决定应当遵循的原则等内容，被授权机关应当严格按照授权决定行使权力。当受权主体违背授权决定所规定的立法目的和范围时，授权主体可以依据《立法法》第九十七条的规定撤销授权。

3. 备案制度

备案制度是授权立法制度当中重要的监督制度，备案作为一项监督手段，可以督促受权主体严格按照授权决定行使立法权。根据《立法法》第九十八条第五项规定，授权立法应当向授权决定中规定的机关备案。一般而言，授权决定当中都会明确备案机关，在实践当中，授权立法不仅要向授权主体（即全国人民代表大会及其常务委员会）备案，还要向国务院备案，经济特区的授权立法甚至还需要向经济特区所在地的省的人民代表大会常务委员会进行备案。

4. 适用范围的限制

当国务院是受权主体时，由于国务院通过授权所制定的法律文件本质上属于行政法规，故其适用范围应当是全国性的。但是对于经济特区授权立法的适用范围而言，《立法法》第七十四条和第九十条作出了明确的规定，即经济特区所在地的省、市的人民代表大会及其常务委员会根据授权决定制定的法规以及根据授权对法律、行政法规、地方性法规作变通规定的，只能在经济特区范围内实施。

### 七、授权立法的效力

授权立法的效力指的是受权主体根据授权制定的法律文件在一国法律体系中的位阶。[①]目前看来，《立法法》并没有明确解决授权立法所产生的法律位阶的问题，仅在授权立法与法律规定不一致、不能确定如何适用时，规定由全国人民代表大会常务委员会进行裁决。之所以由全国人民代表大会常务委员会来进行裁决，是因为全国人民代表大会及其常务委员会是国家专属立法权的享有者，也是授权立法当中的授权主体，而全国人民代表大会常务委员会是全国人民代表大会的常设机构，处理全国人民代表大会闭会期间的相关事宜，因此，由全国人民代表大会常务委员会作为裁决机关具有合法性和合理性。对于授权立法的效力问题，学界有学者认为受权主体依据授权所立之法与依其自身法定立法权所立之法的效力等级相同。[②] 本书对此持有相同观点。无论是从理论上看还是实践操作中，授权立法的效力都是与受权主体其自身立法权所立的法的效力相同，如国务院作为受权主体所制定的就是行政法规，效力等同于其他行政法规。

## 第二节 授权立法的分类

### 一、学理分类

1. 法条授权立法和专门授权立法

根据授权方式的不同，可以将授权立法分为法条授权立法和专门授权立法。

法条授权立法，又称为一般授权立法或普通授权立法，是指享有立法权的国家机关在其所制定的规范性法律文件中，以法条的形式授权其他国家机关制定执行性的规范性文件的立法活动。例如，《中华人民共和国商标法》（1993）第四十二条规定了该法的实施细则，由国务院工商行政管理部门制定。法条授权立法的特点主要有两点：第一，受权主体依据法条授权所制定的法律规范一般都是执行性的，是授权法律的配套性法规、规章；第二，法条授权的适用更为广泛，从数量上看，法条授权立法的数量远超专门授权立法的数量。

专门授权立法，又称为特别授权立法，是指享有立法权的国家机关通过专门的授权决议或者决定，将原属于其自身的立法权限内的立法事项，授权由其他国家机关制定该立法事项的法律规范文件的立法活动。例如，为了适应改革开放经济发展的需求，自 1988 年

① 参见杨临宏：《立法学：原理、制度与技术》，中国社会科学出版社 2016 年版，第 161 页。

② 参见徐向华主编：《立法学教程》，上海交通大学出版社 2011 年版，第 154 页。

起，全国人民代表大会及其常务委员会先后授权海南省、深圳市、厦门市、汕头市和珠海市可以制定法规和规章在经济特区内施行。专门授权立法的特点主要有：第一，授权需要经过法定的程序，且授权的事项范围、时效等有严格的要求；第二，专门授权立法具有实验性，往往通过专门授权立法为国家立法探索和积累实践经验。

2. 综合授权立法和单项授权立法

综合授权立法和单项授权立法是根据授权内容的不同进行划分的。综合授权立法是指授权主体授予受权主体较为广泛而综合的立法权，例如1959年第二届全国人民代表大会第一次会议授权全国人民代表大会常务委员会在其闭会期间可以对现行法律中一些已经不适用的条文进行修改。单项授权立法是指授权主体授予受权主体就某一具体事项进行专门立法的立法权，例如1984年全国人民代表大会常务委员会授权国务院制定税收暂行条例。

3. 主动授权立法和被动授权立法

根据授权主体主动授权与否可以分为主动授权立法和被动授权立法。主动授权立法是指授权主体主动地授予其他国家机关某些立法权，实践中大部分的授权立法都属于主动授权立法。被动授权立法是指有关国家机关根据实际需要，请求国家立法机关授予一定的立法权，例如对汕头市和珠海市两个经济特区的授权立法就是依据广东省人民代表大会常务委员会的要求授予的。

4. 自主性的授权立法、试验性的授权立法、补充性的授权立法和执行性的授权立法

按照授权立法的作用可以将授权立法分为自主性的授权立法、试验性的授权立法、补充性的授权立法和执行性的授权立法。

自主性的授权立法是指受权主体在权限范围内可以自主地进行立法，例如对经济特区的授权立法。

试验性的授权立法，又称试点性授权立法，是指在国家尚未做好立法准备时，受权主体根据授权进行立法，为国家更高位阶的立法探索立法经验。例如，1985年全国人民代表大会授权国务院就经济体制和对外开放方面的问题进行立法，经条件成熟后由全国人民代表大会及其常务委员会制定法律。

补充性的授权立法是指针对授权主体所制定的法律的不足之处进行补充性的立法，例如1983年全国人民代表大会常务委员会授权国务院对其所制定的安置老弱病残干部的暂行办法的部分规定进行修改和补充。

执行性的授权立法是指为实施授权主体制定的法律而制定的立法，例如各类实施细则等。执行性的授权立法是较为普遍存在的。

## 二、我国的实践分类

1. 全国人民代表大会对全国人民代表大会常务委员会的授权立法

根据《宪法》的规定，全国人民代表大会常务委员会是具有立法权的主体，而在授权立法制度中，全国人民代表大会常务委员会作为受权主体时，全国人民代表大会是授权主体。关于全国人民代表大会对全国人民代表大会常务委员会的授权立法，我们可以分为两个阶段进行分析。

（1）1982 年《宪法》颁布之前。

在 1982 年《宪法》颁布实施之前，全国人民代表大会常务委员会是不享有国家立法权的，全国人民代表大会常务委员会所实施的立法行为往往都是由全国人民代表大会授权的。在此时期，全国人民代表大会对全国人民代表大会常务委员会的授权立法主要有三次。一是，1955 年第一届全国人民代表大会第二次会议决定授权全国人民代表大会常务委员会适时地制定部分性质的法律，即单行法规。二是，1959 年第二届全国人民代表大会第一次会议决定授权全国人民代表大会常务委员会在全国人民代表大会闭会期间，对不适用的法律条文适时地进行修改，作出新的规定。三是，1981 年第五届全国人民代表大会第四次会议作出决议授权全国人民代表大会常务委员会通过和公布《中华人民共和国民事诉讼法（试行）》。除第一次授权形成专门性决议外，其余两次均无。

（2）1982 年《宪法》颁布之后。

根据 1982 年《宪法》以及现行《立法法》的规定，全国人民代表大会常务委员会与全国人民代表大会共同行使国家立法权。尽管有不少学者认为，1982 年《宪法》业已确立全国人民代表大会常务委员会的国家立法权，全国人民代表大会授权全国人民代表大会常务委员会立法的情形已然不复存在，但我国的立法实践却与此相反。截至 2020 年 5 月，全国人民代表大会对全国人民代表大会常务委员会的授权立法主要有三次：

第一次，1987 年第六届全国人民代表大会第五次会议授权全国人民代表大会常务委员会对《中华人民共和国村民委员会组织法（草案）》进行调查研究，要求全国人民代表大会常务委员会在审议修改后颁布试行，该次授权实质上与《中华人民共和国民事诉讼法（试行）》的授权立法是一样的。

第二次，1989 年第七届全国人民代表大会第二次会议授权全国人民代表大会常务委员会在深圳市依法选举产生市人民代表大会及其常务委员会后，再授权深圳市人民代表大会制定深圳经济特区法规和规章。这一次的授权是"双重授权"形式，第一次授权是本属于全国人民代表大会的权力而授权给全国人民代表大会常务委员会根据实际情况处理。第二次授权，也是实质性授权，即授权立法的受权主体是深圳市人民代表大会，故应当属于对经济特区的授权立法。

第三次，2020 年全国"两会"通过的《全国人民代表大会关于建立健全香港特别行政区维护国家安全的法律制度和执行机制的决定》明确规定："全国人民代表大会授权全国人民代表大会常务委员会就建立健全香港特别行政区维护国家安全的法律制度和执行机制制定相关法律。"全国人民代表大会根据香港特区新的形势和需要作出授权全国人民代表大会常务委员会就建立健全香港特区维护国家安全的法律制度和执行机制制定相关法律的决定，进一步贯彻落实了宪法和香港基本法的有关规定，有效地促进了香港特区履行维护国家安全的宪制责任。从法治逻辑而言，根据《宪法》第三十一条和第六十二条第二项、第十四项、第十六项的规定以及香港基本法的有关规定，从国家层面为香港特区制定维护国家安全的相关法律属于全国人民代表大会的职权。但鉴于香港社会形势的突变，完全依赖于一年才开一次会议的全国人民代表大会来制定具体执行法律并不现实。由全国人民代表大会授权全国人民代表大会常务委员会制定香港特区维护国家安全的相关法律能够保持香港的繁荣和稳定，保障香港居民的合法权益，推动"一国两制"行稳致远。为此，

2020年6月30日，第十三届全国人民代表大会常务委员会第二十次会议正式通过《中华人民共和国香港特别行政区维护国家安全法》。

2. 全国人民代表大会及其常务委员会对国务院的授权立法

关于全国人民代表大会及其常务委员会对国务院的授权立法，《立法法》第九条以及第六十五条第三款进行了规定，即国务院根据全国人民代表大会及其常务委员会的授权，对本应当由全国人民代表大会及其常务委员会制定法律的事项，可以先制定的行政法规，但内容不得涉及对有关犯罪和刑罚、对公民政治权利的剥夺和限制人身自由的强制措施和处罚、司法制度等事项。且经过实践检验，制定法律的条件成熟时，国务院要及时提请全国人民代表大会及其常务委员会制定法律。

根据授权方式的不同，全国人民代表大会及其常务委员会对国务院的授权立法的方式包括法条授权和专门授权。在法条授权立法方面，全国人民代表大会及其常务委员会对国务院的授权立法在实践中非常常见且数量很多，例如《中华人民共和国行政处罚法》（2017）第六十三条就规定关于罚缴分离的规定由国务院制定具体实施办法。根据《宪法》和《立法法》的规定，为了执行法律以及行政管理事项，国务院享有制定行政法规的权力，属于享有立法权的主体，全国人民代表大会及其常务委员会通过法条授权的方式授予国务院的立法权实质上应当属于国务院本身所享有的立法权，因此，从这一层面上看，通过法条授权的形式授权国务院进行立法的意义并不大。

在专门授权立法方面，1982年《宪法》实施以来，全国人民代表大会及其常务委员会对国务院的专门授权立法有三次。第一次是1983年全国人民代表大会常务委员会授权国务院对《国务院关于安置老弱病残干部的暂行办法》和《国务院关于工人退休、退职的暂行办法》的部分规定作一些必要的修改和补充，这属于一种补充性的授权立法。第二次是1984年全国人民代表大会常务委员会授权国务院针对国营企业利改税和改革工商税制拟定税收条例草案并发布试行。第三次是1985年全国人民代表大会授权国务院可以针对经济体制改革和对外开放方面的问题制定暂行的规定或条例并颁布实施。

3. 全国人民代表大会及其常务委员会对经济特区的授权立法

关于经济特区的授权立法，《立法法》第七十四条进行了规定，即经济特区所在地的省、市的人民代表大会及其常务委员会可以根据全国人民代表大会的授权决定，制定在经济特区范围内实施的法规。且《立法法》第九十条规定，经济特区法规根据授权对法律、行政法规、地方性法规作变通规定的，在本经济特区适用经济特区法规的规定。换言之，该条确定了经济特区根据授权制定的法规的效力层级。

目前，我国对经济特区的授权立法共有五次，共七个地方获得了授权，分别是：

（1）1981年全国人民代表大会常务委员会授权广东省、福建省人民代表大会及其常务委员会制定经济特区的各项单行经济法规，并报全国人民代表大会常务委员会和国务院备案。

（2）1988年全国人民代表大会授权海南省人民代表大会及其常务委员会制定法规，在海南经济特区实施，并报全国人民代表大会常务委员会和国务院备案。

（3）1992年全国人民代表大会常务委员会对深圳经济特区的授权立法有两方面的内容，一是授权深圳市人民代表大会及其常务委员会制定法规，在深圳经济特区实施，并报全国人民代表大会常务委员会、国务院和广东省人民代表大会常务委员会备案；二是授权深圳市人民政府制定规章并在深圳经济特区组织实施。

（4）1994 年全国人民代表大会对厦门经济特区的授权立法与深圳经济特区相似，包括两个方面：一是授权厦门市人民代表大会及其常务委员会制定法规，在厦门经济特区实施，并报全国人民代表大会常务委员会、国务院和福建省人民代表大会常务委员会备案；二是授权厦门市人民政府制定规章并在厦门经济特区组织实施。与深圳不同的是，这一次的授权立法是由福建省 36 名全国人民代表大会代表联名提出的。

（5）1996 年全国人民代表大会根据广东省人民代表大会常务委员会的要求，授权汕头市和珠海市人民代表大会及其常务委员会制定法规，分别在汕头和珠海经济特区实施，并报全国人民代表大会常务委员会、国务院和广东省人民代表大会常务委员会备案；同时，授权汕头市和珠海市人民政府制定规章并分别在汕头和珠海经济特区组织实施。

授权立法最主要以及最典型的方式之一就是通过决议对经济特区的授权，对经济特区的授权立法适应了当代经济发展的需求变化，体现了国家推动经济特区建设和发展国家经济的重视度。

4. 其他的授权立法形式

按照《立法法》的规定，全国人民代表大会及其常务委员会可以根据改革发展的需要，决定就行政管理等领域的特定事项授权在一定期限内在部分地方暂时调整或者暂时停止适用法律的部分规定。在《监察法》尚未出台前，根据中共中央确定的《关于在北京市、山西省、浙江省开展国家监察体制改革试点方案》，为在全国推进国家监察体制改革积累经验，全国人民代表大会常务委员会决定在北京市、山西省、浙江省开展国家监察体制改革试点工作。在试点期间，在北京市、山西省、浙江省暂时调整或者暂时停止适用《中华人民共和国行政监察法》，《中华人民共和国刑事诉讼法》第三条、第十八条、第一百四十八条以及第二编第二章第十一节关于检察机关对直接受理的案件进行侦查的有关规定，《中华人民共和国人民检察院组织法》第五条第二项，《中华人民共和国检察官法》第六条第三项，《中华人民共和国地方各级人民代表大会和地方各级人民政府组织法》第五十九条第五项关于县级以上的地方各级人民政府管理本行政区域内的监察工作的规定。此外，在一些自贸区中，省级人民代表大会常务委员会也根据《立法法》这一授权规定，制定自贸区条例，例如广东省人民代表大会常务委员会制定了《中国（广东）自由贸易试验区条例》。

此外，《香港基本法》《澳门基本法》明确规定全国人民代表大会授权特别行政区依照基本法的规定实行高度自治，享有立法权。《香港基本法》《澳门基本法》均在第二十三条明确规定，特别行政区应自行立法禁止危害国家安全的行为，这就将专属于全国人民代表大会及其常务委员会的立法权授权给特别行政区行使。当然，全国人民代表大会及其常务委员会授权给特别行政区履行维护国家安全的立法责任，并不免除全国人民代表大会及其常务委员会在国家层面的立法责任，全国人民代表大会及其常务委员会仍然享有制定特别行政区维护国家安全的规范性法律文件的立法权，这也是全国人民代表大会制定《全国人民代表大会关于建立健全香港特别行政区维护国家安全的法律制度和执行机制的决定》及全国人民代表大会常务委员会制定《中华人民共和国香港特别行政区维护国家安全法》的法理基础。

## 第三节　我国授权立法的发展与完善

目前，授权立法在我国实践中已经普遍使用，授权立法一方面可以弥补法律的空缺，在制定法律的条件尚未成熟但相关领域又亟须法律规范调整的情况下，可以发挥“先锋”作用，为相关领域提供法律保障并为法律的制定积累相关立法经验。另一方面，授权立法适应了我国经济体制改革的需要，大部分的授权立法都与我国经济体制改革和经济发展建设相关，例如，授权立法为经济特区的发展提供了及时且强而有力的法制保障。

但是，我国的授权立法制度也还存在着明显的缺陷。例如，在授权立法的范围和期限方面，目前大多数授权都属于综合性的授权，授权的范围缺乏明确的界定，并且，对于授权立法期限届满后，受权主体既未申请继续授权，而相关法律也尚未制定的情况也存在。同时，授权制定的法规的效力等级也没有在法律上得到明文规定，以致在现实中经常发生的授权立法与法律法规的冲突问题没有得到妥善处理。[①] 这几种情况均可能导致公民的基本权利受到侵害，动摇国家立法权的主导地位。对于授权立法未来的发展，应当是逐步减少授权立法，并且对于授权立法进行严格限制，这是因为随着中国特色社会主义法律体系的形成，社会生活中的各个领域基本都做到了有法可依，我国的法治保障体系已经相对完善，对授权立法的需求也就会减少。

① 如深圳依托经济特区立法权制定《深圳经济特区道路交通安全违法行为处罚条例》，该条例的部分交通违章罚款数额超过《道路交通安全法》的上限便引发社会广泛讨论，在不同的地方实践还招致不同的因应，致使深圳经济特区法规面临执法上的“松弛局面”。如在不引发交通事故或道路交通拥堵的情况下，深圳违停罚款的上限为 1 000 元，但《道路交通安全法》违停罚款的上限为 200 元。饶有趣味的是，部分非深圳车牌的车主表示，若在深圳违停后，在深圳以外的地方缴纳罚款仍可按照 200 元。有学者对与海南、深圳经济特区法规有关的司法判决进行实证分析后，也发现法院并不预先认为经济特区法规的效力高于法律、行政法规、地方性法规，参见屠凯：《司法判决中的经济特区法规与法制统一》，《当代法学》2017 年第 2 期。

# 第三编 立法过程

# 第九章　立法准备

## 第一节　立法预测

### 一、立法预测的概念

一般而言，立法过程分为立法准备、由法案到法和立法的完善三个阶段。立法准备是立法活动的前期准备阶段，是立法活动在真正进入立法机关审议之前所进行的立法预测、立法规划和决策、法律立项、法案起草等一系列工作的总和。[①] 其中，立法预测是一项重要的立法步骤。所谓立法预测，是指在社会发展规律和法律发展规律的指引下，运用科学的方法和手段，对立法的发展趋势、未来状况进行考察、推算的方法、过程及相应的结果。[②] 立法预测是立法准备的第一个基础环节和必要前提。当今社会纷繁复杂，关系多样，立法工作面临着严峻的挑战。为了确保立法文件的科学性，最大限度地适应社会发展的实际需要，立法预测变成了必不可少的立法准备环节。

### 二、立法预测的分类

立法预测根据不同的标准可以分为不同的类型，根据预测的时间长短可以分为长期预测、中期预测以及短期预测，一般而言，彼此之间没有具体明确的时间长短界限。在立法实践中，短期立法预测是指针对5年以内法律发展的趋势进行观察和预判。短期立法预测是近期立法工作的重要依据，具有快速反应、涉及面特定、预测结果证明较快等优点。同时，短期立法预测也是中期立法预测和长期立法预测的重要参考资料。中期立法预测是针对5～10年内立法发展前景的预判。中期立法预测关系到国家发展规划的稳步实施，是立法预测工作的重要环节。只有通过中期立法预测，短期立法预测才能和长期立法预测相互联系在一起。中期立法预测通常由中央政府、中央立法机关牵头主导。长期立法预测是指针对10年以上甚至更长时间的立法所作的预测，是为了顺应国家长期发展计划，对长时期的立法工作、规划和任务进行科学预测。长期立法预测需要立足于短期立法预测和中期立法预测，并反过来影响后两者。[③]

---

① 参见邓世豹主编：《立法学：原理与技术》，中山大学出版社2016年版，第261页。

② 参见朱力宇、叶传星主编：《立法学》（第四版），中国人民大学出版社2015年版，第153页。

③ 参见朱力宇、叶传星主编：《立法学》（第四版），中国人民大学出版社2015年版，第155页。

根据空间范围又可以将立法预测分为宏观预测和微观预测。宏观预测是从总体上对立法的发展前景及趋势作出的预测，包括对某个地方、某个部门甚至整个国家的立法原则、立法制度等的发展前景和未来状况所进行的预测。宏观立法预测包括了从总体上对地区、部门法的立法原则、法律体系、立法基础等方面在未来的发展模式的预测，有助于充分发挥国家立法在长时间的建设性作用。宏观立法预测立足于社会基本矛盾和国家发展大局等情况，对微观立法预测作出指导。微观预测一般是对某个单项立法、某个法律制度或某个法律规范将产生的社会效果、发展趋势和未来状况进行的预测。

全国性立法预测是针对全国性法律的预测，其中包括宪法、各个部门法、行政法规、部门规章的制定、修改、废止。全国性立法预测并非从局部出发研究立法工作的实效性，而是从整体出发研究国家法律体系的科学性。地方性立法预测立足于区域性、地方性，是面向本地方的有关情况，根据地方立法在全国立法中的区域定位，进行立法预测。地方性立法预测一般由地方立法主体作出，通过地方立法预测可以丰富发展全国性立法预测。

根据立法预测主体的不同可以分为立法机关的预测和非立法机关的预测。立法机关的预测指具有立法权的机关或委托的组织进行的预测，而非立法机关的预测指不具有立法权的组织或个人对立法所进行的预测，前者的预测具有权威性，并且有人力、财力的保证，而后者的预测由于具有专业化的优势，预测结果往往具有高度科学性，但不必然被立法机关采纳。

从方法论的角度来看，立法预测还有其他分类，如定性预测和定量预测、探索性预测和确定性预测等。

## 三、立法预测的作用

立法预测的基本任务就是通过获取有关立法的信息和资料，为立法决策、立法规划服务，为立法服务，为立法提供较为完善的方案。①

1. 便于实现立法的科学化

充分重视并利用立法预测可以减少和防止立法工作中的盲目性、随意性，增强立法的科学性、合理性。立法须合乎规律，体现法律的科学性。立法预测意味着立法主体需要收集尽可能多的情报信息，对各种社会资料进行实事求是的分析，把握各个部门法的发展趋势，完善立法体系，为法律发展作出科学预测。立法预测有助于立法实现科学化，发挥最佳的社会效果。当缺乏立法预测时，立法活动就具有盲目性和随意性，产生的社会效果就存在不确定性和风险性。如果立法缺乏计划性，会导致消极被动式立法，滞后性严重。要发挥立法的最佳社会效果，需要立法工作遵循科学性、保持前瞻性，这样才能在社会风险来临之前提前做好立法准备。

2. 便于立法体系和法律体系和谐发展

建立在对社会政治、经济、文化等各方面深刻把握基础上的立法预测可以为法律的立、改、废提供依据，使得立法体系内部、法律体系内部以及立法体系和社会体系相互之间都能和谐发展，充分发挥法律的作用。立法预测的目的是考察和测算今后立法需求以及

① 参见朱力宇、叶传星主编：《立法学》（第四版），中国人民大学出版社2015年版，第154页。

实现立法需求的可能性。立法体系和法律体系要和谐发展，必须提前预测需要立多少法，采取何种立法方式才能最有利于社会关系。法律体系是一项系统工程，任何环节都需要互相协调，否则法治无从谈起。立法、执法、司法、守法，法律的制定、修改、废止都会相互交织在一起。现实社会中，立法环节若产生漏洞，势必影响执法、司法、守法的效果。反过来，立法过程也需要充分吸收借鉴执法、司法、守法过程中积累的法治经验和教训。

3. 便于法制与社会的协调发展

在当今信息时代、知识经济时代的背景下，社会面貌日新月异，只有充分利用立法预测等方法和技术，才能快速顺应时代需要，使法律与社会相适应，促进二者的健康和谐发展。立法预测通过考察立法所要达到的社会效果，满足社会需求。在社会可接受的程度范围内，创设新的法律，修改、补充和废止不合时宜、缺乏可行性的法律。法律需要与社会协调发展，立法工作也要适应社会的进步。社会进步离不开立法，要保障社会稳定发展，必须对立法工作进行社会效果的考察和预测。具体而言，立法者要思考法律如何能够解决社会问题，满足社会需求，增进社会福祉，避免立法过程中的随意性、盲目性，始终把人民生活幸福放在第一位。

## 四、立法预测的原则

1. 合宪性原则

立法预测活动要严格依据宪法，建立在宪法的基础之上，下位法要依据上位法，不得与上位法相抵触。在具体立法实践中，立法机关组织相关立法机构、其他机构、专家和其他参与人员进行立法预测均要进行合宪性解释，以此确保立法预测能够符合宪法的原则和精神。宪法是国家的根本法，规定了国家的根本任务、根本制度。立法预测如果不能符合宪法需要，不能服务于国家治理体系和治理能力现代化的事业，立法预测就不能发挥应有的作用。

2. 科学性原则

立法预测是一项科学活动，需要运用科学的方法和手段，对我国社会发展和立法需求进行具体分析，比较客观地提出意见和建议。只有进行科学的立法预测，才能选择最佳的立法方案。立法预测的态度和立场是否科学将决定立法工作的成败。所谓科学的立法预测，就是要在社会事实根据的基础上，遵循法治和社会发展的规律，对法律创设、修改、废止作出科学预判。另外，科学的立法预测也意味着善于利用科学技术手段。现代科学技术发展非常迅速，互联网、移动通信设备、区块链等数字技术可以有效地帮助立法者收集客观事实、整理法律依据、汇聚民众意见。在科学技术的帮助下，立法预测将更具科学性。

3. 协调性原则

立法预测揭示了法律的一般发展规律以及各个具体立法部门、各项具体法律制度、各个具体法律规范的发展趋势，通过立法预测能够预测某一个部门或某一项立法文件所达到的预期社会效果以及今后需要进行修改、补充、废除或完善的各种有关问题，最大限度地避免部门法之间或不同法律之间的冲突，从而确保整个法制机制的协调性。立法预测并非单打独斗，闭门造车，而是要全面考虑法律与社会、法律原则与法律条文、此部门法与彼部门法之间的协调关系。在这些关系中，特别要注重法律体系的协调性。大部分立法工作出发点毕竟是为了实现公平正义，并不会出现明显违反社会发展规律和道德伦理的法律。但是，由于不同法律部门之间、法律条文之间产生的冲突，违背社会发展规律和道德伦理的现象时常出现。究其原因，主要是立法预测时未能全面把握法律体系的协调性。

4. 实效性原则

立法预测注重实效，一方面指立法工作带来的实际社会效果，另一方面是指立法工作的时效性。两方面缺一不可。在实际社会效果方面，立法预测需要注重法律与社会实际效果相结合，发挥法律维护社会公平正义、实现“四个全面”战略布局的重要使命。立法预测容不得马虎，必须实事求是地考察、判断立法工作的社会实际效果，否则就会对社会产生严重危害。在时效性方面，立法工作需要注重法律创制的时代特点，服务于国家当前大政方针，而不能不顾历史和时代的呼唤，擅自订立超越时代或者落后于时代的法律。无论是超越时代发展还是落后于时代发展，显然都不利于社会发展。因此，立法预测需要注重考察立法工作的时效性。

# 第二节　立法规划

## 一、立法规划的概念

所谓立法规划，是指享有立法权的机关根据国家的方针政策、国民经济和社会发展计划，在科学的立法预测基础上，作出的立法目标、措施、步骤等的设想和安排。[①] 立法规划的主体是立法机关，采取的形式是“半立法”的规范性法律文件。立法规划并不等于所规划的法律，但是立法规划具有准立法的性质。在我国，自改革开放恢复法制建设后，国家高度重视立法规划，除了全国人民代表大会常务委员会外，国务院及其部门，绝大多数省市、自治区也开始制订立法规划。从立法实践来看，立法规划有助于提升立法的科学性，促进法制的统一以及调动各方面参与立法工作的积极性，保障立法工作的有效进行。目前，立法规划已经成为我国立法工作的重要步骤。

## 二、立法规划的性质

关于立法规划的性质，目前尚未形成通说，有学者将其定性为一种立法建议，视其为一种具有指导性和参考作用的方案，[②] 本书采用周旺生的观点，即认为立法规划是一种准法性质的规范性文件，具有法的性质，但又不是完全意义上或典型意义上的法，而是特殊意义上的法，即“准法”或“半法”，因此，编制立法规划的活动是准立法活动。

① 参见朱力宇、叶传星主编：《立法学》（第四版），中国人民大学出版社 2015 年版，第 156 页。

② 参见刘松山：《立法规划之淡化与反思》，《政治与法律》2014 年第 12 期。

## 三、立法规划的特征

立法规划的特征主要体现了其准法的性质。

1. 特殊的指引

立法规划作为关于立法工作的设想和部署，具有指令性和指导性双重性质。指令性体现在立法规划是对立法的具体安排和布置，这也使得立法规划具有一定法的属性；而其指导性则体现在其是对立法的总体设计。立法规划既有法的属性，又有一定指导性，因而不是完全意义上的法，这也是其准法性质的体现之一。[①] 立法规划具有双重性，在不同的立法环节具有不同的立法表现。在短期和中期立法规划中，不会有太多的根本性调整。但是在中长期立法规划中，可能会出现比较大的立法规划调整，因为社会发展瞬息万变，立法工作如果要保持实效性原则，就必须根据时代需要作出重大调整。

2. 特殊的准则

立法规划是立法者应当遵循的准则，在一些立法较为完善的国家，立法规划相当于立法法中某些内容的实施细则，而且有些立法规划既为立法者在立法的方向、目标等方面提供了明确的指引，也为立法者在完成立法任务的实现、空间、内容、顺序以及其他方面提供了行为准则。此外，由于立法规划一般仅为立法者提供行为模式而没有相应的后果模式，各国实践中纯粹的立法规划尚未成为司法依据，这又使立法规划同完全意义上的法的准则区分开来。[②] 立法规划必须遵循主权者的立法规则、立法方向、立法目的，制定、修改、废止法律都需要坚持政治共同体的初衷。所谓立法规划的特殊准则，无非就是要保持立法工作在特定的历史背景下，遵照一定立法使命，呈现法律的现实特殊意义。

3. 特殊的权力

立法规划应当由有权的主体或其授权的有关主体编制，在此意义上，编制立法规划权也具有一定立法权的性质，但编制立法规划的直接目的和结果并不是通过法的制定和变动来调整社会关系，而是产生和变动不同种类的立法规划，只有实施立法规划才可以产生、变动法。因此，编制立法规划权既要由特定的主体享有和行使，又不同于完全意义上的立法权。[③] 享有公权力的机关并非都具有编制立法规划的权力。只有宪法认可的立法机关，如全国人民代表大会及其常务委员会，才具有编制立法规划的权力。立法规划的提出、审议、通过、公布，都需要有权机关推动实施。立法规划的编制需要多部门的参与，但是并非每个部门都具有批准通过立法规划的决定权。从根本上讲，只有能够批准通过立法规划的权力主体，才是宪法意义上的立法规划主体。实施立法规划具有立法行使的意义，行使立法规划权的直接目的是为立法工作提供框架性指引，绘制立法工作的蓝图，而不是完全意义上的立法工作。

4. 特殊的程序

立法规划作为关于立法工作的设想和部署，其编制须遵循一定程序，但该程序与立法

---

① 参见周旺生：《立法学》（第二版），法律出版社 2009 年版，第 422 页。

② 参见周旺生：《立法学》（第二版），法律出版社 2009 年版，第 422 页。

③ 参见周旺生：《立法学》（第二版），法律出版社 2009 年版，第 422 – 423 页。

程序不同，编制立法规划的程序既可以是法定的、公开的步骤和方法，也可以作为立法主体内部规则确定的步骤和方法而存在。这种既讲程序又与正式立法程序相区别的特点也是立法规划准法性质的又一体现。① 立法规划程序在遵循基本立法程序的同时，还需要采取特定的公开步骤和方式，特别是要注重收集、听取立法意见和建议。立法规划本身就是一个立法前的阶段，这个阶段并不是孤立存在的，它是与之后的立法阶段捆绑在一起的。因此，立法规划要遵循特定的程序，保证立法规划既与完整的立法过程保持一致，又能实现立法规划应有的作用。

《立法法》第五十二条第一款规定，全国人民代表大会常务委员会工作机构负责编制立法规划和拟订年度立法计划，且在编制立法规划和年度立法计划时，应当认真研究代表议案和建议，广泛征集意见，科学论证评估，根据经济社会发展和民主法治建设的需要，确定立法项目，提高立法的及时性、针对性和系统性。且在立法规划编制完成后，由委员长会议通过并向社会公布。

5. 特殊的实施

立法规划是立法者完成立法工程的施工蓝图，立法规划通过实施来规范立法实践是其具有法的属性的一个表征。但立法规划实施的程度与完全意义上的法又有所区别，立法规划的有效性在其有效期届满之前，只要有必要就可以中止甚至终止，有的立法规划由于时间跨度长、范围跨度大，本身就规定了在一定条件下要对本规划的实施采取变动措施。因此，立法规划的实施进一步反映了其准法性质。② 立法规划是关于立法工作的一种设想，并不是最终的结果。立法规划必须依靠立法者的适当的想象力和预判力，但是这种想象和预判并不是天马行空，必须遵循一定的规则，例如立法建议、立法目的、立法讨论等。究其原因，立法规划本质上是一种特殊的立法实施工作。立法规划带有一定的法理效应，意味着国家立法机关将对所涉及的法律文件进行创设、修改或废止。有些时间、地域范围较大的立法规划，需要在规划实施后对相关地方立法进行适当调整。《立法法》第五十二条第二款规定，全国人民代表大会常务委员会工作机构要按照全国人民代表大会常务委员会的要求，督促立法规划和年度立法计划的落实。

## 四、立法规划与相关概念的关系

1. 立法规划与立法计划

立法计划是立法活动的一个重要环节，是立法准备的内容之一。在概念上，立法计划通常是指年度立法计划，是对每一年度立法主体工作的具体安排。具体而言，立法计划是有立法权的立法主体每年根据政治、经济和社会发展的实际需要，在立法规划的总体框架内，制订年度立法计划，对全年地方立法工作任务所做的安排和部署。

在二者的关系上，立法计划和立法规划是一脉相承的，立法规划对立法计划具有指导性、方向性，而立法计划的主要目的是贯彻立法规划的原则要求、细化落实立法规划以及

---

① 参见周旺生：《立法学》（第二版），法律出版社 2009 年版，第 423 页。
② 参见周旺生：《立法学》（第二版），法律出版社 2009 年版，第 423 页。

确定立法项目的审议安排。①

2. 立法规划与立法项目

立法项目是立法规划的核心目的。立法项目通过列举式条目，把需要订立的法律条理化、清晰化，并设定时间安排。立法项目是为了设立清晰的立法目标、任务、步骤。从某种程度上讲，立法项目的概念等同于立法规划。两者仍存在部分差异。立法规划是主体在特定条件下设定工作目标的过程。立法项目则是立法规划所针对的对象。从概念内涵来看，立法规划的概念涵摄了立法项目的概念，立法项目是立法规划的对象性活动。立法项目并非都是立法规划的内容，有些立法项目是参考性的、可能性的项目，仍具有不成熟、不合时宜的问题。针对这部分立法项目，则不能列入立法规划。因为立法规划主要针对的是符合党和人民、国家大政方针需要的立法活动。在编制立法规划时，需要论证立法项目的合理性和适时性，根据立法工作的全局性安排，系统考虑各方面因素，将切实可行、确有必要的立法项目列入立法规划之中。

3. 立法规划与立法建议

立法规划需要博采众长，不能闭门造车。立法规划过程中，立法规划的主体需要听取各方面的意见、建议，不仅需要听取党和国家的有关领导机关的意见、建议，还需要听取人民群众的意见、建议。具体来说，党和国家、人民群众既可能需要创设某部法律，也可能需要修改某部法律，还可能需要废止某部法律。不同的主体、群体可能会对立法提出不同的愿望和要求，这些愿望和要求都是立法规划者需要认真、耐心听取的信息。如果立法规划不听取这些信息，势必造成立法后不起作用，或者已立之法阻碍社会发展。兼听则明，偏信则暗，广泛征求意见、建议是保证立法规划科学性的关键性因素。能否虚心接受立法建议，是立法规划成熟与否的标志。究其原因，是因为立法主体只能是经过人民授权的组织机构，它的人员构成、信息来源都会相对单一。而且，立法权具有优越性。如果立法规划主体不能听取立法建议，那么立法规划主体必然容易陷入空想之中。立法规划是一定立法职权的行使过程，立法建议则是对立法规划的监督、建议的权利，这种权利属于广泛的权利，它的行使不需要以职责为界限，只要是中国境内的享有政治权利者都可以享有。同理，立法建议的权利不需要经过严格的程序，只需要遵守言论发表的规则即可。立法规划需要以一定的书面文字作为形式，但是立法建议则不一定要书面文字的形式，口头表达亦可。立法规划是具有一定法律效力的规范性文件，虽然可能经过一定的调整，但大多数情况下会按部就班地落实。立法建议没有法律的规范性效力，它只具有一定的参考作用。能否被采纳，还需要看立法建议是否符合客观现实需要，是否符合国家的大政方针，是否符合公平正义的要求。

虽然立法建议只有参考作用，但也不能忽视它的重要意义。听取立法建议是我国立法规划的重要环节，也是立法获得民意支持的关键步骤。如果未征询立法建议，擅自出台立法规划，那么无论立法规划如何适应时代需要，也有损人民群众和各社会团体的知情权。立法规划不是单打独斗，而应该团结各方的聪明才智，把握不同群体的利益诉求，获得全方位立体的意见、建议，确保立法规划不偏不倚，能为各方所接受。

① 参见邓世豹主编：《立法学：原理与技术》，中山大学出版社 2016 年版，第 273 - 274 页。

4. 立法规划与立法政策

从宏观角度看，立法政策具有指导性作用。立法规划是对立法工作的提前部署，而立法政策则是对立法规划的方向性问题作出的原则性的规定，以避免立法规划丧失方向性。立法政策是党和人民表达立法意愿的一种方式，立法规划则是把这种意愿具体化。立法权属于人民及其委托的国家机关。同理，立法规划也只能由立法权的所有者提出并通过。立法政策是中国共产党领导人民制定的。立法规划的实施主体和提出主体往往是同一的，而立法政策则往往不同。党可以领导立法规划，但是不能代替立法规划，党的规章制度也不能代替法律而发挥作用。编制立法规划的时候，规划的主体必须自觉吸取立法政策的精神内涵，保持与立法政策的统一性。立法政策是抽象化的立法规划，立法规划是具体化的立法政策。两者虽然在原则、精神方面保持统一性，但是两者并不能互相替代，这是值得我们保持警惕的地方。

## 五、立法规划的功能

立法规划的功能是要保证立法工作在遵守立法政策精神的前提下，制定明确的、科学的步骤。立法规划需要给立法工作带来明确的步骤安排，否则立法规划就失去意义。

1. 提供科学的计划安排

立法规划的首要功能是为立法工作提供科学的计划安排。立法规划主体需要站在党和人民的立场上，站在历史的高度上，着眼长远，为一定时期的立法工作提出任务安排。立法规划应该把立法的可行性和必要性提出来，只有指出立法进程的重点、难点，才能为立法工作提供全局性的指导与规划。立法工作任重道远，不可能一蹴而就，必须循序渐进。而且在立法过程中，要特别注重跟上时代发展的需要。因此立法规划必须为立法工作指出立法的轻重缓急，孰先孰后。既要做到总揽全局，攻克重大立法难关，也要做到回应现实需要，解决党和人民的具体困难。立法规划应该为立法工作配备一定的资源条件，提供一定智识支撑。立法工作的各个具体部门应该各司其职，分工负责，相互配合，协调一致做好立法工作。做好科学的计划安排，是立法规划为立法工作奠定的基础性条件。

2. 调整社会关系

法律调整的对象是法律关系，法律关系是社会关系的重要组成部分。立法规划具有先天的宏观性，它并非针对具体的法律关系作出的细节性的调整。立法规划将要落实的法律法规是调整具体法律关系的规范性文件，但是立法规划调整的却是宏观的社会关系。立法规划具有整体性的特征，它必须考虑政治、经济、文化、生态等各个方面的社会关系和社会效应。整体性要求意味着立法规划更多的是关注立法的原则性、规范性，而不是关注具体的微观的法律关系。借用经济学的术语，立法规划对社会关系具有杠杆作用。它能够通过一些宏观的计划安排，对社会产生深远的影响。

3. 完善法律体系

具体部门法立法工作往往交由特定的立法团队酝酿、草拟。不同的立法子部门一方面具有更好的专业性，另一方面也容易造成专业壁垒。不同部门法之间应该是系统统一的，各个部门法共同构成完整的法律体系。如果立法工作忽视法律体系的整体效应，那么立法工作显然容易导致不同部门法之间的矛盾。科学的立法规划可以有效地避免不同部门立法之间的矛盾或对立。立法规划可以打破部门利益，把立法工作统一到国家发展大局的高度，避免零散的立法导致法律体系的不稳定性。立法规划把立法工作统一到以宪法为核心的法律体系中来。法律体系的整体性必须从源头抓起，不能“头痛医头、脚痛医脚”。立法规划可以促进不同部门法之间相互交流，减少体系内部的一些重复立法的现象。立法规划也可以通过不同部门法之间的交流，发现法律体系中业已存在的一些问题。如果某一部门法已经对某一新型社会现象有所规制，但是不够全面，此时是需要另立新法，还是修改原有法律，就需要立法主体作出立法规划。否则容易出现对同一社会现象，不同法律争相作出调整的情况。立法规划意味着立法是一个系统性工程，不能顾此失彼。

## 第三节　立法决策

### 一、立法决策的概念

根据周旺生的观点，立法决策是指立法主体在自己的职权范围内，就立法活动中的实际问题，作出某种决定的行为。① 而郭道晖等人则认为，立法决策是指立法主体根据其对客观需要和其所代表的利益得失以及对满足这种需要与利益所必须而可能采取的策略与手段的判断与权衡，作出是否采取立法手段和选择立法的方略与模式的决定。② 当然，也有学者将其简要概括为决定立法策略或办法。我们认为，立法决策是立法主体的立场表示，是对立法问题作出的最后决定。立法决策在立法准备活动中非常重要，直接关系到立法者采用何种决策进行立法，事关立法工作的效率和质量。

### 二、立法决策的特征

对于立法决策的特征，不同学者有不同看法和表述，本书认为，主要具有如下特征。

1. 立法决策的主体是立法主体

立法决策作为一种至关重要的立法行为，只能由有权立法的国家机关和这些机关的负责者进行。没有经过授权，非立法主体或立法主体中的一般人员没有成为立法决策主体并就立法问题作出决策的资格。③ 立法主体作出立法决策的权力主要来自宪法的授权。立法决策关系到国家的长治久安，必须交由特定的主体。立法决策不同于立法政策的制定，立法决策由享有立法权的主体作出，而立法决策的主体不一定是具有立法权的所有者。

2. 立法决策是依法定职权作出的

立法主体只能在法定立法权限范围内，即就自己有权立法的事项，对立法问题作出决策，而不能就任何立法问题作出决策。④ 法定职权意味着决策主体不能超越宪法性文件的

① 参见周旺生：《立法学》（第二版），法律出版社 2009 年版，第 433 页。
② 参见郭道晖主编：《当代中国立法》（上），中国民主法制出版社 1998 年版，第 197 页。
③ 参见周旺生：《立法学》（第二版），法律出版社 2009 年版，第 433 页。
④ 参见周旺生：《立法学》（第二版），法律出版社 2009 年版，第 433 页。

授权作出决定。立法问题包罗万象，并非所有的问题都需要立法决策，立法决策也不能决定所有的法律问题。立法决策必须要跟特定的决策主体相关联，地方立法主体不能对全国性立法问题作出决策。

3. 立法决策是针对实际立法问题作出的

立法决策旨在解决立法问题，但不是所有的立法问题都要通过立法决策来解决，立法决策只解决立法实际问题，对于立法理论、观念以及方法论之类的问题就不在立法决策解决的问题范围内。[①] 在立法预测、立法规划过程中，遇到的问题主要是预判性的，而立法决策涉及的问题往往是实际工作中遇到的，可能是现实情况变化导致的具体的法律问题。立法决策主体必须根据现实情况作出抉择，而且需要在特定的时间、空间、历史背景下作出。

4. 立法决策的方式是对其所面对的各种可能性或者备选方案进行选择

立法决策不是机械的算术过程，而是通过发挥主观能动性化繁为简，将复杂的矛盾简单化的过程。[②] 立法决策意味着出现了多种可选的方案和可能性，这些问题往往不能提前预判。立法决策也意味着这些备选方案是针对现实立法问题提出来的，离开了特定的时间、空间、历史背景则无法产生相应的效果。

5. 立法决策与预设立法目标相联系

立法决策并不是盲目的，它与具体的制度目标紧密相连，不同的目标决定了不同的决策内容。也正因如此，确认具体的决策内容最终是否实现了预设的立法目标，成为衡量立法决策质量的客观标准之一。[③] 任何立法工作都带有一定的立法目的，具备一定的价值原则。立法决策不是随意的决定，而是需要根据预测的立法目的作出选择。立法工作需要保持一定的连贯性，不能半途而废、改旗易帜。要保持立法工作的连贯性，就需要对立法工作过程中出现的问题作出符合立法目的的决策。

综上所述，立法决策具有非常重要的现实意义。立法决策是立法工作的有机组成部分，如果不能科学、正确地作出立法决策，势必导致立法工作南辕北辙。在立法工作过程中，各个环节、各个方面都需要一定的决策，科学规范决策行为是保障立法工作顺利进行的前提要件。一国之内的立法，大大小小都需要一定的立法决策，一个法律体系内部的各个部门法的制定、修改、废止，都需要立法决策。立法决策事关重大，应结合具体的时间、空间、情况综合作出判断。

## 三、立法决策的分类

1. 宏观决策和微观决策

立法决策从宏观角度来看，就是要解决全局性、综合性的问题。立法决策由领导集体作出，主要由上级或高位阶立法主体作出。宏观立法决策涉及的事项主要是抽象性的、全国性的问题。由于我国地大物博，风土人情差异较大，所需考虑的各方面因素多而复杂，

① 参见周旺生：《立法学》（第二版），法律出版社 2009 年版，第 433 页。
② 参见徐向华主编：《立法学教程》（第二版），北京大学出版社 2017 年版，第 69 页。
③ 参见徐向华主编：《立法学教程》（第二版），北京大学出版社 2017 年版，第 69 页。

决策所涉及的利益群体范围广泛。微观立法决策则是针对具体的、局部性的、特定时空条件作出的决策。例如国务院的部门对所辖范围内的工作作出的立法决策、地方政府针对地方情况制定法律作出的立法决策。从主体层面看，微观立法决策主体广泛，包括具有公权力的绝大多数主体。以上是从决策事项的范围作出的区分。如果从立法决策的过程来看，同一个立法决策可能涉及宏观决策和微观决策两个方面。立法决策主体需要同时考虑决策的宏观效应和微观结果。如果只考虑宏观方面，而不考虑微观方面，则立法决策可能不切实际。如果只考虑微观方面，而不考虑宏观方面，则立法决策可能偏离立法目的。在同一个立法主体看来，宏观立法决策是微观立法决策的前提，微观立法决策是宏观立法决策的延续。立法决策需要兼顾宏观和微观两个层面。

2. 集体决策和个人决策

立法决策过程中，应坚持民主集中制的原则。集体决策是指在广泛听取意见、进行民主商议、讨论、投票的基础上，经由集体表决后作出的决策。立法过程中的集体决策是核心程序，体现了人民主权和人民民主的要求。对立法问题作出最终决策始终是拥有权利的立法集体。不过，在立法过程中，仍需要发挥领导干部的牵头作用。面对纷繁复杂的立法问题，需要有部分个人主动提议、推动。个人决策不能代替集体决策。个人决策是领导者领导集体推动立法的过程，立法决策需要处理好个人决策和集体决策的关系，既保证党和人民的意志能够顺利转化为法律法规，又要保障人民的集体意志不受部分人的歪曲。

3. 常规决策和非常规决策

立法过程会面对很多突发情况，解决立法过程中出现的突发情况就需要非常规决策。非常规决策主要是由于现实社会情况千变万化，常常出现一些超出立法者预期的突发事件，此时往往需要立法者具体问题具体分析，不能机械地处理问题。立法决策中的常规决策是指享有立法权的主体针对国家立法过程中出现的一些常见问题作出决定。特别是一些宏观的战略性部署，必须经由民主集中制的常规决策程序进行决策。常规决策主要针对的是一些重复性、必然性或长期性的问题。常规决策带有比较大的确定性，更多的是程序性、宏观性的决策。值得注意的是，常规决策与非常规决策的区分并非指常规决策比非常规决策更重要。事实上，常规决策与非常规决策同等重要，不能因为是非常规决策就忽视它的作用。在面临关系国家前途命运的非常规决策时，立法主体需要拿出比常规决策更高的注意力来作出决定。

## 四、立法决策体制、体系和理论基础

1. 立法决策体制

立法决策体制关系到法律体系的运行。立法决策体制是指以立法决策权运行为核心的体制机制的集合。立法决策权由立法部门享有，立法部门具有多个层级，在同一层级内部，也存在不同的专门立法机构。因此，必须对立法权的层级进行规范化限定。立法决策权的层次是为了明确不同部门机构的任务职责，使得立法部门整体能更加高效。世界上的立法决策体制主要分为集权型和分权型。集权型有利于统一、协调立法权的运行，能体现人民主权的原则。分权型有利于不同立法权之间相互制衡，使立法权的行使更加理性。但是分权型立法体制有可能会导致互相推诿或部门利益冲突的问题。

2. 立法决策体系

立法决策体系包含决策主体、决策流程、决策信息等部分。在立法活动中，决策主体是指参与立法决策的领导者、参谋者及决策的执行者。决策流程是指决策主体必须遵守一定规则作出决策的过程。决策信息是指立法决策过程中需要听取相关的立法咨询机构的立法建议。离开了这三者中的任何一个，立法决策体系都会变得偏颇和盲目。

3. 立法决策的理论基础

立法决策立足于行为科学，融合了社会科学、自然科学的主要理论成果，争取对立法作出科学有效的决定。立法决策的行为科学研究相当丰富，包括脑神经科学、生物学、物理学、政治学、管理学、经济学、统计学、法学等各门学科的重要理论成果。例如博弈论的运用、定量分析用于立法建议的倾向性分析、区块链技术用于立法信息的保存和传播等。不同学科的理论都能为立法决策提供有益的理论启发。

# 第十章　立法程序

## 第一节　立法程序的概念和特征

### 一、立法程序的概念

立法程序的完善与否，直接关系到立法的效率高低、质量优劣，反映立法的民主和科学程度。其与立法内容相互联系、互为表里，同样重要。因此，近代以来立法程序愈来愈受到国内外理论界与实务界的重视。那么，何谓立法程序？对于其概念的界定，学界尚未形成定论，学者们各有观点。有学者认为："立法程序是有权的国家机关，在制定、认可修改、补充和废止法的活动中，所须遵循的法定的步骤和方案。"① 还有学者认为："立法程序，是指具有立法权限的主体创制规范性法律文件所遵循的制度化的法定正当过程。"② 另有学者认为："立法程序是指有权机关制定法律的工作程序，包括起草法律草案、提出法律草案、审议法律草案、通过法律和公布法律等五个阶段。"③ 由此可见，学界对于立法程序定义的争议起码包括三点：一是立法主体及职能，二是立法程序的法定必要阶段，三是立法内容。虽众说纷纭，但也并非没有共通之处，学界对于立法程序概念的界定达成了以下共识：第一，立法程序的主体主要是有权的国家机关；第二，立法程序的内容是立法活动中的步骤和方法；第三，立法程序中所遵循的步骤和方法必须是法定的。

从词语的语义和结构观察，"立法程序"是由"立法"与"程序"组合而成的。其中，"立法"应作动态理解，是指创制规范性法律文件。需要注意的是，此处的"法"应作广义理解，不仅包括由全国人民代表大会及其常务委员会制定的法律，还包括其他立法主体制定的规范性法律文件，比如行政法规、监察法规、地方性法规、行政规章、自治条例和单行条例，等等。另外，"立法程序"不同于"立法过程"，前者是指形成规范性法律文件必须遵循的法定步骤和顺序，主要包括提出法案、审议法案、表决和通过法案、公布法律；后者是指与形成规范性法律文件具有关联的全部活动，除了提出法案、审议法案、表决和通过法案、公布法律外，通常还包括立法预测、立法规划、制订年度立法计划、起草法案、备案审查、立法评估，等等。后者的范围明显比前者广，因此不宜将二者

① 周旺生：《立法学》（第二版），法律出版社 2009 年版，第 220 页。

② 邓世豹主编：《立法学：原理与技术》，中山大学出版社 2016 年版，第 147 页。

③ 孙琬钟主编：《立法学教程》，中国法制出版社 1990 年版，第 138、141 页。

混同。在严格意义上而言，立法准备阶段的程序不是立法程序。

综上所述，我们认为，立法程序是指有权立法的政权机关制定规范性法律文件必须遵循的法定步骤和方法，通常包括提出法案、审议法案、表决和通过法案以及公布法律四项内容。

## 二、立法程序的特征

立法程序属于形式方面的创制过程，但内容与形式总是相互联系的，严格的立法程序方能保障立法内容的民主性和科学性。因此，立法程序具有独特的价值，这些价值主要体现在以下几个基本特征。

1. 立法程序具有法定性

立法程序既不同于一般的工作程序，也不同于一般的议事规则。首先，立法程序所涉及的立法主体必须是法定的，既包括专门立法机关，也包括宪法和法律赋予立法职能的其他国家机关，不具有立法权的国家机关或组织和个人不是立法程序的主体。其次，有关国家机关在履行立法职能时，所遵循的步骤和方法必须是法定的，如我国的《立法法》《行政法规制定程序条例》《规章制定程序条例》以及各地人民代表大会为规范本地立法活动而制定的地方性法规都明确规定了对应立法主体创制规范性法律文件的程序。没有通过法定程序制定的规范性法律文件因为程序违法而不具有正当性和权威性，并最终对立法结果产生应当被改变或者撤销的不利影响，这说明立法程序是法定的和严肃的。

2. 立法程序具有时序性

时序性包括两方面内容：一是时间性，二是次序性。前者强调立法的各个阶段必须控制在一定的期限之内，在既定的期限内完成特定的步骤，不得无期限地任意发展。例如，《立法法》第四十二条规定："列入常务委员会会议审议的法律案，因各方面对制定该法律的必要性、可行性等重大问题存在较大意见分歧搁置审议满两年的，或者因暂不付表决经过两年没有再次列入常务委员会会议议程审议的，由委员长会议向常务委员会报告，该法律案终止审议。"后者强调立法的步骤和顺序，每一项立法都必须按照规定的步骤进行，不可随意调换顺序。比如，审议草案必须在表决草案之前，而公布法律应该在表决通过草案之后，不能调换顺序。

3. 立法程序具有自律性

立法程序是一个相对独立的过程，对外不受肆意干涉，对内参与者应当自觉、自主，做到自我约束、自我限制、自我负责。"立法程序的自律性对于保障立法机关独立行使立法权、维持立法高度自主和自治、实现立法程序的正当性具有重要意义。"①

## 三、立法程序的分类

在现代国家中，立法程序呈现出多样性。根据不同的标准，可以对立法程序作出以下分类。

---

① 参见曾粤兴主编：《立法学》，清华大学出版社2014年版，第115页。

1. 成文法立法程序和判例法立法程序

以规范性法律文件是否法典化为标准，可以将立法程序分为成文法立法程序和判例法立法程序。虽然成文法与判例法最终都以文字记录为载体，但二者不仅制定主体不同，而且前者的立法程序通常比后者复杂，成文法的立法程序还通常以规范性法律文件的方式予以明确规定。判例法由法官制造，但其本身不是具体的、可直接适用的法律条文，而是由法官在现实判决中根据实际需要选择适用。因此，在判例法国家，每个法官都是立法者，每次审判过程也是一项立法程序，并且没有统一的程序限制，但最终能否成为后案判决依据，则取决于后案案情的实际需要。在特殊情况下，法官也可以不遵循先例。我国属于成文法国家，立法程序仅指成文法立法程序。

2. 宪法立法程序和普通法律立法程序

以立法程序的复杂程度为标准，可以将立法程序分为宪法立法程序和普通法律立法程序。"宪法立法程序是指一个国家的制宪机关制定、修改、补充、废止本国宪法时所遵守的步骤、顺序、方式和时限的总称。"① 宪法是现代国家的根本大法，是其他法律的立法依据，它的重要性决定了其立法程序相较于普通立法的程序更为复杂、严格，并且往往直接由宪法予以规定。普通法律的立法程序是相对于宪法的立法程序而言的，通常由立法法予以规定，整体上均没有宪法立法程序严格。

3. 自主立法程序和授权立法程序

该种分类主要是基于立法程序启动的原因不同对立法程序作出的区分。自主立法程序是指立法主体依据宪法或法律赋予的职权，启动立法程序、实施立法行为的立法程序。授权立法程序则是指立法主体在获得立法机关特别授权的情况下启动立法程序、实施立法行为的立法程序。

4. 立法机关立法程序和行政机关立法程序

该种分类是基于立法主体的不同对立法程序进行的区分。立法机关立法程序是指享有立法权的代议机关在行使立法权时应当遵循的立法程序。行政机关立法程序是指享有行政立法权的行政主体在行使行政立法权时应当遵循的立法程序。例如，全国人民代表大会及其常务委员会的立法程序见诸《立法法》，而国务院制定行政法规的程序除了依据《立法法》外，其主要依据为《行政法规制定程序条例》。通过对比可以发现，二者的立法程序明显不同。

5. 中央立法的立法程序和地方立法的立法程序

根据立法主体的级别不同，可以将立法程序分为中央立法的立法程序和地方立法的立法程序。传统理论认为，由于中央立法影响范围广，因此其立法程序较地方立法的立法程序复杂、严格。在我国，《立法法》没有规定地方立法主体的立法程序。《立法法》第七十七条规定："地方性法规案、自治条例和单行条例案的提出、审议和表决程序，根据中华人民共和国地方各级人民代表大会和地方各级人民政府组织法，参照本法第二章第二节、第三节、第五节的规定，由本级人民代表大会规定。地方性法规草案由负责统一审议的机构提出审议结果的报告和草案修改稿。"中央立法的立法程序通常比地方立法的立法

① 杨临宏：《立法学：原理、制度与技术》，中国社会科学出版社2016年版，第93页。

程序复杂、严格。但随着经济社会发展以及地方法治水平的不断提升，一些发达地区的立法程序也愈来愈复杂，如《广州市地方性法规制定办法》规定了较为详细、复杂的地方性法规制定程序。

6. 法定立法程序和非法定立法程序

该种分类是基于法律对程序认可度的不同对立法程序作出的区分。法定立法程序是指法律明确规定了立法程序，非法定立法程序是指立法过程中必不可少但法律又没有明确规定的立法程序，如法律起草程序。①

## 四、现代立法程序的基本价值

立法程序不是一种纯粹的制度形态，其本身蕴含着一定的价值内涵和价值追求。针对立法程序应当具有哪些内在价值，有学者认为，立法程序的基本价值主要反映在正义、效率和秩序三个方面。其中，最核心、最重要的价值为正义，第二位的价值为效率，第三位的价值为秩序。② 另有学者指出，立法程序的价值体现在三个方面：一是完善的立法程序是实现民主立法的必要前提，二是完善的立法程序是实现科学立法的有力保障，三是完善的立法程序保证立法程序的高效性。③ 本书认为，立法程序的价值主要体现在规范立法权的行使、保障民主、提高立法的质量和效率三大方面。

1. 规范立法权的行使

法律在赋予特定主体立法权力的同时，也必须对该权力的行使进行有效的规范和监督，让其在指定的轨道上运作。任何权力都存在被异化和被滥用的风险，立法权作为公共权力的基本形态之一，也不例外。况且，由于立法是执法和司法的前提，与行政权和司法权的被异化和被滥用相比，立法权之被异化和被滥用的危害有过之而无不及。无规矩不成方圆。任何权力的行使都必须遵循一定的程序规则，将权力寓于程序之中，是现代民主政治的应有之义。“任何未经程序化的权力，都有被滥用的危险；权力只有化解到程序之中，化解到具体的步骤、过程之中，才能成为有明确界限、有标准可资奉行的权力。”④ 近代以来，由君主或者独裁者一言兴法、一言废法，将个人意志任意法律化的政治格局已经被打破。由民意代表组成政权机关、集体行使立法权已然成为当今时代的潮流。然而，集体决定并非在任何时候都是明智、正义的，集体也可能作出荒谬的决定，专断也可能在集体中产生。历史上，“多数人暴政”的现象不胜枚举。由于权力的划分是相对稳定的，立法权一经确定，便不会随意变更，而职权行使却是经常的，若无程序规则的约束，将会对公民的权利和自由构成严重威胁。立法程序预先为立法活动设置一套公正、民主、科学的程序性规则，为立法权的行使提供一种常态的运行机制，使立法权能依预定的时序、步骤、方法和程式合法地运行，任何违反法定程序的立法行为都会受到否定。过程公开、公众参与及平等对话、辩论、交涉等程序性“屏障”，避免了恣意和专断，从而保证立法权不至

① 参见杨临宏：《立法学：原理、制度与技术》，中国社会科学出版社2016年版，第94页。

② 参见曾粤兴主编：《立法学》，清华大学出版社2014年版，第116页。

③ 参见魏海军：《立法概述》，东北大学出版社2014年版，第204－208页。

④ 苗连营、宋雅芳：《立法程序的功能分析》，《河南省政法管理干部学院学报》2000年第3期。

于在运行过程中变异。

2. 保障民主

民主是现代国家的共同价值追求，但由于民主概念本身具有不确定性，人们对民主的理解并不一致，可谓见仁见智。立法民主，实质上是指立法机关行使立法权的民主化，包括立法主体的民主化、立法内容的民主化和立法过程的民主化。立法程序的重要价值在于保障民主，维护正义。首先，立法程序让法案充分反映民意、符合公益。在现代国家立法程序上，大都是采取多数表决通过法案的原则，使多数人的意志能够形成合意，并将这种合意转化成全体人民的意志，最终以“法”的形式表现出来。这种“公意”的产物保证立法取决于合意而非“一家之言”，避免使所立之法沦为服务于少数集团利益的私人产物。其次，立法程序不仅反映“多数人统治”“少数服从多数”，而且能够保障少数人的意见在立法过程中受到尊重。立法程序在少数服从多数的基础上，肯定和承认少数的权利，在程序运行的各个阶段，少数与多数享有平等的程序权利，他们有机会充分表达自己的意见和观点并通过交涉与说服而有机会使自身也成为多数。最后，立法程序能够保证公众直接参与立法过程。在代议制民主下，立法机关的立法活动，一般由人民选出代表，由代表组成代议机关，再由代议机关代表人民制定法律。但是，在利益格局多元化的现代社会，仅仅靠民选的立法代表已经越来越难以充分反映公众的不同利益需求。这就需要在一定程度上实现立法权的“回归”，以公众的直接参与来弥补立法代表在反映民意方面不够充分之缺陷。立法程序的公开性、参与性和自愿性则为公众直接参与立法提供了制度条件和有效保障。

3. 提高立法的质量和效率

除了充分反映民意外，立法还要及时向社会提供法律规则。在立法活动中，由于立法机关组成人员的众多性、会议时间的有限性、议事范围的广泛性、立法事务的复杂性和技术性，容易造成立法机关聚而不议、议而不决、效率低下等弊端。为了解决这些矛盾，有必要采取科学、高效的立法程序对立法活动进行规范。合理的立法程序可以使立法工作的各个阶段划分合理，并保证每一阶段、每一步骤井然有序、有条不紊的顺利进行，确保会议时间得到合理有效的安排和运用，保证每一法案得以适当处理，保证代表能够正确地行使权利、履行义务和平等有效地参与立法活动，保障立法机关民主地讨论、公正地表决、高效地运行，保障社会各方面的意见都能被充分地表达和反映，最后在多数决定并尊重少数的基础上制定、通过法律，从而使有限的立法资源得到科学、高效的运用。

## 第二节　立法程序的第一阶段：提出法案

立法活动是一个有连续行为的复杂过程，由一系列环节构成，通常包括立法预测、立法规划、起草法案、提出法案、审议草案、征求意见、表决法案、公布法律、备案审查、立法后评估等。那么，立法程序从哪个步骤开始，又终于哪个步骤，是否包含前述环节，理论界对此有不同的看法。有的学者认为，立法程序是从立法规划开始，主张“六阶段说”，将立法程序分为立法规划、起草法案、提出法案、审议法案、通过法案和公布法律，如李步云、汪永清认为，“我国中央权力机关的立法程序，大体分为制定立法规划、起草法律草案、提出法律草案、审议法律草案、通过法律草案、公布法律六个阶段”。[①] 有的学者认为立法程序从法案起草开始，主张“五阶段说”，即起草法律、提出立法议案、审议法律草案、表决和通过法律草案、公布法律。[②] 还有的学者主张“四阶段说”，认为立法程序是指法案提出到法案公布的过程，主要包括提出立法议案、审议法律草案、表决和通过法律草案、公布法律。[③] 目前，学界的主流观点认为，立法程序包括从法案提出到公布的全过程，具体包括提出法案、审议法案、表决和通过法案、公布法律。

纵观学界观点，大部分学者认为立法程序的步骤终于法律的公布。本书认同这种看法，不管是法律的创制还是法律的变动，最后都必须经过公布才具有法律效力，而法律公布后的备案审查、立法后评估等立法活动属于事后监督，其本身不对立法产生直接影响，因此公布法律是一切立法程序的最后步骤。但关于立法程序从什么时候开始，学者就有不同的意见。本书认为，第一，不宜将立法预测作为立法程序的第一阶段。立法预测是采用专门的科学方法和手段，以获得有关立法的未来状况和发展趋势的资料的活动。立法预测的目的是揭示法律调整社会关系的客观需要，科学地预见法律近期和长期的结果及其社会效果，预见法律调整形式和方法中可能发生的变化，它是制订立法规划、起草立法文件和通过立法文件整个过程中的一个重要方面。但针对立法预测的反馈，最终是否立法、何时启动立法等，由立法主体根据实际情况决定，具有巨大的不确定性。第二，不宜将立法规划作为立法程序的第一阶段。立法规划是对一定时期内立法的具体内容和步骤所做出的方案和计划，如《十三届全国人民代表大会常务委员会立法规划》和《广东省第十三届人大常务委员会立法规划》。但立法规划有关法案的雏形尚未形成，其主要是立法主体对未来立法的设想或立项，因此立法规划不属于立法程序的范围。第三，不宜将起草法案作为立法程序的第一阶段。就行为主体而言，立法权是法定的有权国家机关的专有职权，而起草法案的主体无法定限制。在我国，无论在国家层面还是地方层面都存在委托高校、研究机构起草法案的实践，但他们本身不是立法主体，其行为仅仅是根据自己的专业优势为有立法权的国家机关提供参考，不属于立法活动。因此，本书与《立法法》的构想一致，认为立法程序的第一阶段是提出法案。

需要说明的是，本章所指的立法程序是针对权力机关而言的。在我国，《行政法规制定程序条例》《规章制定程序条例》规定行政法规和规章的立法程序包括立项、起草、审查、决定、公布。

## 一、提出法案的含义

法案的提出，是立法程序的重要组成部分，标志着立法程序正式启动，其重要性不言而喻。提出法案，即“提案”，又称提出法律案、提出立法议案，是指拥有提案权的机关、组织和个人，依照法定程序和方式，向有权立法的机关提出的关于制定、修改、补充、废

① 李步云、汪永清：《中国立法的基本理论和制度》，中国法制出版社 1998 年版，第 144 页。
② 参见苗连营：《立法程序论》，中国检察出版社 2001 年版，第 162 页。
③ 参见孙国华：《法的形成与运作原理》，法律出版社 2003 年版，第 164 页。

止和解释规范性法律文件的提议和议事原型的专门活动。提出法案具有以下特征：一是提出法案的主体应为法定的拥有提案权的国家机关、组织和个人；二是法案的提议应向有权国家机关提出；三是提出的内容为法案，即法律案、立法议案；四是提出法案必须依照法定程序。

为了更好地把握提出法案的含义，有必要对法案与相关概念作出区分：

1. 法案与法律草案

提出法案是审议法律草案的必要前提，法律草案的审议则是法案被列入议程后的必然结果，因此法案与法律草案是密切联系的。然而，二者的区别又是明显的，主要表现在以下三个方面：首先，提出的主体不同。提出法案的主体是法定的，即只能由依法能够行使提案权的机关、组织和个人提出；提出法律草案的主体不具有法定性，任何机关、组织和个人均可为之。例如，我国民法典编纂经过了漫长的历程，许多学者曾向全国人民代表大会法制工作委员会提交过民法典草案建议稿。其次，包含的内容不同。法案是一项书面方案，通常由案由、案据和附案构成；法律草案作为可能被审议、表决通过、公布的法律雏形，其主要内容是待定的法律权利和义务。最后，表现形式不同。法案一般采用公文形式——段落式；法律草案则采用特殊文体——条文式。

2. 法案与议案

议案是指向国家议事机关（立法机关或国家权力机关）提出的议事原案，如法律议案（简称法案）、预算案、决算案、国民经济和社会发展计划案、对行政机关的不信任案、弹劾案、质询案，以及有关全国性和地方性的重大事项的议案等。法案只是议案的一种，指有提案权的主体向有立法权的国家机关所提出的有关制定、修改和废止规范性法律文件的建议，包括法律案、行政法规案、地方性法规案、规章案等。

3. 法案与立法建议

立法建议是社会成员向非特定的国家机关、媒体等提出的有关制定法、变动法等口头和书面主张，其内容不具有规范性。而法案的提出主体、接受主体、提出程序以及内容和表现形式都具有规范性。立法建议所涉及的内容通常是法案的重要渊源；而立法建议需要经过深化、细化和规范化，并经过有权提出法案的主体向有权接受提案的主体提出，才能成为法案。

作为立法的第一道法定程序，提出法案不仅标志着立法程序被正式启动，而且意味着因社会关系和社会秩序的变动，立法主体将相应调整或者创制法律规范，这对整个社会政治生活具有深远意义。

## 二、提出法案的主体

从理论上讲，依法有权向立法主体提出法案的机关、组织和个人是提出法案的主体，简称提案人，其行使的权利为立法提案权。由于提案的内容直接影响立法的质量和效率，目前世界上大部分国家都会通过宪法或宪法性法律明确提出法案的主体及其权限。

1. 提出法案的主体

在不同政治体制的国家，具体行使立法提案权的主体不尽一致，但也并非无规律可循。环顾全球，一般说来，下列机关、组织和个人有权提出法案：

（1）议员或者代表。创制和变动法律是代议机关的主要职能，因此作为代议机关的组成人员——议员或者代表，相应地成为立法提案权人。美国是议员行使立法提案权最为典型的国家，其宪法规定只有参议院和众议院的议员有权向国会提交法案，其他机关、组织和个人均无权直接向国会提出法案。诚然，在两院制国家中，议员作为立法提案权人的地位和作用是存在差异的。在两院权力相当的国家，各院议员的立法提案权是基本平等的；而在两院权力悬殊的国家，各院议员的立法提案权是不平等的。例如，在德国，联邦议院的26名议员联名便可直接提出法案，但参议院的议员则无权提出法案。

（2）议会或者代表机关的常设机构、全体会议的领导机构、常设的专门委员会。这些机构由议员或者代表组成，通常作为整体享有法定立法权，并且配备立法专业人才，在实践中对立法发挥着重要作用。这些机构拥有提出法案的权利，并且具有较大的影响力，是其他立法提案权人难以比拟的。如古巴国务委员会、朝鲜最高人民会议及其常任委员会、也门最高人民委员会主席团、索马里人民议会常设委员会等，依据本国宪法，均有权提出法案。

（3）政府。政府长期从事公共事务管理工作，熟悉各个领域的现实状况和发展趋势，明了社会现实的立法需求，加之政府内部本身拥有一批精通各门知识的专业人才以及经验丰富的工作人员，能够比较专业地草拟具有较强可操作性的法律对策。这些其他机构和个人无法比拟的优势必然使政府成为颇为重要的立法提案权人。在现实中，这类主体所提出的法案不仅数量多、涉及事宜重要，而且相关法律草案一般能够获得代议机关的优先审议，其最终被通过而成为法律的比例也是最高的，是当前最主要的立法提案权人。

（4）国家元首。作为一国对内对外的最高代表，国家元首行使立法提案权已经为世界上多数国家的宪法所确认。然而，在不同的国家，国家元首行使立法提案权的方式和途径是不一样的。在国家元首和议会共同构成立法机关的国家，国家元首可以直接行使立法提案权，即国家元首可以直接向议会提出法案。如《白俄罗斯宪法》第九十九条规定："总统、众议院和共和国院的议员、政府以及不少于五万名享有选举权的公民有法律倡议权，并由众议院实现这种权利。"在另外一些国家，国家元首并不直接行使立法提案权，而是通过间接的方式——发表演说或咨文提出有关立法的动议。如《美国宪法》第二条第三款规定："总统定期向联邦议会提交联邦咨文，向议会提出其认为必要且适当的措施，供议会讨论。"

（5）联邦制国家中的邦或州和单一制国家中的地方代议机关。在联邦制国家，各邦或州虽然丧失了部分主权和独立，但其在国家政治生活中依然发挥着重要作用。因此，有些联邦的宪法明确规定各邦或州的代议机关可以向联邦立法机关提出法案，如墨西哥的各州议会。而在有些单一制国家中，其宪法规定地方代议机关有权向国家立法机关提出法案，以表达地方的特殊立法诉求。如意大利的法律规定，省议会有权向国会提出法案。

（6）最高审判机关。在英美法系的部分国家，最高审判机关属于立法主体之一。但按照分权制衡的原理，在世界上大部分国家，不同性质的政权机关各司其职，彼此之间有明确的权力界限，审判机关是专门履行审判职能的国家机关，一般不参与立法。然而，有的国家规定最高审判机关可以向国家立法机关提出法案。个别国家还会严格限制最高审判机关的提案范围，仅限于司法上遇到的问题，如古巴、蒙古、秘鲁等国。

（7）政党组织和全国性社会团体。政党是由一定阶级领导的，并代表本阶级利益的社会政治组织；社会组织是人们为了有效地达到特定目标按照一定的宗旨、制度、系统建立起来的共同活动集体。政党是一个国家政治活动的主要力量，社会团体则是特定群体利益的组织载体。为此，有些国家规定政党组织和全国性社会团体拥有立法提案权。如越南法律规定越南祖国战线、越南总工会、越南妇女联合会有权提出法案。

（8）达到法定数量的选民。在一些实行"公民创制"制度的国家中，其宪法或法律规定一定数量的选民可以联名提出法案，但对选民数量具有较高的要求。如意大利、西班牙的法律都规定50万名选民可以联合提出法案。由于在选民人数上具有较高要求，没有公权力的介入，选民一般难以被大规模集中起来，而且选民意志、文化素质等方面具有较大差异，以至于实践中通过这一途径提出法案的数量极少，而最终能够被通过成为法律的则可谓十分罕见、几乎没有。

由于各国政治体制、历史文化、传统文化、地理环境等基本国情的不同，各国宪法和法律所确认的具体立法提案权主体存在差别，并非所有国家的立法提案权主体都由前述八类主体构成。另外，尽管各国规定的立法提案权主体具有多样性，但在实践中各立法提案权主体实际上发挥的作用是不一样的，其地位也具有明显的区别。换言之，实际行使立法提案权的状况与法定制度并非一致。犹如前文所言，一国政府的立法提案权一般占据尤为重要的地位并且发挥着十分重要的作用，但一定数量的选民极少行使法定的立法提案权。因此，对一国立法提案权的归属进行研究，不仅要了解该国宪法、法律如何规定，同时必须重视该国的立法实践。

2. 我国提出法案的主体

我国法案的提出主体经历了一个漫长而曲折的演变历程。在中华人民共和国成立之初，《中国人民政治协商会议共同纲领》《中国人民政治协商会议组织法》《中央人民政府组织法》等法律作出规定，由中国人民政治协商会议全体会议、中央人民政府政务院行使国家立法提案权。然而，在立法实践中，实际行使立法提案权的主体除了前述主体外，还包括中国人民政治协商会议全国委员会、中央人民政府委员会、中央人民政府法制委员会、最高人民检察署、选举法起草委员会等。后来，1954年9月15日至28日在北京召开的第一届全国人民代表大会第一次会议通过了《宪法》和《全国人民代表大会组织法》，明确规定下列主体拥有国家立法提案权：①中华人民共和国主席、副主席，全国人民代表大会主席团、全国人民代表大会常务委员会、代表、全国人民代表大会各专门委员会，国务院，可以向全国人民代表大会提出法案。②中华人民共和国主席、副主席，全国人民代表大会常务委员会委员长、副委员长、委员、民族委员会、法案委员会，国务院，可以向全国人民代表大会常务委员会提出法案。文化大革命以后，国家立法和地方立法进入低谷徘徊时期，1975年《宪法》和1978年《宪法》取消了关于国家立法权的有关规定，国家立法提案权的归属制度丧失了宪法依据。

1978年12月召开的党的十一届三中全会，揭开了党和国家历史的新篇章，国家立法发展重新步入正轨。根据现行《宪法》和《立法法》等有关规定，全国人民代表大会主席团、全国人民代表大会常务委员会、国务院、中央军事委员会、最高人民法院、最高人民检察院、全国人民代表大会专门委员会、全国人民代表大会一个代表团或者30名以上的代表联名，可以向全国人民代表大会提出法案；全国人民代表大会委员长会议、国务院、中央军事委员会、最高人民法院、最高人民检察院、全国人民代表大会各专门委员会、全国人民代表大会常务委员会组成人员10人以上联名，可以向全国人民代表大会常务委员会提出法案。从立法实践看，虽然我国法律规定了多方面的机关和人员具有国家立法提案权，但实际上绝大多数法案仍由全国人民代表大会常务委员会和国务院提出，其他主体提出法案的数量十分有限。

此外，在地方层面，根据《地方组织法》的有关规定，有权提出地方立法议案的主体主要包括：①有权向人民代表大会提出地方立法议案的主体：主席团、常务委员会、各专门委员会、本级人民政府、人民代表大会代表10人以上联名；[①] ②有权向人民代表大会常务委员会提出地方立法议案的主体：人民代表大会常务委员会主任会议、各专门委员会、本级人民政府、专门委员会以及人民代表大会常务委员会组成人员5人以上联名。[②] 然而，目前我国有一些地区通过制定地方立法条例或者地方人民代表大会及其常务委员会立法条例等，对提出立法议案的主体作出了详细的规定，其中有的规定超出了《地方组织法》所规定的范围，主要有三种情况：一是规定人民法院、人民检察院和代表团可以向本级人民代表大会提出立法议案，如《贵州省地方立法条例》《河南省地方立法条例》；二是规定代表团可以向本级人民代表大会提出立法议案，如《安徽省人民代表大会及其常务委员会立法条例》《福建省人民代表大会及其常务委员会立法条例》《广东省地方立法条例》；三是规定人民法院、人民检察院可以向本级人民代表大会常务委员会提出立法议案，如《贵州省地方立法条例》《河南省地方立法条例》。

## 三、提出法案的要求

立法工作是一项政治性、系统性工程，为了有效提高立法提案的质量和立法主体的工作效率，保证立法活动严肃、有序、顺利的开展，世界各国一般都会对立法提案权的形式规定限制性要求，我国也不例外。

1. 提出法案的范围限制

提出法案的范围限制是指有权提出法案的机关、组织和个人，只能就其职权或者业务范围内的立法事项行使立法提案权，或者立法提案权主体只能就接受立法议案的立法主体权限范围内的事项提出法案。前者如意大利法律规定，省议会仅有权就本地区的事务向国会提出法案；罗马尼亚法律则规定，大国民议会常设委员会有权就其职权范围内的问题行使立法提案权。后者如美国宪法规定，有关征税的所有法案应在众议院中提出。

我国在立法提案权范围的限制实际上属于后者，即立法提案主体不能向接受法案的主体提出超出该受案主体职权范围的法案。例如，《宪法》《全国人民代表大会议事规则》《全国人民代表大会常务委员会议事规则》的相关规定指出，向全国人民代表大会及其常

---

① 《地方组织法》第十八条规定：“地方各级人民代表大会举行会议的时候，主席团、常务委员会、各专门委员会、本级人民政府，可以向本级人民代表大会提出属于本级人民代表大会职权范围内的议案，由主席团决定提交人民代表大会会议审议，或者并交有关的专门委员会审议、提出报告，再由主席团审议决定提交大会表决。

② 《地方组织法》第四十六条规定：“县级以上的地方各级人民代表大会常务委员会主任会议可以向本级人民代表大会常务委员会提出属于常务委员会职权范围内的议案，由常务委员会会议审议。

务委员会提出的法律案，应当属于全国人民代表大会及其常务委员会的职权范围内的法律案。虽然我国没有明确提出行使立法提案权的机关、组织和个人应当就与自己业务或者职权范围相称的事项提出法案，但是在实践中，立法提案人所提出的法案一般都是与其自身业务和职权相一致的。这种做法显然对我国的立法工作有益。

2. 提出法案的人数限制

许多国家的法律规定，提案主体提出法案必须符合法定人数。对于人数的限制主要分为最低限制性要求和最高限制性要求。最低限制性要求制定的主要目的是保证提交议会审议的议案得到一定数额以上议员的支持，强调议员应当集体而非个人行使立法提案权。例如，德国法律规定，至少26名联邦议院的议员才能提出法案；又如西班牙法律规定，至少50名议员才能提出法案；再如奥地利法律规定，至少8名议员、20万选民才能提出法案。一些强调议员个别提案权、禁止大量议员联合提出统一议案的国家，对提出法案的最高人数作出了限制。如卢森堡法律规定，同一议案的提案人不能超过5人。

我国法律规定，全国人民代表大会代表及全国人民代表大会常务委员会组成人员不可单独行使立法提案权，只有达到法定最低人数方可集体提出法案。例如，全国人民代表大会代表人数满30人可以向全国人民代表大会提出法案；全国人民代表大会常务委员会组成人员满10人可以向全国人民代表大会常务委员会提出法案。之所以这么规定，是因为我国全国人民代表大会及其常务委员会人数众多，每届全国人民代表大会代表人数约为3 000人，全国人民代表大会常务委员会组成人员也达数百人，如果对他们行使立法提案权不在人数要求上作出限制，每个人都可以单独提出法案，那么全国人民代表大会或全国人民代表大会常务委员会可能因为力量有限，无法应付大量的议案，严重影响其工作效率。

3. 提出法案的时间限制

大部分国家没有对提出法案的具体时间作出严格的限制性规定，一般说来，在整个会议期间可以提出。但有些国家则对提案时间作出了明确的规定，如冰岛就规定立法议案只能在议会开始后8个星期内提出。

我国在1989年通过的《全国人民代表大会议事规则》第六条规定："全国人民代表大会常务委员会在全国人民代表大会会议举行的一个月前，将开会日期和建议会议讨论的主要事项通知代表，并将准备提请会议审议的法律草案发给代表。"

4. 提出法案的形式限制

有权提出法案的机关、组织和个人，应当采取一定的形式提出法案。有的国家规定，议员提出法案应当采取书面形式；有的国家规定具有提案权的机关和组织应当以书面形式提出法案，而个人既可以以书面形式，也可以以口头形式提出法案。

对于提案的形式，我国的法律并没有规定，《立法法》也没有对该问题作出明确规定，实践中立法提案主体向全国人民代表大会及其常务委员会提出的法案通常采取书面形式。

## 四、法案列入立法程序

向立法主体提交的法案，不一定都被全部列入会议议程加以审议。主要原因在于，每次会议的期限有限，用于审议法案的时间更为有限，如果不作任何筛选，而将所有法案列入会议议程予以审议，在会议时间上是不允许的。而且一些法案所涉及的立法事项虽然重要，但立法条件尚不成熟，也无法列入会议议程进行审议。为此，许多国家规定，在有关法案列入议程审议前，应当由特定主体决定是否将该法案列入议程。

尽管提出的法案不一定都能列入议程加以审议，但是每项法案提出后，立法机关都应当考虑是否将其列入议程。为保证所有法案都享有被挑选列入会议议程的平等机会，一些国家规定会议领导机构在通过会议议程前，须向议会报告接受法案的情况。

一般来说，审查法案的工作是由立法机关的有关委员会或者领导机构承担的。例如，在美国，向参众两院提出的法案，都要先送交给有关的主管委员会，由该委员会决定是否将法案提交大会审议。在日本，议会的议长接到议案后，交给相应的委员会审查，委员会有权决定是否将法案提交正式审议。在东欧的一些国家，通常情况下，决定法案是否列入议程的权力是由立法机关的专门委员会和议会主席团共同行使的。而有的国家立法机关的大会享有决定法案是否列入议程的权力。

在我国，法案列入全国人民代表大会议程的制度主要有以下三个方面：

第一，不经过审查，直接列入议程。《立法法》第十四条第一款规定："全国人民代表大会主席团可以向全国人民代表大会提出法律案，由全国人民代表大会会议审议。"第二十六条第一款规定："委员长会议可以向常务委员会提出法律案，由常务委员会会议审议。"由此可见，全国人民代表大会主席团向全国人民代表大会提出的法律案和委员长会议向全国人民代表大会常务委员会提出的法律案，可以分别由全国人民代表大会和全国人民代表大会常务委员会直接审议。

第二，由全国人民代表大会主席团决定。《立法法》第十四条第二款规定："全国人民代表大会常务委员会、国务院、中央军事委员会、最高人民法院、最高人民检察院、全国人民代表大会各专门委员会，可以向全国人民代表大会提出法律案，由主席团决定列入会议议程。"第十五条第一款规定："一个代表团或者三十名以上的代表联名，可以向全国人民代表大会提出法律案，由主席团决定是否列入会议议程，或者先交有关的专门委员会审议、提出是否列入会议议程的意见，再决定是否列入会议议程。"

第三，由全国人民代表大会常务委员会委员长会议决定。《立法法》第二十六条第二款规定："国务院、中央军事委员会、最高人民法院、最高人民检察院、全国人民代表大会各专门委员会，可以向常务委员会提出法律案，由委员长会议决定列入常务委员会会议议程，或者先交有关的专门委员会审议、提出报告，再决定列入常务委员会会议议程。如果委员长会议认为法律案有重大问题需要进一步研究，可以建议提案人修改完善后再向常务委员会提出。"第二十七条第一款规定："常务委员会组成人员十人以上联名，可以向常务委员会提出法律案，由委员长会议决定是否列入常务委员会会议议程，或者先交有关的专门委员会审议、提出是否列入会议议程的意见，再决定是否列入常务委员会会议议程。"

## 五、法案的撤回

提案人有权提出法律案，也有权撤回该法律案。但由于法律案所处的阶段不同，提案人行使法案撤回权有所差别。首先，对于向全国人民代表大会及其常务委员会提出的法律案，在列入会议议程前，提案人有权撤回。其次，列入全国人民代表大会会议议程的法律案，在交付表决前，提案人要求撤回的，应当说明理由，经主席团同意，并向大会报告，对该法律案的审议即行终止。最后，列入全国人民代表大会常务委员会会议议程的法律案，在交付表决前，提案人要求撤回的，应当说明理由，经委员长会议同意，并向全国人民代表大会常务委员会报告，对该法律案的审议即行终止。

除此之外，《立法法》还规定了法案的终止审议。如列入全国人民代表大会常务委员会会议审议的法律案，因各方面对制定该法律的必要性、可行性等重大问题存在较大意见分歧搁置审议满两年的，或者因暂不交付表决经过两年没有再次列入常务委员会会议议程审议的，由委员长会议向常务委员会报告，终止对该法律案的审议。

## 第三节　立法程序的第二阶段：审议法案

### 一、审议法案的含义

审议法案是指有权的立法主体及其组成人员对列入议程的法案所附法律草案，根据法定程序进行正式的审查和辩论活动。① 法案审议的内容主要是对所提出的法案是否符合社会的立法需求、立法条件与时机是否成熟、法案本身的形式与内容是否符合一定的要求等一系列合法性、政策性与技术性问题，由立法机关根据一定的程序对法案发表意见，进行最后阶段的可行性论证、修复、补充和完善的过程。②

### 二、审议法案的要求

不同国家对于审议法案的具体程序以及要求不尽相同，以下以我国为例，进行说明。

1. 审议权的行使

（1）向全国人民代表大会提交的法案。

根据《立法法》第十八条③、第十九条④以及第二十条⑤的规定，提交给全国人民代表大会的法案审议权由各代表团、各专门委员会以及主席团行使。

（2）向全国人民代表大会常务委员会提交的法案。

① 参见徐向华主编：《立法学教程》（第二版），北京大学出版社2017年版，第174页。

② 参见杨临宏：《立法学：原理、制度与技术》，中国社会科学出版社2016年版，第104－105页。

③《立法法》第十八条规定："列入全国人民代表大会会议议程的法律案，大会全体会议听取提案人的说明后，由各代表团进行审议。各代表团审议法律案时，提案人应当派人听取意见，回答询问。各代表团审议法律案时，根据代表团的要求，有关机关、组织应当派人介绍情况。"

④《立法法》第十九条规定："列入全国人民代表大会会议议程的法律案，由有关的专门委员会进行审议，向主席团提出审议意见，并印发会议。"

⑤《立法法》第二十条规定："列入全国人民代表大会会议议程的法律案，由法律委员会根据各代表团和有关的专门委员会的审议意见，对法律案进行统一审议，向主席团提出审议结果报告和法律草案修改稿，对重要的不同意见应当在审议结果报告中予以说明，经主席团会议审议通过后，印发会议。"

根据《立法法》第二十九条第二款到第五款[①]以及第三十二条第一款[②]的规定，向全国人民代表大会常务委员会提交的法案审议权由常务委员会委员以及专门委员会行使。

2. 审议程序

（1）全国人民代表大会审议程序。

根据《立法法》第十八条、第十九条以及第二十条的规定，全国人民代表大会在审议法案时，分如下几个步骤：

①由提案人向大会全体会议对法案进行说明，在此基础上，由各代表团开始审议。在此过程中，提案人要派人听取意见，并回答代表团提问。此外，如果代表团提出要求，有关机关和组织应当派人向代表团介绍有关情况。

②在代表团审议期间，各专门委员会有权对法案进行审议，可以向主席团提出审议意见，并印发会议。

③由法律委员会根据代表团以及各专门委员会的审议意见，对法律案进行统一审议，并向主席团提交审议结果报告和法律草案修改稿，对重要的不同意见进行说明。

④主席团审议通过法律委员会提交的审议结果报告和法律草案修改稿后，印发会议进行表决。

需要注意的是，《立法法》第二十一条和第二十三条对审议过程中出现重要问题的处理程序作出了规定。针对重大问题，主席团常务主席可以召开各代表团团长会议，就法律案中的重大问题听取各代表团的审议意见，进行讨论，并将讨论的情况和意见向主席团报告。主席团常务主席也可以就法律案中的重大的专门性问题，召集代表团推选的有关代表进行讨论，并将讨论的情况和意见向主席团报告。针对需要进一步研究的重大问题，经主席团提出，由大会全体会议决定，可以授权常务委员会根据代表的意见进一步审议，作出决定，并将决定情况向全国人民代表大会下次会议报告。也可以授权常务委员会根据代表的意见进一步审议，提出修改方案，提请全国人民代表大会下次会议审议决定。

（2）全国人民代表大会常务委员会审议程序。

根据《立法法》第二十九条规定，除第三十条[③]规定的情形外，提交全国人民代表大会常务委员会的法案原则上要经过三次审议才可以交付表决。具体步骤如下：

①常务委员会会议第一次审议法律案，在全体会议上听取提案人的说明，由分组会议进行初步审议。

②常务委员会会议第二次审议法律案，在全体会议上听取法律委员会关于法律草案修

---

① 《立法法》第二十九条第二款到第五款规定："常务委员会会议第一次审议法律案，在全体会议上听取提案人的说明，由分组会议进行初步审议。常务委员会会议第二次审议法律案，在全体会议上听取法律委员会关于法律草案修改情况和主要问题的汇报，由分组会议进一步审议。常务委员会会议第三次审议法律案，在全体会议上听取法律委员会关于法律草案审议结果的报告，由分组会议对法律草案修改稿进行审议。常务委员会审议法律案时，根据需要，可以召开联组会议或者全体会议，对法律草案中的主要问题进行讨论。"

② 《立法法》第三十二条第一款规定："列入常务委员会会议议程的法律案，由有关的专门委员会进行审议，提出审议意见，印发常务委员会会议。"

③ 《立法法》第三十条规定："列入常务委员会会议议程的法律案，各方面意见比较一致的，可以经两次常务委员会会议审议后交付表决；调整事项较为单一或者部分修改的法律案，各方面的意见比较一致的，也可以经一次常务委员会会议审议即交付表决。"

改情况和主要问题的汇报，由分组会议进一步审议。

③常务委员会会议第三次审议法律案，在全体会议上听取法律委员会关于法律草案审议结果的报告，由分组会议对法律草案修改稿进行审议。

需要注意的是，《立法法》在第三十一条到第三十六条特别对分组审议相关事项以及各专门委员会、法律委员会在审议法案期间的工作程序作了进一步规定，并在第三十六条明确审议法案应当听取各方面意见，并列举了座谈会、论证会、听证会等多种形式。

（3）地方人民代表大会及其常务委员会的审议程序。

《立法法》对与地方人民代表大会及其常务委员会的提案、审议和表决仅通过第七十七条第一款进行了原则性的规定："地方性法规案、自治条例和单行条例案的提出、审议和表决程序，根据中华人民共和国地方各级人民代表大会和地方各级人民政府组织法，参照本法第二章第二节、第三节、第五节的规定，由本级人民代表大会规定。"

## 三、审议法案的意义

审议法案是立法程序的第二阶段，也是极为关键的阶段，审议立法草案的质量高低直接影响到民意的反映程度，关系到草案最后的命运以及草案被通过后的社会效果，具体体现在如下两个方面：①

第一，从民主的角度看，审议立法草案是立法程序民主化的标志，直观昭示着立法民主的重要价值，其实质就是一个在不同利益主体表达各自利益的基础上，通过互相冲突、协商、争议和妥协的方式，最终协调与平衡不同的利益，形成共同意志的过程。

第二，从立法审议在立法程序中所处的地位看，提出的立法草案最终能否成为法以及一旦通过后的实际效果如何，均要视立法草案能否进入审议程序、审议的深度以及审议结果而定。任何未经审查或充分辩论的立法草案往往因欠缺民意基础而被否决，亦即审议立法草案在由法案到法的过程中起着"承上启下"的核心作用。

① 参见徐向华主编：《立法学教程》（第二版），北京大学出版社 2017 年版，第 174 页。

# 第四节 立法程序的第三阶段：表决和通过法案

## 一、表决和通过法案的含义

从概念上看，表决法案是指有权的机关和人员对法案表示最终的、具有决定意义的态度，即赞成或不赞成。[①] 而通过法案是指经享有表决权的主体表决，法案获得法定数目以上赞成票的表决结果。[②]

一般地，法案经过法定的审议程序后，在没有根本性分歧意见的情况下，就能够形成表决稿，此时立法程序就进入了下一个环节，即表决程序，以此决定该法案是否能获得通过。[③]

换言之，表决法案和通过法案二者既有差别又有联系，通过法案是表决法案的一个主要结果和主要目的，但通过法案并不是表决的唯一结果，不是经过表决的任何法案都会最终通过。

## 二、表决和通过法案的要求

各国对表决和通过法案的要求不同，大致涉及以下几个方面：

1. 表决的程序和方式

（1）表决程序。

表决程序在世界范围内大致分为两种：普通表决程序和特定表决程序。普通表决程序是指由立法机关成员行使表决权，以决定法律草案通过与否的程序。[④] 这种表决程序在世界范围内较为普遍。特定表决程序一般指全民公决，又叫人民公决、全民表决、全民投票、人民投票或公民投票，但很多国家并没有这种表决程序，例如我国。

（2）表决方式。

不同的表决方式代表着不同的民主价值、效率价值以及表决氛围，因此，不同的国家会根据自身的历史传统、风俗习惯等确定不同的表决方式，根据不同的分类标准，可以分为公开表决和秘密表决、整体表决和部分表决。

①公开表决和秘密表决。所谓公开表决，是指表决者的态度、立场明显可以被外界知晓的表决方式，如无记名公开表决、记名公开表决等。而秘密表决则是指表决者的意思表示不被外界知晓的表决方式，如无记名投票、不记名电子表决器表决等。

②整体表决和部分表决。整体表决是指由表决者对整个法律草案表示赞同、反对或弃权的态度的表决方式。部分表决是指由表决者对法律草案逐条、逐节或逐章表示赞同、反

---

① 参见周旺生：《立法学》（第二版），法律出版社2009年版，第240页。

② 参见徐向华主编：《立法学教程》（第二版），北京大学出版社2017年版，第185页。

③ 参见杨临宏：《立法学：原理、制度与技术》，中国社会科学出版社2016年版，第110页。

④ 参见徐向华主编：《立法学教程》（第二版），北京大学出版社2017年版，第186页。

对或弃权的态度，最后再就整个法案进行表决的表决方式；或者由表决者对法律草案中有争议的部分进行表决，并且对争议部分的表决结果不影响整部法律草案最终命运的表决方式。

对于部分表决的方式，《立法法》第四十一条第二款“法律草案表决稿交付常务委员会会议表决前，委员长会议根据常务委员会会议审议的情况，可以决定将个别意见分歧较大的重要条款提请常务委员会会议单独表决”以及第四十三条“对多部法律中涉及同类事项的个别条款进行修改，一并提出法律案的，经委员长会议决定，可以合并表决，也可以分别表决”的规定均对此进行了确认。

除此之外，《立法法》第四十一条第三款还规定：“单独表决的条款经常务委员会会议表决后，委员长会议根据单独表决的情况，可以决定将法律草案表决稿交付表决，也可以决定暂不付表决，交法律委员会和有关的专门委员会进一步审议。”

2. 通过的原则及规则

通过法案一般采用多数表决原则，即少数服从多数的多数表决制。在我国，对于多数表决的具体操作规则已在多部法律中有所体现。如《宪法》第六十四条规定：“宪法的修改，由全国人民代表大会常务委员会或者五分之一以上的全国人民代表大会代表提议，并由全国人民代表大会以全体代表的三分之二以上的多数通过。法律和其他议案由全国人民代表大会以全体代表的过半数通过。”再如《立法法》第二十四条规定：“法律草案修改稿经各代表团审议，由法律委员会根据各代表团的审议意见进行修改，提出法律草案表决稿，由主席团提请大会全体会议表决，由全体代表的过半数通过。”第四十一条第一款规定：“法律草案修改稿经常务委员会会议审议，由法律委员会根据常务委员会组成人员的审议意见进行修改，提出法律草案表决稿，由委员长会议提请常务委员会全体会议表决，由常务委员会全体组成人员的过半数通过。”《全国人民代表大会议事规则》第四条规定：“全国人民代表大会会议有三分之二以上的代表出席，始得举行。”第五十二条规定：“大会全体会议表决议案，由全体代表的过半数通过。宪法的修改，由全体代表的三分之二以上的多数通过。”《全国人民代表大会常务委员会议事规则》（2009）第三十二条规定：“表决议案由常务委员会全体组成人员的过半数通过。”

在表决通过法案后，要宣布表决结果，如《全国人民代表大会议事规则》第五十二条规定：“表决结果由会议主持人当场宣布。”《全国人民代表大会常务委员会议事规则》（2009）第三十二条规定：“表决结果由会议主持人当场宣布。”

3. 对法案通过后的制约

大多数国家的立法草案一经表决通过即转入立法程序的公布环节，但有些国家还规定了草案通过后的制约制度。对我国而言，则主要体现在地方性法规以及自治条例和单行条例的表决制定程序，集中体现于《立法法》第七十二条第二款[①]以及第七十五条第一款[②]的有关规定。

### 三、表决和通过法案的意义

作为立法活动的第三道程序，表决法案和通过法案是多数民主政治原则最直接的体现，是决定立法草案能够获得立法机关的通过而最终上升为法最重要的阶段，是立法阶段会议的“出口”。[③]

## 第五节 立法程序的第四阶段：公布法律

### 一、公布法律的含义和意义

法案经立法机关通过后即成为法律，但此时并不意味着法律业已生效，还需要公布法律的环节。公布法律是指将立法机关通过的法律用一定方式和形式公之于众。[④] 法律只有向社会公布才能发生法律效力，未经公布的法律不能生效，这也是现代法治理念的基本要求。可见，公布法律也是立法程序的重要阶段。

公布法律是立法程序中具有独立地位与重要价值的活动，从立法程序的完成阶段看，作为立法过程中的第四阶段，公布法律是法生效的必要步骤，也是立法草案变为生效法律的关键性飞跃，通过的草案如果不按法定时间、步骤以及必要形式予以公布，该法律仍旧不具有法律约束力，无法规范和调整人们的行为和一定社会关系，无法实现立法的目的与价值。

而从成文法公布意义上看，由于未按照法定形式公布的任何法律文件或条文都不具有约束力，使得掌权者不能随意创制法律，同时这也有利于保护公民权利。可以说，公布法律的立法程序的完善，是一个法治国家的重要标志之一。

### 二、公布法律的要求

公布法律具有一定的期限、方式以及特定的文字要求，具体如下：

---

① 《立法法》第七十二条第二款：“设区的市的人民代表大会及其常务委员会根据本市的具体情况和实际需要，在不同宪法、法律、行政法规和本省、自治区的地方性法规相抵触的前提下，可以对城乡建设与管理、环境保护、历史文化保护等方面的事项制定地方性法规，法律对设区的市制定地方性法规的事项另有规定的，从其规定。设区的市的地方性法规须报省、自治区的人民代表大会常务委员会批准后施行。省、自治区的人民代表大会常务委员会对报请批准的地方性法规，应当对其合法性进行审查，同宪法、法律、行政法规和本省、自治区的地方性法规不抵触的，应当在四个月内予以批准。”

② 《立法法》第七十五条第一款：“民族自治地方的人民代表大会有权依照当地民族的政治、经济和文化的特点，制定自治条例和单行条例。自治区的自治条例和单行条例，报全国人民代表大会常务委员会批准后生效。自治州、自治县的自治条例和单行条例，报省、自治区、直辖市的人民代表大会常务委员会批准后生效。”

③ 参见徐向华主编：《立法学教程》（第二版），北京大学出版社 2017 年版，第 185 页。

④ 参见朱力宇、叶传星主编：《立法学》（第四版），中国人民大学出版社 2015 年版，第 131 页。

1. 文字

对于一些多民族、多语种的国家，法律或惯例一般规定要用多种文字同时公布，如新加坡、瑞士、南斯拉夫以及罗马尼亚等。在我国“一国两制”框架下，《香港基本法》和《澳门基本法》在公布中文版的同时，也颁布了外文版（香港为英文，澳门为葡文）。两部基本法均明文规定特别行政区的行政机关、立法机关和司法机关，除使用中文外，还可使用外文，外文也是正式语言。

2. 方式

法的公布方式和渠道是否得当直接关系到民众对其的知悉程度，[①] 进而影响到其实际规范效果。就我国而言，对于全国人民代表大会及其常务委员会通过的法律，《立法法》第二十五条和第四十四条进行了规定，即采用由国家主席签署主席令的方式予以公布。据此，公布法律（狭义的法律）采用主席令的方式公布于特定的载体上，即《全国人民代表大会常务委员会公报》以及全国范围内公开发行的报纸上，且以《全国人民代表大会常务委员会公报》所载文本为准。

对于地方性法规以及自治条例和单行条例的公布方式则主要通过《立法法》第七十八条予以分别规定，即省、自治区、直辖市的人民代表大会制定的地方性法规由大会主席团发布公告予以公布。而省、自治区、直辖市的人民代表大会常务委员会制定的地方性法规由常务委员会发布公告予以公布。对于设区的市、自治州的人民代表大会及其常务委员会制定的地方性法规，则报经批准后，由设区的市、自治州的人民代表大会常务委员会发布公告予以公布。而自治条例和单行条例报经批准后，则分别由自治区、自治州、自治县的人民代表大会常务委员会发布公告予以公布。据此，地方性法规、自治条例以及单行条例则通过地方主席团或常务委员会公告的形式公布在特定载体，一般为本级人民代表大会常务委员会公报或本行政区范围内公开发行的报纸，且以本级人民代表大会常务委员会公报的文本为准。

3. 期限

（1）公布法的期限。

有些国家在宪法或宪法性法律中明文规定公布权行使主体在公布法时应当遵守的期限，但也有国家未对此作出规定，如我国。[②] 在实践中的一般做法为，在通过法后的当日或间隔数日公布。

（2）法生效的期限。

法的公布与生效密切相关但又有所区别，法的生效时间存在着等同或滞后法公布时间的不同情况，具体而言，大致分为三种情形：

①法本身明确规定了生效时间。

②法本身没有规定其生效时间，而由宪法或宪法性法律统一规定法公布后生效的一定期限。

③法公布后，按一国特定地方离公布地的远近推算出不同的到达期限，从而计算出已

---

① 参见徐向华主编：《立法学教程》（第二版），北京大学出版社 2017 年版，第 194 页。

② 参见徐向华主编：《立法学教程》（第二版），北京大学出版社 2017 年版，第 194 页。

经公布的法在该地具体的生效时间，这种方法一般适用于幅员辽阔但交通不便、技术欠缺的国家。

我国没有对法的生效时间做出统一的明文规定，但实践中一般是根据某法律的具体性质和实际需要来确定。[①] 有的自公布之日起生效，如《中华人民共和国国家安全法》；有的由该法律自身规定生效日期，如2020年5月通过的《中华人民共和国民法典》明确规定自2021年1月1日起施行；也有的规定在该法律公布后经过一定时期才生效，如我国于1986年通过的《中华人民共和国企业破产法（试行）》明确规定："本法自全民所有制工业企业法实施满三个月之日起试行，试行的具体部署和步骤由国务院规定。"

① 参见徐向华主编：《立法学教程》（第二版），北京大学出版社2017年版，第195页。

# 第十一章 立法评估

## 第一节 立法评估概述

### 一、立法评估的概念

评估，即评价与估量，是指考察、分析或者判断某类事物的价值、质量、意义、数量、程序或者情状等。[①] 对于具体的评估活动而言，是指借助一定的标准、程序和方法，由一定的组织或个人对评估客体的价值大小或高低、趋势或发展的评价、判断、预测的活动，是人们认识、把握事物或活动的价值或规律的行为。[②] 学界对立法评估的研究尚处于初级阶段，许多基本原理并未清晰展现，以至于许多立法学教材鲜有“立法评估”这一部分的介绍。实际上，立法评估作为《立法法》明确规定的在立法工作中的重要任务，业已在提升立法的民主性和科学性方面发挥了重要的作用。可以说，立法评估是“二次立法”，是法律规范与时俱进的“推动器”。目前，学界对于立法评估的概念界定，比较具有代表性的观点主要有两种。

第一，立法后评估说。立法后评估强调立法评估是在立法后进行的评估活动。这一观点又分为以下四种：①立法评价论，主张立法评估是指法律实施一定时间后对法律的功能作用、实施效果的评论估价和在此基础上对整个立法质量和价值的评价。[③] ②立法过程论，主张立法进行后即需要对法律法规进行立法后评估。[④] ③立法监督论，主张立法评估是对法律、法规、规章的合法性予以评估，是一种立法监督，特别是自我监督。[⑤] ④立法完善论，主张立法后评估是一种进一步完善的手段。[⑥]

第二，全立法阶段评估说。该观点主张立法评估是指具有立法权的国家机关，借助一定的标准、程序和方法，对将要拟定、已经拟定的或者已生效的法律、法规、规章的价

---

① 参见王同亿编：《中华字典》，三环出版社 1990 年版，第 777 页。

② 参见许安标：《立法后评估初探》，《中国人大》2007 年第 8 期。

③ 参见周旺生、张建华主编：《立法技术手册》，中国法制出版社 1999 年版，第 499 页；陈洪江主编：《地方立法简本》，天津人民出版社 2007 年版，第 303 页；张禹：《立法后评估主体制度刍议——以地方行政立法后评估为范本》，《行政法学研究》2008 年第 3 期。

④ 参见席涛：《立法评估：评估什么和如何评估——以中国立法评估为例》，《政法论坛》2012 年第 5 期。

⑤ 参见郑文金：《立法后评估探讨——全国人民代表大会常务委员会立法后评估研讨会观点综述》，《理论探讨》2008 年第 9 期。

⑥ 参见童海保：《试论构建我国立法效果评估制度》，《江淮法治》2006 年第 13 期。

值、发展和效果进行综合评价、判断和预测，提出制定、废止、修改等评估意见的活动。①

立法工作是一个需要全程跟踪和评估的活动，任何环节的疏漏都会导致立法工作的终止或者质量的下降。全立法阶段评估说涵盖了立法评估制度的整个过程，对主体、对象、标准以及结果都进行了阐述，是比较系统且全面的概念界定，因此，我们赞同此种观点。同时，在立法工作中，立法评估与立法预测是一对紧密相连的活动。一般而言，立法评估包含立法预测，前者侧重于全立法阶段的过程价值评估，后者侧重于对是否需要立法的一种评估。立法预测相当于下文立法评估中的第一个环节——立法前评估。

## 二、立法评估的分类

对立法评估进行分类，有利于科学、有效地认识立法评估，发挥立法评估制度在立法各个环节中的作用。按照评估的时间节点不同，可将立法评估分为立法前评估、立法表决前评估以及立法后评估。

1. 立法前评估

立法前评估是指具有立法权的国家机关，借助一定的标准、程序和方法，对将要拟定的立法项目就其必要性和可行性等进行综合评价、判断和预测，提出是否应当列入立法计划和立法规划等评估意见的活动。例如，2017 年，全国人民代表大会常务委员会法制工作委员会邀请全国人民代表大会代表、测绘领域专家、地理信息企业、省市测管部门等方面的代表，就《测绘法（修订草案)》各项制度的可行性、出台时机、实施后的社会效果及实施中可能出现的问题进行评估。目前看来，实践中较少要求专门就立法项目开展立法前评估，但是在具体的立法计划和规划编制过程中，均有要求立法机关就立法项目的必要性和可行性进行说明，这实际上也是一种立法前评估的具体形式。

立法前评估主要有以下几个特点：①立法前评估的时点是在立法项目正式开始之前；②立法前评估主要是对立法项目的必要性和可行性进行评估，对立法项目是否当立、何时立以及如何立的问题进行评估；③立法前评估的结果将会影响到立法项目是否要纳入到立法计划和规划中。立法前评估的时点卡在了立法项目开始之前，有利于将不必要、不适时的项目排除过滤，为提高立法质量把好第一关。

2. 立法表决前评估

立法表决前评估也称为立法中评估，是指具有立法权的国家机关，借助一定的标准、程序和方法，对已经拟定的法律规范的草案的价值、发展和效果进行综合评价、判断和预测，提出是否予以表决通过等评估意见的活动。例如，按照《广东省人民代表大会常务委员会立法评估工作规定（试行)》的有关规定，从2013 年开始，广东省人大常委会的立法项目都要经过中山大学、暨南大学等地方立法研究评估与咨询服务基地或者其他具备评估能力的科研机构、中介组织、行业协会的表决前评估，才能进行表决。立法表决前评估有利于对立法内容进行“质量上”的检查，避免出现内容不合法不合理以及部门利益立法化等问题。

立法表决前评估的特点有：①立法表决前评估的时点是在立法项目启动后，已形成立

① 参见石佑启、朱最新主编：《地方立法学》，广东教育出版社 2015 年版，第 203 页。

法草案，在草案表决通过前进行评估；②立法表决前评估的对象是立法草案；③立法表决前评估主要是围绕草案的合法性、合理性、必要性和可操作性展开，特别要论证评估草案出台的时机、能否达到立法效果以及实施中可能出现的问题等内容；④立法表决前评估的结果可以作为立法机关是否审议通过的参考。

3. 立法后评估

立法后评估是我国立法评估制度的主要形式。立法后评估，是指具有国家立法权的国家机关，在法律规范实施一定时间后，借助一定的标准、程序和方法，对该法律规范的价值、发展和效果进行综合评价、判断，提出修改、废止等评估意见的活动。在立法实践中，立法后评估比较常见，比如全国人民代表大会常务委员会法制工作委员会于2010年对《中华人民共和国科学技术进步法》（以下简称《科学技术进步法》）和《中华人民共和国农业机械化促进法》（以下简称《农业机械化促进法》）立法后的实施情况进行评估。立法后评估是对立法的整体评价，对其所产生的社会效果以及法律本身进行评估，对科学立法以及提高立法质量具有促进作用。

立法后评估的特点有：①立法后评估的时点在法律规范已经生效且已经实施了一定的时间之后；②立法后评估的内容不仅包括法律规范本身还包括具体的实施效果等；③立法后评估的结果是法律规范废改的重要参考条件。

## 三、立法评估的功能与原则

1. 立法评估的功能

一项制度的存在必然会有其存在理由，也唯有这项制度能带来一定的有利作用才有长存的依据。因此，立法评估制度作为立法制度的重要组成部分，主要有以下几个具体的功能：

（1）规范立法权的行使。

立法权本质上是一项“权力”，对于权力的行使必然要有监督才能规范权力不被滥用，尤其是立法权，其影响是辐射在社会里的每一个人的身上的，对其权力的行使应当更为谨慎。立法评估制度贯穿了立法活动的开始前到立法实施后，在这个过程中，通过立法评估可以对权力的行使进行控制，从而规范立法权的行使，保障立法权的依法行使。

（2）保障立法的实效性。

法的实效性即法的实际有效性，是指具有法律效力的制定法在实际社会生活中被执行、使用、遵守的情况。检验一项立法是否具有实效性最直接有效的方式就是立法评估。通过立法评估，考察立法的实效性，将那些可操作性差、难以达到立法目的的条款排除出去，以降低立法的执行成本并提高公民对法律的遵守程度，最大限度地保障立法的实效性。

（3）提高立法质量。

立法评估是检验和提高立法质量，推动科学立法进而完善法律体系的一个重要方式。通过立法评估可以为制定、修改、完善立法工作提供强有力的借鉴和参考依据，有利于进一步加强和改进立法工作，不断提高立法质量，达到科学立法的目标，促进法律制度的有效实施。正如有的学者所言，立法评估既是科学立法的动力，又是科学立法的有效途径。

通过建立和完善规范化、长效化的立法效果评估制度，可以不断促进立法工作科学化，不断提高立法质量。①

2. 立法评估的原则

立法评估的原则是指评估主体在进行评估时所必须遵循的，贯穿于立法评估全过程、最基本的法律准则和法律精神。② 把握立法评估的基本原则，才能更好地开展立法评估工作，发挥立法评估至关重要的作用。

（1）合法原则。

合法原则是立法评估的基本要求，也是依法治国、建设法治政府的基本要求。一方面，立法评估的主体和权限应当合法。立法评估的主体和权限必须依据法律的规定来确定，必须是经法律规定确定的评估主体，且评估主体的评估权限也必须由法律规定，不得滥用。另一方面，立法评估的程序、内容、标准、对象等具体评估内容也都要遵循合法原则，只有整个立法评估制度都符合合法原则的要求，才能保障其所得出的评估结果具有真实性和合法性。

（2）客观公平原则。

立法的好坏与否不能以立法者的自我评价为准，也不能以执法者和司法者的评价为准。因此，立法评估必须坚持客观公正的原则，唯有保持立法评估的中立性，才能真正地体现立法评估制度的价值。具体而言包括两个方面的内容，一方面，评估主体的主观意志要客观公平，要求评估主体要处于中立的位置对立法进行客观公正的分析评价。另一方面，在评估的过程当中要客观公平地评价立法制度和立法内容，要将特定的社会环境和历史背景融入评估。

（3）科学规范原则。

立法评估要坚持科学规范的原则，对评估工作坚持科学严谨的态度，采取科学规范的评估方法，得出科学的评估结论。具体而言，评估主体在评估的过程中，采用科学、规范的方法，将定性分析与定量分析相结合，通过文献研究、实地调研、问卷调查等方式收集大量信息资料，并运用专业工具进行数据分析，以此为基础作出科学的评估结论。

（4）公开透明原则。

公开透明原则是从公众参与原则引申出来的原则，为了保障公众参与权，就必须做到公开透明，公开透明是公众参与权的前提。公开透明原则体现在将立法评估的全过程进行公开，具体表现为公开以下几项内容：①公开立法评估的具体方案，方案当中应当包含立法评估的目的、主体、对象、方法和标准等；②公开立法评估的实施过程，每一个步骤都应当向社会公开；③公开立法评估的结果。

（5）公众参与原则。

立法评估必须坚持公众参与原则。公众作为法律规范的适用人，应当是对立法评估最有发言权的人，因此坚持公众参与原则有利于民意的表达，从而达到民主立法的目的。在立法评估活动中，要坚持社会公众参与和法律制度密切相关者参与相结合。注重公众参

---

① 参见阮荣祥等主编：《地方立法的理论与实践》，社会科学文献出版社 2008 年版，第 433 页。

② 参见石佑启、朱最新主编：《地方立法学》，广东教育出版社 2015 年版，第 215 页。

与，通过媒体发布消息，引导企业、科研机构、高等院校、科研人员及社会公众广泛参与立法评估工作。

（6）注重实效原则。

立法评估的实效原则是指要把评估工作作为提高立法质量的出发点和落脚点，要敢于发现问题、解决问题，对法律规范提出具体的修改意见和建议，使评估的结论成为法律规范今后立法的参考。① 在具体的评估工作中，要坚持将切实了解情况与问题和提出针对性的评估建议相结合，从实际评估需要出发，紧紧围绕评估目的设计不同的评估方案，在认真研究评估结论和充分征求各方面意见的基础上，针对评估发现的问题提出相应建议。

## 第二节　立法评估的主体与对象

### 一、立法评估的主体

立法评估制度首先要明确立法评估的主体。所谓立法评估主体，是指在立法评估法律关系中享有权利和承担义务的组织和个人。② 从理论上来说，立法评估的主体应当是享有立法权的立法机关，由享有立法权的立法机关启动立法评估的程序，但在具体的立法评估活动中，立法评估的实施主体并不仅仅是立法机关，主要包括立法评估的实施主体和立法评估的参与主体。

1. 立法评估的实施主体

立法评估的实施主体是指有权实施立法评估的组织。③ 目前，纵观实践中的立法评估，立法评估的实施主体主要有以下三类：

（1）由制定机关实施立法评估，也称内部评估。一般而言，由法律规范的制定机关作为立法评估的实施主体时，并不会由制定机关直接实施评估活动，而是由它的工作机构担任评估实施主体。例如，2015 年 7 月，延边朝鲜族自治州人大常委会在对《延边朝鲜族自治州促进专业农场发展条例》实施立法评估时，立法评估组由延边朝鲜族自治州人大法制委员会、农业与农村委员会和延边朝鲜族自治州政府法制办、农委组成。这种模式的优点就在于制定机关对于立法的背景、意图和目的等具有更深的了解，且其关于立法工作的专业性也是比较强的。但是，由法律规范的制定机关作为立法评估实施主体就违背了自然正义原则，其得出的结论有可能显失公正。

（2）由法律规范的实施机关实施立法评估。由实施机关进行评估实际上也属于内部评估的一种，实践中，以杭州市立法评估为例，其评估主体之一就是实施机关。这种模式下实施机关能及时发现实施过程中出现的问题，更为了解法律规范的执行情况。但同样地，实施机关在评估过程中会带有部门利益色彩，其评估结果也难以做到完全的客观和公正。

---

① 参见史建三主编：《地方立法后评估的理论与实践》，法律出版社 2012 年版，第 50 页。

② 参见石佑启、朱最新主编：《地方立法学》，广东教育出版社 2015 年版，第 220 页。

③ 参见石佑启、朱最新主编：《地方立法学》，广东教育出版社 2015 年版，第 220 页。

（3）由独立第三方实施立法评估。例如原文化部（现为文化和旅游部）于2016年组织开展《非物质文化遗产法》的贯彻落实情况检查，并委托中国非物质文化遗产保护中心对该法贯彻落实情况进行评估。在这种模式下，一般是由立法机关作为立法评估的启动机关和监督机关，由其委托没有利害关系的独立第三方来实施评估工作。这个独立第三方可以是专家学者，也可以是高校、科研所或者相关的社会组织等。这种模式下由于第三方是处于独立且中立的地位，有利于保障评估结果的公正性和客观性。但是，其缺点就在于第三方所掌握的信息不一定是全面且真实的，在一定程度上会影响评估报告的真实性，从而削弱评估的价值。

2. 立法评估的参与主体

立法评估的参与主体是指立法评估实施主体之外，参与到立法评估过程中，对立法评估结果产生一定影响的组织或者个人，是立法评估法律关系中与立法评估实施主体相对应的重要一方当事人。[①] 立法评估的参与主体应当是相当广泛的，根据公众参与和公开透明的原则，利害关系人、相关国家机关、专家、公众、社会组织、企事业单位等均有权参与到立法评估中，发表自己的意见。

我国的立法评估的实施主体和参与主体都尚未有明确的规定，在实践中也尚未形成共识。就目前来看，我们可以探索一种由立法机关主导，法律规范的实施机关配合，专业评估机构规范操作以及公众广泛参与相结合的模式，对立法进行全面的评估。

## 二、立法评估的对象

立法评估对象的选择对立法评估制度具有重大的意义。在实践中，立法评估的对象会根据立法评估的不同类型而有所不同。

1. 立法前评估的对象

立法前评估的主要目的就在于确定该立法项目是否可以进入立法程序，[②] 其作用就在于守好立法质量的入口，从而节约立法资源。具体而言，立法前评估的对象并没有一个明确的法案实体本身，而是针对立法项目的一种综合分析，因此，立法前评估的具体内容就包括了立法项目的必要性、可行性、合法性以及所要解决的问题和产生的影响等几个方面。

2. 立法表决前评估的对象

处于立法表决前的立法项目已经形成了立法的草案，因此，立法表决前评估的对象就是该立法草案。从国外经验来看，政府提交议会审议的每个法律草案都必须有一个影响评估报告。[③] 具体而言，立法表决前的评估内容应当包括以下几点：①立法草案的合法性，一方面，立法主体的立法权限、立法程序等是否符合法律规定；另一方面，草案的内容是否符合法律规定。②立法草案的可操作性或者可执行性，草案所规定的制度、规则等是否符合现实的需要，是否可以具体落实制度内容。③立法草案具体制度的影响，要对草案所

① 参见石佑启、朱最新主编：《地方立法学》，广东教育出版社2015年版，第220页。

② 参见俞荣根：《地方立法前质量评价指标体系研究》，《法治研究》2013年第5期。

③ 参见徐平：《国外立法评估的启示》，《人民论坛》2010年第11期。

设计的具体制度内容实施后所带来的影响进行预测评估。④立法草案的规范性。对立法草案的立法语言技术进行评估。

3. 立法后评估的对象

立法后评估是目前立法实践中最为常见的评估类型，显而易见，立法后评估的对象是围绕着已实施的法律规范展开的。具体而言，立法后评估的对象主要有以下几种类型：

（1）法整体的评估，即将法律规范作为一个整体，考察评估该法律规范在实施后所产生的影响的一种评估类型。例如对《非物质文化遗产法》的评估就是属于对整部法律的实施情况的评估。

（2）对单个法律条文的评估，也就是只针对法律条文中的某一单个的法律条文的实施情况进行评估，例如全国人民代表大会常务委员会对《科学技术进步法》的评估就是针对该法第二十条和第三十三条进行的立法后评估。

（3）对某项法律制度的评估，也即对法律规范当中规定的某项具体法律制度的实施效果的评估，例如国土资源部曾就矿产权出让制度、招标拍卖挂牌出让、国有建设用地使用权制度进行立法后评估。[①]

（4）法的总体性评估，即出于整理和清理法体系的目的，对整个法体系进行评估。例如1987年第六届全国人民代表大会常务委员会通过《关于批准法制工作委员会关于对1987年底以前颁布的法律进行清理的情况和意见的报告的决定》。

对于立法后评估，其主要的评估内容有两个方面。一是法律规范实施后对社会、经济等产生的影响，例如是否实现了立法的目的，保障了社会的平稳有序发展，是否有促进经济的增长等。二是法律规范在实施过程中所产生的问题，要对问题进行分析，究竟是条文本身设置就存在问题还是由于时代快速发展，原本的条文已经不再适应新情况，对此进行原因分析后，再提出具体的完善意见。

## 第三节 立法评估的标准与方法

### 一、立法评估的标准

立法评估标准的设立是立法评估工作的起点，也是立法评估得以顺利进行的基本前提。[②] 并且，立法评估标准设置的科学性会影响评估结果的科学性和客观性，因此，立法评估标准的设置极其重要。

1. 合法性标准

法律规范最重要的特点就是要合法，因此，合法性标准是立法评估的首要标准。具体而言，合法性标准主要有以下三个具体内容：

（1）立法的主体和权限是否合法。即立法的主体是否是《宪法》和《立法法》规定

---

① 参见石佑启、朱最新主编：《地方立法学》，广东教育出版社2015年版，第227页。

② 参见史建三主编：《地方立法后评估的理论与实践》，法律出版社2012年版，第84页。

的享有立法权的主体，其立法权的行使是否超越《宪法》和《立法法》所规定的权限范围。例如，对于《立法法》第八条和第九条规定的国家专属立法权事项，其立法权只能由国家立法机关行使。

（2）立法内容是否合法。立法内容是指法定权利和义务的设定，法律规范的内容是否合法是影响立法质量的关键因素之一。分析立法内容是否合法可以从两个方面分析，一方面，立法的内容是否违背立法的基本精神和基本原则，是否有违立法的目的；另一方面，在对行政法规、规章和地方性法规进行评估时还要考虑立法内容是否有违背上位法的规定。

（3）立法程序是否合法。目前，《立法法》和《规章制定程序条例》已经为立法的程序设置了规范性的标准，各地在实践中也对立法程序进行了规范性的规定。因此，在对法律规范进行合法性评估时，也必须考虑其立法程序是否严格按照法律规定进行。

2. 实效性标准

立法评估的实效性是指立法实施所取得的效果能否达到立法预期的目的或目标，能否解决实际问题。在立法前和立法表决前的评估中，评估的实效性旨在分析立法所可能产生的效果，对其进行科学性的预测和分析。而对于立法后的评估则要分析立法已经实际产生的效果。

在实效性标准之下还有一个子标准，即必要性标准，又称比例性标准。所谓必要性标准即是判断该方案是否是没有其他更好方案之下的选择。[①] 例如，要判断一个立法项目是否具有必要性，可以分析现有的法律规范和现有的制度能否发挥其作用从而解决问题，又或者能否通过其他手段解决问题等，通过这些分析来判断立法是否有必要。

3. 规范性标准

立法活动本身就是一项极具专业性和技术性的活动，而立法的规范性对立法质量也有着直接的影响。立法评估的规范性标准主要包括以下几个方面的内容：

（1）立法语言的技术性。立法语言的表述具有技术性，要求立法语言必须严谨、准确，避免出现法律条文前后表达不一致、表述不准确或者歧义的情况。

（2）立法的体系结构。任何一部法律规范要能系统、完整、全面地表述立法者的意志内容，反映现实社会关系要求，就必须具有一定的体系结构。[②] 立法评估在评估时要看其结构安排是否规范，因此，法律规范要严格按照章、节、条、款、目的体系结构进行规定，对于总则与分则的内容也要层次分明。

（3）立法的逻辑结构。逻辑结构的完整性和严密性是立法质量的重要体现，若法律规范要获得良好的实施效果，就必须确保其逻辑结构的严密性，因此，在进行立法评估时要重点考察条文前后表述的逻辑严密与否、条款内在逻辑严密与否等问题。

4. 可操作性标准

可操作性是指执法机关能否依据法律规范所设定的各项制度措施在社会生活中实现立法目的以及实现的效果问题，具体包括各项制度是否切实可行，能否解决行政管理中的具

---

① 参见石佑启、朱最新主编：《地方立法学》，广东教育出版社2015年版，第234页。

② 参见石佑启、朱最新主编：《地方立法学》，广东教育出版社2015年版，第237页。

体问题，各项措施是否高效、便民，程序是否简便、易于操作等。① 在具体的评估活动中，可操作性标准可以有不同的内容和体现，但从整体上来看，可操作性标准应当包含配套制度是否完备、管理职责划分是否明确、是否有针对性地解决问题、是否不易执法或者无法执法以及守法者的可接受程度等内容。

## 二、立法评估的方法

立法评估方法是指立法评估实施主体收集相关数据和资料，并对评估标准进行分析，从而得出评估结论的途径、工具、技术和方法。② 立法评估方法的采取可以为评估结论的形成提供科学、客观的依据。在实践中，立法评估所采取的方法是多样的，但总体而言主要有以下六类：

（1）文献分析法。通过多渠道收集相关资料，查阅和研究立法档案资料，梳理有关制度的立法背景和立法宗旨，了解立法背景和立法目的，把握立法原意。

（2）听证会、座谈会。通过听证会和座谈会的形式，扩大公众参与的力度，听取守法者和专家的意见，有利于从多个角度了解立法情况，从而促进民主立法的进程。

（3）专家论证。通过专家论证的方式，多角度、多维度地评估法律制度设计的合法性、合理性和可行性，为立法质量提供科学保障。

（4）问卷调查。针对不同的调查对象，设计不同的调查问卷，征集多方意见，有利于全面、系统地了解立法情况。

（5）实地调研。立法评估实施主体通过实地调研，切身体验法律规范的实际情况，对立法有更加清晰和客观的认识，进而形成客观的调研报告，对评估结果起参考作用。

（6）成本效益分析。在做了一系列的前期工作，即通过文献研究、问卷调查、实地调研、情况报告、实例分析等方法了解立法的基本情况之后，通过成本效益分析的方法对法律规范的实施绩效进行分析，评价法律制度和措施的设计是否合理，是否可行，是否有针对性，从而全面准确地把握法律运行中的问题。

# 第四节 我国立法评估制度概况

立法评估是立法过程中相当重要的一环，从我国目前的实践情况看来，立法评估制度的建立与完善经历了较为漫长的过程。我国立法评估实践肇始于安徽。1999 年，安徽省人民政府率先开展了地方立法评估活动。尔后，山东、北京、上海、江西、海南等地也先后开展了地方立法评估活动。中央层面的立法评估制度首见于《中华人民共和国行政许可法》（以下简称《行政许可法》），《行政许可法》（2003）第二十条规定：“行政许可的设定机关应当定期对其设定的行政许可进行评价；……行政许可的实施机关可以对已设定的行政许可的实施情况及存在的必要性适时进行评价，并将意见报告该行政许可的设定机

① 参见史建三主编：《地方立法后评估的理论与实践》，法律出版社 2012 年版，第 96 页。

② 参见石佑启、朱最新主编：《地方立法学》，广东教育出版社 2015 年版，第 240 页。

关。”从实质上来说，行政许可只能由享有立法权的国家机关通过制定法律规范文件的方式来规定，也就是说，行政许可的设定实际上属于立法的内容之一，那么，《行政许可法》(2003) 第二十条所规定的对行政许可进行评价的行为实际上就是一种立法评估行为，且属于立法后的评估，对行政许可的评估内容就包括了实施的情况以及存在的必要性。

2004 年，国务院发布《全面推进依法行政实施纲要》，该纲要第 17 点指出：“要积极探索对政府立法项目尤其是经济立法项目的成本效益分析制度。政府立法不仅要考虑立法过程成本，还要研究其实施后的执法成本和社会成本。”这一要求为我国的立法评估制度指明了总体方向，即要对政府的立法进行成本效益分析，包括立法前和立法后两方面。这种立法的成本效益分析制度实质上是指向立法评估制度的，成本效益分析可以是立法评估制度当中的一项重要内容。如果说第 17 点要求尚未明确建立立法评估制度，那么该纲要第 18 点就明确建立了规章的立法后评估制度，该点要求：“规章、规范性文件施行后，制定机关、实施机关应当定期对其实施情况进行评估。实施机关应当将评估意见报告制定机关；制定机关要定期对规章、规范性文件进行清理。”截至此时，立法评估制度只是在规章制定和行政许可设定当中出现，其立法评估的对象是相当有限的，立法评估制度的实施仍然缺乏具体的制度安排，无法形成制度化和体系化的立法评估制度。

2008 年，第十一届全国人民代表大会常务委员会首次提出立法评估，紧接着在《全国人民代表大会常务委员会 2010 年工作要点》中正式启动立法后评估试点，规定：“结合常务委员会执法检查中发现的问题和法律实施中出现的新情况新问题，有针对性地选择一到两件事关群众切身利益的法律，开展立法后评估试点工作，探索建立立法后评估工作机制。”2010 年，全国人民代表大会常务委员会法制工作委员会根据关于立法后评估试点工作的要求，对《科学技术进步法》和《农业机械化促进法》的有关制度开展立法后评估，2011 年，全国人民代表大会常务委员会审议了评估报告，并将评估报告向社会公开。这是全国人民代表大会常务委员会第一次审议立法后评估报告，但此次的评估试点工作只是针对法律当中的某项制度内容，其评估的对象是有限定性的。此次评估活动为我国立法评估制度的建立积累了丰富的实践经验。

2015 年修改后的《立法法》第三十九条规定：“拟提请常务委员会会议审议通过的法律案，在法律委员会提出审议结果报告前，常务委员会工作机构可以对法律草案中主要制度规范的可行性、法律出台时机、法律实施的社会效果和可能出现的问题等进行评估。评估情况由法律委员会在审议结果报告中予以说明。”第六十三条规定：“全国人民代表大会有关的专门委员会、常务委员会工作机构可以组织对有关法律或者法律中有关规定进行立法后评估。评估情况应当向常务委员会报告。”由此，立法评估制度在我国正式建立。值得注意的是，《立法法》中规定的立法评估制度明确包括表决前评估和立法后评估。同时，从这些条文可以看出，我国立法制度的构建仍处于一种探索的状态，对于立法评估的具体制度构建，例如立法评估的标准、方法、原则、结果的运用等内容仍然是缺失的。①

① 在地方上，不少省份对立法评估的标准进行了界定。如《广东省政府规章立法后评估规定》中规定立法后评估的标准为合法性、合理性、协调性、可操作性、规范性、实效性六个标准。再如山东省对于地方法规的评估采用的是法理性、地方性法规自身特征、实效性和技术性四个标准。这些经验都值得中央立法借鉴。

2015 年，中共中央、国务院印发了《法治政府建设实施纲要（2015—2020）》，要求定期开展法规规章立法后评估。2017 年修改后的《规章制定程序条例》第三十八条规定："国务院部门，省、自治区、直辖市和设区的市、自治州的人民政府，可以组织对有关规章或者规章中的有关规定进行立法后评估，并把评估结果作为修改、废止有关规章的重要参考。"可见，《规章制定程序条例》（2017）对评估结果的适用进行了明确的规定，进一步完善了我国的立法评估制度，立法评估制度逐步成为一种常态化的制度。

# 第十二章　立法完善

## 第一节　法的修改和补充

### 一、法的修改和补充的概念与特征

1. 法的修改和补充的概念

法的修改和补充是指立法主体对现行法实施变动，使其呈现新面貌的专门活动。立法工程包括了许多方面，除了创设新的法律，还包括修改和补充。要完善法的体系，就必须依靠法的修改和补充。具体来说，法的修改的目的在于通过对现行法内容的修缮来达到立法主体预期的规范作用，而法的补充则在于以原来的法为基础，通过增加新的内容使法更完善，能够解决更多复杂的现实问题。①

根据历史唯物主义的观点，生产力的变化必然对法律完善提出新的要求。法的修改是为了顺应时代和社会发展需要，根据具体情况作出的完善决定。根据新情况，法需要添加新内容，解决新问题。法的完善不仅包括添加新内容，还包括删除不合时宜的内容。法的修改和补充分别从两个方面改变法的原有内容，法的修改是对法的原本内容的调整，法的补充则是在原本内容的基础上添加新的内容。

立法工程的系统性要求法的完善首先要尽可能地保持原有法律系统的完整性，不能由于法的修改和补充而改变法律体系的系统结构。申言之，法的完善的目的是要修补法律体系的不足之处，使之更加完美。如果认为法律体系需要调整，则应该采取立法的方式，产生新的法律，修改原有法律体系的结构。对法进行修改和补充是在保持法律体系稳定性的同时，与时代发展同步，根据社会发展的需要，对法律内容作出调整。当社会情况发生变化时，法律需要适应变化了的社会情况。虽然在立法之初，立法主体可以根据国家的大政方针、各方的立法建议、现实的社会需要等因素，尽可能地制定完善的法律。但是，立法者毕竟不能完全预知未来，难免出现一定的疏漏，造成歧义、矛盾、模糊等问题。此时，就需要相关部门提出法的修改和补充的建议。在新法出台的情况下，旧法就可能需要进行内容调整。高位阶法律的修改，势必影响下位阶法律的内容变动。

2. 法的修改和补充的特征

法的修改和补充同法的制定与废止一样，均属于立法活动的组成部分，具有立法活动

---

① 参见周旺生：《立法学》（第二版），法律出版社2009年版，第499页。

所具有的共同特征，但相比之下又有其独特之处。

（1）独特的目的性。法的修改和补充的目的在于使法趋于完善，其任务是给法律体系带来新的内容，而不同于法的制定的“产生一定的新法”与法的废止的“取消或终止一定的现行法”。①

（2）修改主体的广泛性。法的修改和补充就像法的制定一样，必须由有权机关根据法定程序作出。不同于法的制定，法的修改和补充既可以由该法的制定主体进行修改，也可以由其他相关主体进行修改。例如，对全国人民代表大会制定的法律，在全国人民代表大会闭会期间，可以由全国人民代表大会常务委员会进行修改和补充。同理，地方各级人民代表大会常务委员会也可以对同级人民代表大会制定的法律进行修改和补充。不过，以上这种非原有立法主体修改、补充法律的情况并非常态，只是在特殊情况下的偶然情况。不仅如此，这种非原有立法主体修改、补充法律的权力必须先经过宪法性法律的授权，在法定的授权范围内进行。法的制定主体可能在立法之初，就已经设想到该法可能需要修改，于是在法律原有条文内已经写明可以进行修改、补充的内容及有权进行修改、补充的权力机关。另一种情况是，原本法律文件中并没有写明需要进行修改、补充的内容及有权进行修改、补充的权力机关，但是根据宪法性文件的授权，在面对社会的现实需要时，可以对原有的法律文件进行修改。

（3）严格的程序性。法的修改和补充比法的制定受到的程序性限制更多。这主要是因为，法需要保持足够的稳定性和可预测性。如果法可以随意修改或补充，显然就会失去稳定性和可预测性，法律的公信力就会受到削弱。因此，法的修改和补充必须受到严格的程序性限制。特别是在非原有立法主体修改、补充法律的情况下，更是如此。首先，非原有立法主体修改、补充法律只能是局部性的。其次，修改、补充的内容只能是原有立法精神的延续，绝不能违背原有立法原则。最后，非原有立法主体修改、补充法律之后必须将相关内容改动的情况报送原有立法主体。

（4）法的修改和补充具有位阶特征。高位阶的立法主体可以修改、补充下位阶的立法主体制定颁布的法律。此类修改虽然不常见，但是仍具有重要意义。与上述修改、补充程序类似，需要遵守相似的程序规定。

## 二、法的修改和补充的要求

法的修改和补充既要及时又要慎重。“及时”有助于使法适应社会发展的需要，保证法律体系的协调一致，消除法律中的弊端，有益于执法、司法、守法的进行；而“慎重”则有助于维护法的权威性，保证法的稳定性与连续性。

法的修改和补充要严格遵守法定制度。对我国立法实践而言，应当认真总结法的修改和补充方面的经验教训，从而形成对修改和补充的权限、程序和必要的限定条件等作出明确规定的较为成熟完备的法定制度。②

同时，法的修改和补充在技术上也应讲求科学化。如，对曾修改或补充过的法进行修

① 参见周旺生：《立法学》（第二版），法律出版社2009年版，第499页。

② 参见周旺生：《立法学》（第二版），法律出版社2009年版，第502页。

改和补充时，应当注明以前各次的修改和补充，并标明公布日期。此外，对法作部分修改和补充时，应当注意保留原有的文体和术语，并尽量使修改和补充的条文与旧条文的风格一致，对于改动的条文和新补充的条文可以进行特别标记。①

## 三、法的修改和补充的方式

1. 直接修改和补充与间接修改和补充

直接修改和补充是指以清晰明了的方式对法的部分内容进行改动。直接修改和补充意味着明确地指出修改和补充的部分，并且需要遵守公开透明的程序。无论是通过专门的方式修改和补充，还是通过全面的方式修改和补充，都属于直接修改和补充。直接修改和补充也是国家立法权力的公开运行方式，便于使人们知道哪些法律被修改，哪些内容是新补充的。间接修改和补充是指通过颁布新的法律法规，间接地对某些法律进行修改和补充。这是因为法律具有新法优于旧法的原则。如果新法和旧法同时涉及某一法律规范，而且两者的规定不同，则默认以新法为准。在制定新法或作出新的解释时，旧法的内容也会受到修改或得到补充。只是这种修改和补充并不是以直接明示的形式公布出来，而是需要我们根据法律常识作出判断。间接修改和补充可以有效减少法的完善的成本、简化程序。如果要求所有的修改和补充只能采取直接修改和补充，那么每次修改和补充都需要不厌其烦地重申所涉及的所有法律条文，势必导致修改和补充的法案长篇累牍。另外，间接修改和补充由于未标明涉及的法律法规，必然容易造成一些误区，导致一些业已废止的法律仍被引用。这对法律工作者和非法律工作者提出了更高的法治知识要求。因此，间接修改和补充虽然不可避免，但是必须谨慎为之。

2. 整体修改和补充与部分修改和补充

整体修改和补充意味着对法的内容进行大范围的改动。这种情况下，立法主体可能通过颁布新的同样名称的法律代替原有的法律。整体修改和补充就像是对原有版本的更新，往往是在原有内容的基础上进行修改和补充，产生新的法律文本，如《宪法》在1982年的修改和补充。整体修改和补充往往顺应了时代和历史发展的需要，与特定的社会条件联系在一起。从法制建设实践来看，整体修改和补充并不常用，常见的是部分修改和补充。部分修改和补充是指对原有法律进行局部性的改动。比如，采取决定、决议、命令等方式，对原有法律进行改动。又比如，规定必须按照该决定办事，而明确否认原有法律条文的效力。再比如，在新颁布的法律中作出某一新的规定，新规定对其他的内容和条文作出修改和补充。

3. 同级修改和补充与差序修改和补充

根据法的完善的权力主体的位阶，可以分为同级修改和补充与差序修改和补充。同级修改和补充意味着由原有立法主体作出修改和补充。虽然同级修改和补充是最为合适的，可以做到制定主体与修改、补充主体的统一，但是法的完善过程显然不都是那么简单。事实上，法的完善包含了立法监督的意味。差序修改和补充意味着修改、补充的主体与原有的立法主体不同，往往是原有立法主体的上位阶立法主体。当上位阶的立法主体认为下位

---

① 参见周旺生：《立法学》（第二版），法律出版社2009年版，第503页。

阶立法主体所立之法存在重要的缺陷或不合时宜，但又不宜直接废止，则上位阶的立法主体可能通过直接或间接修改和补充的方式对原有法律进行改动。例如，全国人民代表大会常务委员会可以改变国务院所制定的行政法规。除了上位阶立法主体对下位阶立法主体的立法监督，下位阶立法主体亦可以对上位阶立法主体所立之法进行适当的、有限范围内的补充和修改。例如，全国人民代表大会闭会期间，全国人民代表大会常务委员会可以对全国人民代表大会制定的法律进行适当的修改和补充。不过，这种修改和补充非常有限，不能超越立法权位阶而实施。总而言之，法的完善以同级修改和补充为主要方式，以差序修改和补充为辅助方式。

## 第二节 法的废止

### 一、法的废止的概念

法的废止是指立法主体依据一定职权和程序，对现行法实施变动，使其失去法的效力的专门活动。①

值得注意的是，法的废止亦是立法的一部分。不能因为“废止”二字，就下意识地把它排除在立法工程之外。每一部法在制定之初就带有一定的立法目的和历史使命。当立法目的和历史使命已经实现，或者由于社会发展，原有的立法目的和历史使命已经退出历史舞台，则该法律就需要废止，需要将其清理出现有的法律体系。应该注意，当我们谈及法律体系时，所指的是现有法律法规组成的整个系统，不包括过去废止的法律和预计将要制定的法律。法的废止是有效之法变为无效之法的过程，把不需要的法清理出法律体系，使法律体系更简洁和清晰。法的废止不是直接添加废止性条款，而是通过宣布原有法条的无效来完善法律体系。法的废止是一种明确的、直接的法的完善方式，它是对法律体系做减法，而不是加法。

法的废止在立法过程中必不可少。社会的发展会对法律提出新的要求，法律只有顺应生产力发展要求，才能促进社会的进步。法律应体现先进生产力的要求，不合时宜的法将束缚生产力的发展。当法不利于生产力发展时，我们需要废止它。当原有的法律关系发生变化，不再需要原有立法的规制，此时，我们亦可以进行法的废止。法的废止有利于法律体系的更新换代，法律体系需要通过法的废止，及时把一些过时的法淘汰掉。社会需要新的法律，提出新的任务，无用之法会阻碍新立法律的社会功效。虽然有新法优于旧法的原则，但是过多的旧法显然容易造成法律体系的混乱。因此，法的制定、修改、补充是从正面推动法的完善，法的废止则是从反面推动法的完善，前后两者都将有助于协调法律体系。这也是辩证唯物主义在立法工作中的具体应用。

---

① 参见周旺生：《立法学》（第二版），法律出版社2009年版，第503页。

## 二、法的废止的要求

法的废止须满足以下三点要求①：

首先，法的废止应及时。及时废止有助于人们区分有效和失效的法，从而避免或减少已过时、不适合调整社会关系需要的法带来的负面作用，不至于为立法、执法、司法、守法带来许多不必要的冲突、麻烦，从而促进新法的贯彻实施和法律体系的协调发展。

其次，法的废止应当法制化。法的废止作为立法活动的一种，理应将其法制化，即采用法的形式明确有权废止法的主体、有权废止何种法、废止法应当遵循的程序等事项。

最后，法的废止应当科学化。对于我国而言，废止法的科学化应当做到：①减少自行废止，增强人为废止；②减少集群性废止，注重经常性废止；③减少模糊性废止，多用明示性废止。

## 三、法的废止的制度

法的废止的主体主要是原来的立法主体，不过也可能包括一些司法机关。法的废止体现了公权力的分权制衡与相互监督的原则。法的废止不仅包括原有立法主体对其所制定的法律的废止，也包括其他立法机关对原先立法主体所制定的法律的废止。举例而言，对于下位阶立法主体制定的法律，上位阶立法主体可以予以废止，以达到立法监督的效果。法的废止需要依据一定的职权而开展，废止法律的职权与相应的主体的资格紧密相连。没有经过法定授权，任何机关都不能随意宣布法的无效。不同层级的法律，有权废止的权力机关也不同。越是高位阶的法律，有权决定废止的权力机关就越有限。越是低位阶的法律，有权决定废止的权力机关就越宽泛。法的废止如同法的制定、修改和补充，也需要经过一定的程序。与法的制定相比较，法的废止的程序显得较为简易。法的废止不需要经过立法预测、立法规划等环节。法的废止在具体的提出、审议、表决、公布等程序上，也表现得比较简易。

## 四、法的废止的方式

与法的废止的程序类似，法的废止的方式也比较简单，主要分为整体废止和部分废止。整体废止意味着某一法律法规整个失去法律效力，部分废止则意味着某一法律法规中的某一些条文失去法律效力。

根据废止程序的启动过程，法的废止可以分为主动废止和被动废止。主动废止是指有权机关根据法定程序对需要废止的法律法规宣告法律效力停止。被动废止是指法律法规因时限、其他法律规定等原因，法律效力被动停止。

在法治实践过程中，法的废止方式将通过多种方式进行。首先是国家法定机关宣布撤销某一法律法规。例如，根据《宪法》的规定，全国人民代表大会有权改变或撤销全国人民代表大会常务委员会不适当的决定。同样地，全国人民代表大会常务委员会也有权撤销

---

① 参见周旺生：《立法学》（第二版），法律出版社2009年版，第506页。

国务院制定的与宪法、法律相抵触的行政法规、地方性法规等。其次是通过颁布新法来废止旧法。新法往往会规定生效日期，并明确表示某些相同类型的法律法规效力停止。即使新法没有特别说明前一相同类型的法律法规效力停止，由于新法与旧法的名称、主要目的相同，所以默认旧法不同于新法的地方，旧法自动废止。这种默认的被动废止法律法规效力的方式在我国的立法实践中逐渐减少，更多的是主动废止旧法的效力的方式。

其他偶然情形包括：第一，由于专门立法活动而导致的法的效力停止的情形。如，2017 年 10 月 1 日起施行的《民法总则》使《民法通则》绝大多数条文的效力自动停止。第二，由于立法目的已经实现或已经没有现实意义，则该法律法规自动停止效力。第三，某一法律法规本身就设定了有效时限，在时限届满的情况下，该法律法规自动失效。

## 第三节　法的清理

### 一、法的清理的概念

法的清理是指有权的国家机关在其职权范围内，以一定的方式，对一国一定范围内所存在的规范性法律文件进行审查，确定它们是否继续适用或是否需要加以变动（如修改、补充或废止等）的专门活动。[①]

法的清理不等于法的废止。法的清理并非意味着必须废止相关的法律法规。事实上，法的清理的核心任务是审查哪些法律法规需要修改、补充或废止。所以，从概念内涵来看，法的清理涵盖了法的废止。法的清理的主要任务是要对现有的法律法规进行一次系统性的研究。法的清理分为两个步骤：第一个步骤是调查研究现有的法律法规的状况，梳理清楚需要修改、补充、废止的法律文件。第二个步骤是展开具体的清理工作，对于不需要变动的法律法规，则保留原状；对于需要废止的法律法规，则根据法定程序进行废止；对于需要进行修改的法律法规，则根据法定程序进行修改；对于需要进行补充的法律法规，则根据法定程序进行补充。

在法的清理的第一个步骤中，主要的任务是研究清楚涉及的法律法规的现实情况，决定所涉及的法律法规的未来走向。第二个步骤则是针对第一个步骤中需要变动的法律法规进行修改、补充、废止。法的清理是完善法律体系的重要工作，它能有效地化解法律制定过程中出现的一些始料未及的问题。由于任何一个国家的法律体系都是庞大复杂的，因此对法律体系进行经常性的清理，有助于及时发现法律体系中不适应社会和时代发展需要的法律法规。法律体系内部的各种法律法规是由不同的时期和不同的立法主体制定的，即使涉及同一规范内容，也可能由非常多而不同的法律法规共同规制。这些不同的法律法规相互之间可能存在重叠、矛盾、抵触的地方，需要集中统一进行清理。改革开放以来，由于经济社会的快速发展和变革，各种形式的法律法规层出不穷，造成一定的混乱局面。因此，法的清理工作具有非常重要的现实意义。

---

① 参见周旺生：《立法学》（第二版），法律出版社 2009 年版，第 507 页。

法的清理为新的立法铺平了道路，积累了宝贵经验。立法工作是一个循序渐进的过程。改革开放以来，大量社会新情况、新问题需要国家制定新法律。由于立法经验不足，这些法律难免存在一定的不足之处。通过法的清理，我们可以积累丰富的立法经验和教训，总结立法的规律。针对立法中存在的优秀经验和失败教训，我们可以吸收好的地方，警惕重蹈覆辙。法的清理是立法工程螺旋式发展的重要环节。只有通过法的清理，我们才能认清楚哪些法律法规需要修改、补充和废止，为进一步的立法奠定基础。可以说，法的清理是立法工作承上启下的一个重要环节。在初步立法的时候，我们可能缺乏对立法效果的准确预见。在法的清理时，我们可以总结立法工作的成果，找出需要进一步立法的地方。法的清理也有助于执法、司法和守法。由于法律体系的庞杂，执法者、司法者和守法者在具体的工作和生活中，无法有效遵照法律法规办事。例如，曾经出现过不同法律法规对同一违法行为均有处罚规定的情形，不仅可能导致不同处罚之间效力冲突，而且涉嫌违背一事不再罚的原则。因此，为了严格执法、司法和守法，法的清理势在必行。

## 二、法的清理的方式

法的清理方式主要包括集中清理、定期清理以及专项清理三种形式。①

1. 集中清理

集中清理是指对较多或一定立法主体在较长时间内所立的各方面的法进行清理。集中清理的优势在于可以一次性解决较多、较大的问题，而其弊病在于以较长甚至很长时间和较大甚至很大范围的法的混乱、矛盾为代价。集中清理一般发生在以下三种情况：①重要的历史转折时期。②法治或法制原本落后，而新的历史时期迫切需要执政者较好地运用法来保障和促进社会发展。③形势发展较快而众多的法不适应迅速变化的形势需要。

2. 定期清理

定期清理是指把法的清理当作一项常规工作，每隔一定时期便进行清理。定期清理的优势在于有助于及时协调法与法之间、法与社会变化和社会需求之间的关系，有助于及时发现和解决问题，避免前述集中清理所导致的弊病。定期清理作为一项常规的法的清理，应当由立法主体将其列入常规的立法工作日程，由专门人员和机构具体操作，也可延聘熟悉法律、法规和其他规范性法律文件的离退休人员协助，避免随意指派人员进行清理。

3. 专项清理

专项清理是指以法的内容或形式为标准的一种法的清理，亦即专门对某种内容的法或某种形式的法进行清理。专项清理的优势在于针对性强，有助于集中时间和力量解决某一方面或某一领域的问题，有助于以法的形式在一定时期达到一定目的。

## 三、法的清理的主体

法的清理需要由享有一定职权的法定部门或者获得授权的专门机关进行。在具体的立法实践中，主要由全国人民代表大会常务委员会辖下的法制工作委员会，或者由全国人民

① 参见周旺生：《立法学》（第二版），法律出版社2009年版，第511页。

代表大会常务委员会或国务院临时成立的专门清理小组来进行法的清理工作。临时清理工作的小组主要是对法律法规进行系统摸排，找出其中需要废止、修改、补充的地方，再交由立法主体进行审查批准。立法主体及其授权的机关应当在职权范围内对法的清理的第一个步骤中搜集到的法律法规进行再次审核，作出最终决定。既不能清理不在自己职权范围或者未经第一个步骤调查研究后的法律法规，也不能忽视法的清理的需要。原则上，谁立法，谁清理。这意味着每个立法主体都只能清理自己所立之法，而不能超越自己的位阶或权限去清理其他立法主体所立之法，除非经过特别授权。上位阶立法主体如果认为下位阶立法主体所立之法不适当，可以责令下位阶立法主体进行法的清理工作，而不能代替下位阶立法主体进行法的清理工作。法的清理工作开始之前，为了提高清理效率，需要先确定清理的范围。如果没有确定清理的范围，势必加重法的清理的主体的工作任务，把不需要清理的法律法规纳入清理范围。

## 四、法的清理的程序

法的清理涉及法的效力问题，不可不严格对待。法的清理必须遵循一定的法定程序和法定形式。其一，由立法主体对其所立之法进行清理。具体来说，立法主体作出法的清理的决定，授权其下属的工作委员会、法制工作机构或专门的临时机构进行法的清理的第一个步骤，拟定法的清理的初步方案，交由立法主体的决策部门作出决定。在清理方案审议通过后，立法机关将予以公布。最后再进行具体的修改、补充、废止。其二，由立法主体下属的工作委员会、法制工作机构或专门的临时机构根据法制现实需要，主动向立法主体提出法的清理的初步方案，经由立法主体审议通过后，予以公布。最后再进行具体的修改、补充、废止。

1. 提出法的清理提案

首先需要确定哪些法需要变动。法的清理提案包括了提出法的清理的原因和法的清理计划方案。法的清理提案是立法主体或其下属负责单位提出的立法议案。法的清理提案的主要对象是立法主体所立之法，如果原有立法主体不方便提出法的清理提案，则其他有立法权的专门委员会可以经授权后提出法的清理提案。对于没有设立专门工作委员会的立法主体，可以授权其工作机构或其他临时机构提出法的清理提案。①

2. 审议法的清理提案

法的清理提案提出后，有关立法主体或其下属的工作机构将进行审议。审议法的清理提案是立法权力运行的一种方式，所以法的清理提案的审议决定权属于立法主体所有。不过在实践过程中，一般由立法机关下属的工作机构进行具体的审议工作。这种现象之所以存在，主要是因为现在的法的清理工作并未有严格规范。经济社会的快速发展需要更多的立法，而法的清理并非主要任务。而且，大量的法律法规虽然难免造成一定的矛盾、重叠和歧义，但从实务的角度看，聊胜于无。造成冲突的法律法规仍可由执法者、司法者、守法者根据具体情况进行创造性、发展性的解读或适用。如果没有相关的法律法规，则执法者、司法者、守法者将失去遵循的规范。尽管如此，也并不意味着法的清理不重要。事实

---

① 参见周旺生：《立法学》（第二版），法律出版社2009年版，第509页。

上，造成冲突的法律法规如果不清理的话，虽然能提供某种规范性指引，但也会从对立面束缚人们的行动自由，造成不公正的社会现象，阻碍社会的发展。因此，目前来看，法的清理的主要负责部门可能仍有错位，需要进一步规范法的清理的审议权的行使。

审议法的清理提案主要关注以下问题：其一，根据社会发展的现实情况，是否有必要变动；其二，根据宪法、党和政府的大政方针和高位阶法律，清理对象是否有必要变动；其三，清理对象自身是否确实存在明显问题，以至于不得不变动。

3. 公布法的清理结果

法的清理提案审议通过后，需要经由立法主体公布生效。法的清理的结果意味着对法律体系进行了改动。目前来看，立法主体可以通过关于法的清理的决定、报告、公告等方式，把清理的结果公之于众。法的清理结果与法的清理提案中的建议处理情况相似，主要有以下三种情况：其一，经审议后并无变动理由的法律法规，则保持原有效力不变。其二，经审议后发现该法律法规由于各方面原因，已经丧失法律效力，或者由于立法目的业已完成，或者原初立法目的已无现实意义等原因，则宣布该法律法规失效并予以废止。其三，经审议后发现该法律法规需要进行修改和补充的，则指定相关负责机关展开法的修改和补充工作。值得注意的是，纳入法的清理程序的法律法规，在法的清理结果公布之前依然保持法律效力，不能因为它被纳入法的清理，就简单地认为该法律法规效力停止。法的清理结果与立法的结果相似，因此，必须由适当的权力机关进行公布。例如，国家法律的清理结果需要以国家主席的名义予以公布，国务院行政法规的清理结果需要以国家总理的名义予以公布。

## 第四节　法的汇编

### 一、法的汇编的概念

法的汇编又称法律汇编、法规汇编，是指在法的清理的基础上，按照一定顺序，将各种法或有关法集中起来，加以系统地编排，并汇编成册。①

法的汇编与法的清理息息相关。法的清理往往是法的汇编的前兆。法的清理工作指明了哪些法律法规可以继续保持效力，哪些法律法规需要进行修改、补充、废止。法的汇编必然是以有效的法律法规为基础，而不能把失效的法律或者产生矛盾、重叠、歧义的法律汇编在一起。法的汇编是为了让法律法规的系统性更加明显。如果没有经过法的清理，就将法律法规汇编起来，势必不利于法的执行、适用和遵守。法的清理结果常常以法的汇编成果展现出来，法的汇编也是法的清理的延伸。通过法的汇编，可以发现现有立法的优点和缺点，过去立法的经验和教训。经过清理的法律法规通过汇编工作，将更明确现有法律体系的内容。法的汇编不改变法律法规的内容，它只是将有效的法律法规以系统化的方式汇总起来。当然，汇编也并非单纯的整理工作，而是需要进行技术化的处理。不过，这种

① 参见周旺生：《立法学》（第二版），法律出版社 2009 年版，第 513 页。

技术化处理并非立法工作。

法的汇编有助于执法者、司法者、守法者以更直观、更系统的方式掌握法律法规。如果没有法的汇编，执法者、司法者、守法者或许只能管中窥豹，通过某一小部分内容理解法律规范，而不知道还有其他的相关规定。法的汇编有助于执法者、司法者、守法者查阅相关的内容，作出更加系统的思考。

## 二、法的汇编的结构

法的汇编的结构解决的是汇编由哪些部分组成的问题。单项规范性文件汇编的构成，只能根据其各自的特点进行安排，不宜作出统一规定。而综合性的规范性法律文件汇编应当由哪些部分构成，则可有统一的标准，如，按照一国部门法律或法律体系的结构作出划分。①

## 三、法的汇编的方法

法的汇编的形式或类型主要分为单项汇编和综合性汇编。

1. 单项汇编

单项汇编是指，根据一定的标准，把某类、某方面、某领域或某几类、某几方面、某些领域的法汇集起来。②

这种汇编通常包括：

（1）根据立法体制和法的效力等级进行汇编，如根据国家法律、行政法规、地方性法规、自治法规以及其他规范性法律文件分别进行汇编。

（2）根据法是否有效进行汇编，如《中华人民共和国现行法规汇编》。

（3）根据法的性质和内容汇编，如《交通法规汇编》。

（4）根据法的重要性和编者意图汇编，亦即所谓选编。如《中华人民共和国组织法规选编》。

2. 综合性汇编

综合性汇编是指，把各种形式的法，有效的、无效的法都汇集起来，进行总的、全面的法的汇编。这种汇编方式有助于了解法的全貌和立法发展的整个轨迹。如《中华人民共和国法律全书》便汇集了法律、行政法规、部门规章和最高司法机关的规范性法律文件，是中央一级综合性法的汇编。③

## 四、法的汇编的核心要素

1. 主体

法的汇编并不会对法律的效力产生影响，因而可以由非立法主体进行法的汇编。除了

① 参见朱力宇、叶传星主编：《立法学》（第四版），中国人民大学出版社 2015 年版，第 214 页。

② 参见朱力宇、叶传星主编：《立法学》（第四版），中国人民大学出版社 2015 年版，第 213 页。

③ 参见周旺生：《立法学》（第二版），法律出版社 2009 年版，第 517 页。

立法主体本身外，社会组织、个人、其他公权力机关等非原有立法主体都可以进行法的汇编。虽然法的汇编不需要特殊的主体资格，但是法的汇编涉及法的执行、适用和遵守，因此，越是权威的主体进行的汇编，越具有认可度。法的汇编的价值体现在它的权威性方面，也就是说，法的汇编成果可以成为执法、司法、守法的准绳。特别是立法主体的下属工作机构的汇编成果，一般可以被理解为权威性版本。官方机构作出的法的汇编可以被视为是立法主体的官方版本，在实务过程中，也最好是以官方版本作为适用依据。

2. 分工

法的汇编虽然没有明确的主体限制，但是仍需要遵守一定的分工和程序。针对法的汇编，国务院专门出台了《法规汇编编辑出版管理规定》（2019 年修正），对法的汇编的分工做了安排。

（1）单项法的汇编的分工。①法律汇编由全国人民代表大会常务委员会法制工作委员会编辑；②行政法规汇编由司法部编辑；③军事法规汇编由中央军事委员会法制局编辑；④部门规章汇编由国务院各部门依照该部门职责范围编辑；⑤地方性法规和地方政府规章汇编，由具有地方性法规和地方政府规章制定权的地方各级人民代表大会常务委员会和地方各级人民政府指定的机构编辑。

（2）综合性法的汇编的分工。全国人民代表大会常务委员会法制工作委员会和司法部可以编辑法律、行政法规、部门规章、地方性法规和地方政府规章的综合性法规汇编；中央军事委员会法制局可以编辑有关军事方面的法律、法规、条令汇编；国务院各部门可以依照本部门职责范围编辑专业性的法律、行政法规和部门规章汇编；具有地方性法规和地方政府规章制定权的地方各级人民代表大会常务委员会和地方各级人民政府可以编辑本地区制定的地方性法规和地方政府规章汇编。

（3）内部适用的法规汇编的分工。根据工作、学习、教学、研究需要，有关机关、团体、企业事业组织可以自行或者委托精通法律的专业人员编印供内部使用的法规汇编；需要正式出版的，应当经出版行政管理部门核准。除前款规定外，个人不得编辑法规汇编。

3. 过程

法的汇编分为编辑和出版两个阶段。在法的汇编编辑阶段，汇编主体需要根据法学方法对涉及的法律法规进行汇编。

汇编工作的负责部门完成汇编成果后，由专门机构负责出版。根据国务院《法规汇编编辑出版管理规定》（2019 修正）第七条规定："出版法规汇编，国家出版行政管理部门根据出版专业分工规定的原则，依照下列分工予以审核批准：（一）法律汇编由全国人民代表大会常务委员会法制工作委员会选择的中央一级出版社出版；（二）行政法规汇编由司法部选择的中央一级出版社出版；（三）军事法规汇编由中央军事委员会法制局选择的中央一级出版社出版；（四）部门规章汇编由国务院各部门选择的中央一级出版社出版；（五）地方性法规和地方政府规章汇编由具有地方性法规和地方政府规章制定权的地方各级人民代表大会常务委员会和地方各级人民政府选择的中央一级出版社或者地方出版社出版。"

出版法的汇编必须符合一定的印刷质量。《法规汇编编辑出版管理规定》（2019 修正）第十一条规定："出版法规汇编，必须保证印制质量。质量标准要符合国家有关规定。"法规汇编的发行主要由新华书店负责。《法规汇编编辑出版管理规定》（2019 修正）第十三条规定：“违反本规定，擅自出版法规汇编的，根据不同情况出版行政管理部门或者工商行政管理部门依照职权划分可以给予当事人下列行政处罚：（一）警告；（二）停止出售；（三）没收或者销毁；（四）没收非法收入；（五）罚款；（六）停业整顿；（七）撤销出版社登记；（八）吊销营业执照。”

## 第五节　法的编纂

### 一、法的编纂的概念及意义

1. 法的编纂的概念

法的编纂又称法律编纂、法典编纂，是指有权的国家机关在清理和汇编规范性文件的基础上，将现存的同类规范性文件或同一部门规范性文件加以研究审查，从统一的原则出发，决定它们的存废，对它们加以修改、补充，最终形成集中统一的、系统的规范性文件。①

法的编纂是法的清理、法的汇编的延伸，其目的在于消除法律体系中的矛盾、歧义、重复等现象。法的编纂与法的汇编不同。法的汇编并不是立法活动，并不改变法的效力。法的编纂则有可能改变法的效力。法的编纂可以形成统一的法典、法律、法规等规范性法律文件。法的编纂与法的清理类似，都是对现有法律法规进行系统性整理工作，两者都需要找出现有法律法规中需要进行修改、补充和废止的地方。法的清理可以为法的编纂提供基础性准备。但是，法的编纂毕竟是要创造新的法律法规，其重点在于“加法”，通过对现有法律法规的系统化改造，完善法律体系。法的清理的重点在于“减法”。法的编纂主要是为了对相同部门法或者相关法律进行修改、补充、废止、制定，法的清理则不一定针对同一部门法，可以涉及多个部门法内容。法的汇编侧重把现有法律法规集中起来，梳理框架，使之便于适用、遵守和执行。法的编纂不同于法的制定，法的制定是单纯地创制新的法律法规或者通过创制新的法律法规修改旧的法律法规。法的编纂除了创制新的法律法规，也可能废止不必要的法律法规，修改、补充需要变动的法律法规。

2. 法的编纂的意义

法的编纂有助于实现法的科学性、系统性，有利于促进法的体系的完善，并在一定程度上推动法制的统一，最终促进法的贯彻实施。②

法的编纂最重要的意义是完善法律体系。由于立法主体众多，社会发展需要和人民日益增长的物质文化需要的多元化，法律法规的内容也呈现出多元化。多元化的法律法规难免会出现混乱、不完整、矛盾、重复的地方，法的编纂则是要对同类法律法规进行系统化的改造，完善一国的法律体系。国家法律体系的系统性、科学性主要取决于骨干部分。核

---

① 参见孙国华、朱景文主编：《法律学》（第四版），中国人民大学出版社 2015 年版，第 116 页。

② 参见朱力宇、叶传星主编：《立法学》（第四版），中国人民大学出版社 2015 年版，第 215 页。

心部门法如同人的骨骼，具有支撑整个法律系统的作用。法的编纂就是为了使法律体系的骨骼更加强健。法的编纂将使法的部门属性更加明显，通过法的部门的基础结构，使整个法的体系日趋完善和统一。中国长期以来都是中央统一法制的国家，法制的统一程度决定了国家治理体系和治理能力的水平，因此，不同部门的法制只有在相互配合的基础上，消除部门法内部以及部门法之间的矛盾和冲突，才能实现国家的长治久安。法律运行需要有清晰的法律体系，法的编纂可以提供统一、完善的法律结构，简化法律体系。

## 二、法的编纂的过程

法的编纂只能由享有立法权的主体进行，而不能由其他主体进行。由于法的编纂涉及法的系统结构问题，所以应当由较高级别的立法主体进行。法的编纂主体应当根据立法职权对权力范围内的法进行编纂。法的编纂结果是系统完整的法律法规，不过这种法律法规仍应保持一定的部门区分，并非不同部门法的杂糅。法的编纂根据法律法规文件的位阶，由不同的立法主体进行。法律的编纂权由全国人民代表大会行使。全国人民代表大会常务委员会虽然享有制定法律的权力，但是并没有编纂法律的权力。行政法规的编纂权由国务院行使，地方性法规的编纂权由地方性立法主体行使，其他法律法规与此类似。值得注意的是，法的编纂过程中，上位阶的立法主体如果认为下位阶的立法主体的所立之法有编纂的必要，则可以径直将下位阶的法律法规纳入上位阶立法主体的法的编纂工作之中。

法的编纂的过程大致分为三个阶段，即准备、正式制定和加以完善。[①]

1. 准备阶段

该阶段主要进行法的清理或法的汇编，亦即法的编纂是在法的清理和汇编基础上进行的。法的编纂可以利用既有的清理和汇编成果，也可以为编纂法而进行专门的清理和汇编。

2. 正式制定阶段

该阶段即通常所谓立法的由提案到公布的阶段。在这一阶段，除一些重大法律、法规的编纂由于设有诸如专设委员会之类而需要履行某些特别或临时程序外，法的编纂由提案到公布的过程与其他立法的这一过程并无差异。

3. 完善阶段

对于法律体系而言，由于经过编纂而形成的较大规模的法与其他法并无二致，法的编纂的完善阶段与通常立法的完善阶段基本一致。

## 三、法的编纂的方法

法的编纂有一定的方法要求：

首先，法的编纂应当在具有一定数量的、同类单行法存在的基础上进行，否则只能制定新法，而非法的编纂。[②]

其次，法的编纂既可以在单行法的基础上进行，也可以在既有同类法典或法典与单行

---

① 参见周旺生：《立法学》（第二版），法律出版社2009年版，第521页。

② 参见朱力宇、叶传星主编：《立法学》（第四版），中国人民大学出版社2015年版，第216页。

法二者的基础上进行。①

最后，对于法的编纂，无论是法律编纂还是法规编纂，都应当采用分析与综合相结合但以综合形式出现的方法进行。所谓分析是指，分析研究既有的同类单行法，找出它们的可用之处和应废之处、重复和空白之处；所谓综合是指，保留其可用之处、摒弃其应废之处，删除其重复之处、填补其空白之处；② 而所谓以综合形式出现是指，在对同类单行法（有时也包括较大规模的法律、法规）加以改造完善后，形成一个统一的法，这种法的产生标志着其所调整的领域有了一个法律制度的基础和中心。③

① 参见周旺生：《立法学》（第二版），法律出版社 2009 年版，第 521 页。

② 参见朱力宇、叶传星主编：《立法学》（第四版），中国人民大学出版社 2015 年版，第 216 页。

③ 参见周旺生：《立法学》（第二版），法律出版社 2009 年版，第 522 页。

# 第四编　立法技术

# 第十三章　法的结构

## 第一节　法的结构的要件

### 一、法的结构的要件的概念与意义

法的结构的要件是指构成法的整体的各个部分。任何一部法都是由法的结构的要件组成的统一整体。现代成文法的结构一般包括法的名称、法的内容和表现法的内容的符号三个要件。①

法的名称是指每个具体规范性文件的称谓。法的名称是否科学，直接影响执法、司法和守法活动。科学的法的名称能够使执法者、司法者、守法者避免盲目性、增强自觉性，从而促进法治建设的发展。

法的内容主要包括规范性内容和非规范性内容，前者即通常的法律规范，它规定人们的行为模式和法律后果。而非规范性内容则指法中关于立法目的、依据或原则的说明，关于专门概念、法律术语的解释，关于通过机关和通过时间、批准机关和批准时间、公布机关和公布时间的标记，关于法的适用范围和生效或实施时间的规定，关于授权有关机关制定变通、补充规定或制定实施细则的规定，关于废止有关法的规定以及其他有关内容。②

表现法的内容的符号则主要包括法的名称下方的括号、目录、总则、分则、附则，各部分的标题、序言以及卷、编、章、节、条、款、项、目，有关人员的签署、附件和语言文字等。③

在法律的运行过程中，法的结构要件具有不同的作用，法的名称、法的语言表述、法的公布机关和公布时间、法的生效和废止要件，这些都具有一定的作用，属于法的结构要件的第一层次。法定结构要件中的专门术语的解释、实施的细则、补充性的规定，法的签署人员名字等，属于法的结构要件的第二层次。

---

① 参见周旺生：《立法学》（第二版），法律出版社 2009 年版，第 459 页。
② 参见周旺生：《立法学》（第二版），法律出版社 2009 年版，第 459 页。
③ 参见周旺生：《立法学》（第二版），法律出版社 2009 年版，第 459 页。

## 二、法的结构类型

法的结构有简单结构、复杂结构以及一般结构（即介乎简单结构与复杂结构之间）之分。[①]

1. 简单结构

简单结构一般包含以下要件：①法的名称；②法律规范；③法的条文；④有关的说明和解释；⑤法的名称下的括号；⑥通过机关和通过时间；⑦公布机关和公布时间；⑧生效或实施时间；⑨表述法的内容的语言文字。简单结构的法的条文往往比较少，很多时候并不会明确标出第×条，而是简单用中文数字指称条目。同时也不会有卷、编、章、节等分类，没有附则、次级标题等。

2. 复杂结构

复杂结构一般包含以下要件：①法的名称；②法律规范；③有关的说明和解释；④法的名称下的括号；⑤通过机关和通过时间；⑥公布机关和公布时间；⑦生效或实施时间；⑧目录；⑨总则、分则、附则；⑩各部分标题；⑪序言；⑫卷、编、章、节、条、款、项、目；⑬法的适用范围；⑭授权有关机关制定变通或补充规定或制定实施细则的规定；⑮废止有关法的规定；⑯有关人员的签署；⑰附件；⑱表述法的内容的语言文字。需要明确的是，具有复杂结构的法不一定要完全具备以上 18 个结构要件，可以少于也可以多于这些要件范围。复杂结构是我国法律文件的主要形式，大部分法律法规都采取了复杂结构。根据具体实践的需要，法律文件可能会增加更多的要件。不过，大部分法律法规都具备以上 18 个构成要件。

3. 一般结构

介于简单和复杂两种结构之间的法的结构一般包含以下要件：①法的名称；②法律规范；③有关的说明和解释；④法的名称下的括号；⑤通过机关和通过时间；⑥公布机关和公布时间；⑦生效或实施时间；⑧条款；⑨法的适用范围；⑩授权有关机关制定实施细则的规定；⑪废止有关法的规定；⑫表述法的内容的语言文字。一般结构也是常见的法的结构形式之一，一般用于条例或早期的立法文件。一般结构可以理解为简易立法的结果。在改革开放过程中，为了规制经济活动的合法运作，需要针对某些新型的社会关系尽快制定相应法律法规。同时这些新型的社会关系又具有一定的重要社会影响，不适合用简单的法的结构，只能采用一般结构模式。总之，不同法的结构并非泾渭分明，更多是为了方便立法工作的开展。

---

① 参见周旺生：《立法学》（第二版），法律出版社 2009 年版，第 460 页。

## 第二节 法的名称

### 一、法的名称的概念与意义

法的名称作为法的内部结构中第一层次的、每个法必备的要件，它的科学化、完善化对立法、司法、守法以至于法学研究的科学化、完善化都具有重要意义。[①] 古人言，名不正则言不顺。没有特定的合适的名字，显然容易导致立法和法律法规的混乱。法的名称可以有效避免法的实施、遵守、适用过程中造成的误解或滥用。法的名称有利于立法者、执法者、司法者、守法者直观地感受法的大致内容，可以帮助人们更快捷地找到合适的内容。如果法的名称混乱，势必会使立法者、执法者、司法者、守法者对法的内容、性质、效力产生疑惑，造成法的运行中的明显障碍。当前，中国法的名称确实存在不少的问题。首先是法的名称繁多。各类法律法规的名称有几十种。由全国人民代表大会和全国人民代表大会常务委员会制定的法律就有法、条例、决定、方案、办法、规定、决议7种，国务院制定的行政法规的名称更是有数十种之多。其次，繁多的法的名称导致了许多法的效力与名称错配。申言之，根据法的名称可能无法判读不同法律法规之间的效力等级。这就给法的运行带来极大的困扰，执法者、司法者、守法者不得不查找立法主体、立法时间、生效废止规定等信息才能判断不同法律法规之间的效力等级。对于执法者和司法者来说，他们具有一定的业务能力和法律水平，经过一番努力可以确认不同法律法规之间的效力等级。但是对于普通民众这类守法者来说，他们可能缺乏相应的法律知识来判断不同法律法规之间的效力等级，于是就会产生守法过程不知守何种法的困惑。即使法的效力等级相同，名称上也存在很大差异。特别是国务院及其各个部门制定的行政法规和部门规章。此外，由于法的名称并不与立法机关挂钩，所以仅仅从名字角度无法看清楚不同法律、行政法规、地方性法规、部门规章之间的效力等级。最后，法的名称过长过短都不合适，而应该保持适当的长度。

总之，法的名称必须简洁清晰地标明法的核心主旨。名称是否科学，是立法成熟的标志。同时，从立法理论的研究而言，法的名称清晰有助于法的分类研究。

### 二、中国法的名称

在《立法法》颁布以前，我国法的名称曾一度混乱，在一定程度上限制了法律规范作用的发挥，经过立法改革，最终将我国法的名称简化为九种，主要包括：宪法、基本法、法、法规、规章、授权规定、条例、变动案以及实施细则。[②]

1. 宪法

在我国，根本法只有全国人民代表大会享有制定权和修改权，其可直接称为宪法，即

---

① 参见周旺生：《立法学》（第二版），法律出版社2009年版，第461页。

② 参见周旺生：《立法学》（第二版），法律出版社2009年版，第463－464页。

《中华人民共和国宪法》。

2. 基本法

基本法只有全国人民代表大会才可以通过，可通称为《中华人民共和国××基本法》。但目前我国并未在法律名称上对基本法律与非基本法律进行区分，即全国人民代表大会和全国人民代表大会常务委员会通过的法律均称为《中华人民共和国××法》，基本法的命名方式仅体现在针对香港特别行政区和澳门特别行政区出台的《香港基本法》即《澳门基本法》两部法律上。

3. 法

全国人民代表大会常务委员会通过的法律为非基本法律，可通称为《中华人民共和国××法》。如《中华人民共和国商标法》《中华人民共和国药品管理法》。

4. 法规

法规主要包括国务院制定的行政法规以及地方制定的地方性法规和自治法规，可通称为《中华人民共和国××法规》《××市××法规》。但我国目前属于法规层级的法的名称仍不甚统一，如《×××条例》《×××办法》《×××若干规定》等。

5. 规章

规章包括国务院部门颁布的部门规章，也包括地方政府的行政规章，如《××部（委、局、署）××规章》《××省（自治区）××规章》。

6. 授权规定

授权规定主要包括各立法主体授权其他有关主体立法的决定或决议等，可以通称为《××授权××的规定》。

7. 条例

条例主要指各被授权的主体根据授权所立的法，可以通称为《××条例》。

8. 变动案

变动案主要指各立法主体通过或发布的规范性决议、决定。如属于修改、补充某个法律，则可以通称为《××变动案》。

9. 实施细则

法律、法规和其他规范性法律文件授权有关机关制定的实施细则，可通称为《××实施细则》。

以上皆是在应然层面进行探讨，中国法的名称在实践中仍存在些许不规范之处。

## 第三节　法的内容

法的内容主要包括法的规范性内容和法的非规范性内容。法的规范性内容是法的主要组成部分。

### 一、法的规范性内容

法的规范性内容是法的主要内容，其应当满足以下要求。

1. 具有普遍性

法律规范的显著特征之一就是其普遍性，法的适用对象与调整范围都应当满足普遍性的要求，只有这样才有助于将一些具有国家强制性和法的效力的文件同真正的法区分开来。① 法的普遍性意味着具有效力的法可以在中华人民共和国境内普遍有效，而不因性别、年龄、学历背景、经济状况等条件而有差异。法律规范不是指服务于少部分人的利益，而是服务于绝大多数人的共同福祉。法的普遍性体现了公平正义的客观化要求，法必须对同等情况作出同等的调整。同一法律条文不能因为个别人、个别事而适用效力不同。如判决书虽然具有法的效力，但只是针对判决书涉及的当事人等相关主体有效，并不具有普遍性。法的普遍性是为国家的统一性服务的。国家不是为少部分人的私利服务，而是为了广大人民群众的利益服务。因此，国家的法律法规必须建立在公平正义原则的基础上。

2. 具有明确性和肯定性

法律规范的另一个显著特征就在于其具有明确性与肯定性，主要体现在法律规范的形式和分类上。起草法案应当注意避免出现不明确、不肯定、含糊不清、伸缩性较大的规定。

法的明确性和肯定性意味着法需要在文字表达和篇章体例方面，尽可能地避免出现模糊、歧义、矛盾、重复等问题，尽可能地清晰、明确、统一、简练。法律法规如果不明确，势必导致执法、司法、守法的混乱，让人们无所适从，降低其规范效果。

3. 具有完整的逻辑结构

法律规范由行为模式与法律后果两个要素构成，行为模式与法律后果既可以体现在同一个法律规范、法的条文里，也可以体现在不同的规范、条文或法中，但无论怎样，都要注意法的逻辑结构的完整性。②

法律规范不仅包括法律条文本身，还包括法律条文背后的逻辑结构。法律条文的逻辑结构关系到法律规范的完整性和可行性。如果法律条文没有完整的逻辑结构，则法律条文徒具文字，不能为行为人提供正确的指引或者有力的保护。举例而言，如果法律规范只写明权利的内容，而没有提供权利遭到侵害时的权利救济的内容，那么这个法律规范的逻辑结构并不完整，徒具虚文。法律规范应该具有行为模式和行为后果两部分，只有其中单一部分，显然不能成为真正的法律规范。值得注意的是，法律条文不等于法律规范本身，法律规范可能是某一法条，也可能是指几个法条构成的逻辑结构。虽然有些条文只有行为模式或者行为结果，但是它可能与其他条文相互联系，构成一个完整的逻辑结构。所以，立法者必须胸怀全局，在立法过程中时刻保持对法律全文结构的把握，对同一逻辑结构的法律条文进行整体思考。

## 二、法的非规范性内容

法的非规范性内容主要包括法的效力等级、时间效力以及其他，如立法目的、依据、原则的说明等非规范性的内容。

---

① 参见周旺生：《立法学》（第二版），法律出版社2009年版，第466页。

② 参见周旺生：《立法学》（第二版），法律出版社2009年版，第467页。

法的效力等级一般是通过标明立法主体，来表示法的效力等级。仅从法律法规的名称来看，只能大致判断法的效力等级。要确定不同法律法规的效力等级，最可靠的方式是确认法律法规中的立法主体。标明立法主体是立法完整性的体现。因此，在立法实践中，不能出现把无立法权者标明为立法主体，或者将法律的修改、补充、废止的权力交由无立法权者，或者只标明通过机关不标明公布机关，或者只标明公布机关不标明通过机关，或者公布机关和通过机关不合适等问题。

在时间效力方面，法律法规应当标明通过、公布、生效施行的时间。

非规范性内容包括了对法律法规进行补充解释说明的内容。比如立法的原则、目的、依据、专门术语的解释等。非规范性内容并非完全必要，但是大部分法律法规都具有一定的补充说明部分。普通法律法规中出现的非规范性内容比较常见，其他的法律法规则比较少。大部分法律法规中的非规范性内容具有可比性，形式、内容都差不多。

## 第四节 法的篇章结构

### 一、目录

法的结构中的规范性内容和非规范性内容都必须经过一定的编排才能形成规范性法律文件。大部分的法律法规都具有章节划分，有些还有卷编划分。这些卷编章节都是法的层次分类，在这些层次中也有一些标题。标题可以构成法律法规的目录，方便我们根据需要查找相应的内容。

从立法的情况来看，全国人民代表大会及其常务委员会制定的法律中，有一部分设有章节目录，如《宪法》等。也有不设目录的，如《中华人民共和国统计法》等。目前，我国在法律法规及其汇编方面有各种不同的情况，尚无定律。不过，国务院制定的行政法规、部门规章一般情况下都没有设置目录。地方性法规和自治法规关于目录设置方面也无常规定律。因此，长远来看，《立法法》有必要对此类情况作出明确规定。

### 二、标题

此处的标题并非指法律法规本身的名称，而是指在章节卷编基础上，设置的层级标题。设置层级标题，是为了让人们更直观地感受整个法律法规的系统性和逻辑性。标题的层级多少，根据法律法规的规模程度由立法机关作出选择。有些国家的法条也设置了标题，这可以方便人们更快捷地引用法条，把握法条的核心内涵。法的结构中的标题部分应当准确地反映整体和部分的关系、法的立法意图和主要内容，为人们根据标题查找相关法条提供便利。当前我国立法过程中，尚未设定法条标题，今后或许可以设置法条标题，提高人们对法条内容的快速把握能力。

标题的设置应当足够简洁明了，能涵盖相关章节、法条的内容。标题的风格和表述应该保持统一，相同类型的内容相同表达，不同类型的内容也应根据该法律法规的特点采用相关的表达。对法律法规进行补充、修改时，补充修改的内容应与原有法律法规的风格、表述相统一。

## 三、序言

纵观世界各国，宪法或宪法性文件都包含了一定的序言。序言是法的正文之前的内容，有些会标明序言的字样，有些则没有标明。序言长短不一，但核心主旨是类似的，都是为了说明该法制定的历史、过程、目的、根据、任务、地位等。有些篇幅较长的序言，还包括了意识形态、指导精神等内容。例如《宪法》就阐明了马克思主义在中国宪法中的指导地位。由于法律的序言部分主要采用记叙文的格式，缺乏法条的行为模式、行为结果的逻辑结构，所以对序言部分的法律效力也产生了争议。有些人认为序言既然是法律的组成部分，那么肯定具有规范性效力，能对其他法条产生影响。但也有人认为序言虽然是法律的组成部分，但是没有严格的规范格式，因此并不能实际适用。从我国的立法实践来看，序言虽然并不常见，但是一旦它出现在法律之中，便意味着它具有重要作用，否则就不必专门留有一席之地。序言作为法的一部分，应当具有法的约束力。虽然序言的规范结构并不如法条那样有序而谨慎，但是序言中含有的精神能够对人们理解、适用法条起到指导作用。

## 四、括号

法律法规中，有时候不得不使用括号。不过，括号的使用应该尽可能地谨慎。法律法规的名称下方一般用括号标明该法律法规通过时间、公布时间、公布机关之类的信息。此处的括号是常用的符号，但是法律法规正文部分的括号则比较少。一般情况下尽可能不使用括号。这是因为括号本身就是起到补充说明、注释解释的作用。在这种情况下，过多使用括号，势必造成法律正文的庞杂。括号的使用一方面有助于人们更准确地理解法律，也从另一方面增加了人们阅读法律法规文本的压力。在我国立法实践过程中，法律法规正文出现括号的情况并不少见，例如《刑法》就有“偷越国（边）境”，《地方组织法》有“……代表（有 3 人以上附议）”之类的表述。这些表述虽然使法条文本看似表述完整，事实上并不便于阅读和使用。未来的立法应尽量避免产生此类问题。

## 五、附件

附件部分就是附在正文后面，载明有关的法的细节性的、非核心的，同时对准确理解正文有重要作用的内容。附件有助于维护法的完整性，对于一些法律法规，正文部分不适宜放置过多的数据、引文、解释、说明等内容，因此只能通过附件形式进行补充说明。由于附件是伴随立法而产生的，是由立法机关添加在法律法规后面的，所以附件本质上属于立法成果的一部分，应当具有法律效力，可以作为执法、司法、守法的依据。附件虽然不是所有法律法规必须具备的内容，但是它可以集中展示其他内容，使人们便于理解法条的规范性内容。例如《香港基本法》有三个附件，包括了《香港特别行政区行政长官的产生办法》《在香港特别行政区实施的全国性法律》等内容，《中华人民共和国国旗法》附有《国旗制法说明》等。

## 第五节　法的层级结构

### 一、卷编

法的规范性内容与非规范性内容如果要整合在一起，就需要通过一些层级结构组成系统完整的有机的规范体系。在内容较多的法律、法典中，通常会使用卷、编的层级结构。西方发达国家的法典中常常使用卷、编的层级结构，例如《法国民法典》就是由三卷三十五编组成，《德国民法典》由五编组成。此外，还有《日本民法典》，我国唐朝时期的《唐律》等，都设置了卷、编的层级结构。卷往往出现在大型法典之中，但从我国实践来看，出现较多的是编的结构。卷主要用于意义特别重要、内容特别多的大型法典之中，编则用于意义重大、内容较多的重要法律之中。在我国，虽然存在《刑法》《民事诉讼法》《刑事诉讼法》等法典，但是由于这些法典的篇幅相对国外法典来说并不大，所以我国不设卷，只有编的层级结构。当然，这并不意味着以后都不可能设卷。在一些特别重大的法典中，编纂过程中完全可以设置卷的层级结构。

### 二、章节

在中国的立法实践中，卷与编的设置相对较少，而章与节的设置则非常普遍，甚至可以说是法律法规的必备要件，是连接法律法规逻辑系统的最重要因素之一。人们可以通过章节的设置，迅速把握法律法规的核心内容。章节设置可以体现法律法规逻辑结构的完整性，关系到具体条文之间的谋篇布局。章节的使用频率应该比条款更低，只要不是条款较少的法律法规，都应该设置章节的层级结构。章应当具有标题，按照统一的顺序进行排列，各个章节的长短须根据相应内容决定，每个章节应该有相对独立的主题和内容，上下章节之间应该保持一定的联系。在中国的立法实践中，虽然章节的设置并无定文，但是大体上遵循首尾规律，即第一章往往写明立法的目的、依据、原则、范文等内容，最后一章一般写明时间、术语界定、对其他法律的影响等内容。章的层级结构在立法中相当重要，在立法初期就要设置清楚章的大致数量、标题、章中的内容等。捋顺章的顺序结构，把不同级别的内容和章节设置成相适应的结构，为法条找到合适的位置。节是隶属于章的层级结构，有章不一定有节，但有节绝对会有章。这取决于该法律法规的内容和篇幅。在章的层级结构下内容太多时，才会设置节的层级结构。中国的立法实践中，既同时有章节的设置，也可能只有章的设置。目前来看，我国的《宪法》《民事诉讼法》《刑事诉讼法》等法律都设有章，但不一定有节。章之下设节，是为了方便人们更快捷地查找到需要的法条内容。节之下应该有相对独立的条文，每个节也应该有相应的标题。

### 三、条款

条与款是法律法规中最重要、最基本的层级设置，是立法必不可少的要件。古今中外的立法实践中，除了条的层级设置外，卷、编、章、节、项、目等其他层级结构都可能不存在。虽然条文是法律法规中最基本的层级设置，但并非一定就是完整的规范结构。具体而言，有些法律条文可以单独构成一个完整的规范结构，有些法律条文则不能单独构成完整的规范结构，而需要其他法律条文作为补充。这是立法过程中难以避免的现象。为了使单一条文内容简练，难免可能需要将部分内容放在另一条文之中。条文无论数量多少，往往都采取按顺序并从抽象到具体的逻辑进行排列。条文的长短应当与条文的内容相适应，不宜过短，也不宜过长。过短则浪费法律文本的空间，过长则显得法条臃肿。款的使用频率低于条，但也比较常见。款隶属于条，大部分法律法规都存在款的设置。款在条文中应当具有一定的独立性和完整性，同时又作为条文的一部分嵌入进去。同一条文之下的不同款往往具有并列的意思。款的内容长短并无定律，款的数量一般不会多于十个。

## 四、项目

项是隶属于款的层级结构，目是隶属于项的层级结构，项与目的设置与条款的设置类似，都属于对规范内容的一种罗列与安排。项与目的设置频率比条款低很多，其中设置目的概率更低。项与目也需要保持相对独立性和相对完整性。项与目的使用应尽可能谨慎，避免显得体系庞杂。项在条文中表现为以序数罗列，可以分段，也可以不分段。目的使用虽然比较少，但是也不能排除在某些条件下需要设置目。

# 第十四章　立法语言

## 第一节　立法语言文字要求概述

### 一、立法语言文字的概念

立法语言文字是指按照一定的规则表述立法意图、设定行为规范、形成规范性文件的专门用于制定和修正法律的语言文字。① 立法语言文字首先表达了立法意图。应当注意的是，理解立法意图不能停留在文字表面，而是要把握文字背后的精神。文字只是立法意图的载体，而不是立法意图本身。立法意图是立法者在立法之初，根据社会发展、国家治理的需要，为法律法规设定的目的和宗旨。立法语言文字设定了行为规范。行为规范是法律法规的基础内容。法律法规就是要为人们提供一个行为模式，这一行为模式可以促进社会合作、整体福祉、国家安全、文化繁荣等。行为是一个演化过程，同时遵循一定的模式和秩序。社会就是许许多多的个人行为系统演化的集合。社会秩序既有演化发展的过程，也必然存在人为介入的影响。为了使社会保持秩序，朝着好的方面发展，所以人类主动设置了某种有利的行为模式，以促进社会演化向着好的方面发展，而不是陷入无序、混乱、两极分化等局面。最后，立法语言文字必须形成规范性法律文件。这是指立法语言文字并非单独的几句话，或者几行字，而是一个带有立法意图、行为规范的整体的规范性法律律文件，具有法律的结构体系。规范性法律文件带有很强的逻辑体系，必须以规范性的结构呈现出来。每一个法律规范都包含行为模式和行为后果。

立法语言文字随着立法技术的成熟而愈加专业。它是人类立法历史的优秀成果，也是法律语言的精髓。人类选择以法律作为规制人类生活的工具，是因为法律体现了人类语言中最严谨的表述方式。即使是同一种语言，在不同的地域、文化层次、习俗的人的表述中，都会出现一定的差异。如此众多的差异，造成了对事实的不同的解读。那么，不同的解读中究竟应该以哪种表述为准就成为社会交往合作的重要问题。从国家的整体治理来看，作为标准规范表述的立法语言文字成为判定不同的事实解读的标准。它为全国各地的人们提供了一种思考和判断的基础性参考，使得人们能在陌生的环境中保持基本的合作行为，而不是相互猜忌或者攻击。因此，立法语言文字是比习惯法更为成熟和完善的规范性表达。在熟人社会中，人们可以依据习惯法处理彼此之间的差异，维持彼此之间的合作关

① 参见朱力宇、叶传星主编：《立法学》（第四版），中国人民大学出版社 2015 年版，第 274 页。

系。但是在现代的陌生人社会中，只有统一的立法语言文字表述才能为人类提供有效的指引。立法语言是在立法实践不断推进的情况下逐步发展起来的。立法语言文字与同一语言的其他语言文字相比，既有共性，也有特性。共性是指，立法语言文字与其他语言文字的表述具有内在的统一性，立法语言文字需要在法律文本的载体上指称其他语言文字的表述。特性是指，立法语言文字所表述的意义涵盖了普通语言文字的表述，它以一种更精准、宽阔、简洁、规范的意义体系表述了文字所对应的现实世界。立法语言文字与文学语言文字是两个反方向。立法语言文字力求精准，甚至有些许冷峻意味，尽量不带有情感色彩。而文学语言文字则浪漫、朦胧、富有情感。立法语言文字不能先入为主地对行为带有某种明显的情感或价值判断，而只能通过行为模式和行为后果的设定来表达立法者、人民群众对某种行为的情感判断和价值判断。立法语言文字中切忌出现象征、比喻、抒情的文学类语言文字。立法语言文字不同于学术研究中的语言文字，因为学术研究需要用探讨性的对话来组织文字；而立法语言文字应该是肯定、明确、坚定地表达规范内容，不应该存在不确定的文字表述。即使需要不得不指称不确定情况的表述，也应该保持足够的条件限定表述，不能漫无目的，或用论证性的风格来表述。立法必须为人民群众、执法者、司法者提供一种尽可能确定的行为模式。立法语言文字也不同于政府公文。虽然政府公文中经常出现相关法律法规的引述，但是政府公文与立法语言文字仍有明显的区别。政府公文存在许多倡导式、命令式、宣传式、报告式的语言文字。而立法语言文字则应当避免出现类似的表述，具有应当客观地表述行为模式和行为结果的规范要求。

## 二、立法语言文字的作用

立法语言文字的作用主要体现在三个方面：

第一，立法语言文字可以明确无误地表达出立法主体的立法意图、立法政策措施等。① 在进行立法活动时，最先出现的是作为观念形态的意图、目的、措施，这些都需要凭借立法语言文字予以物质化或外化，使其成为真实记载立法者观念的形式。没有立法语言文字，立法主体的这些观念便无从表达，也无法为人所知，更谈不上观念的实现。

第二，立法语言文字可以准确、明白地传递立法主体的立法意图、目的和措施。立法意图和政策措施在被正确记载后，还需准确无误地传递给接受者，而立法语言文字中的同一词语、同一语言结构都应当代表特定的无歧义的信息，只有这样才能充分发挥立法语言文字的媒介作用。

第三，立法语言文字的正确运用既可以提高立法质量也可以使法律得以有效地实施。科学的立法语言文字有助于执法者、司法者以及守法者正确并准确地理解各项立法，从而正确、有效地执行、适用和遵守法律。②

① 参见朱力宇、叶传星主编：《立法学》（第四版），中国人民大学出版社 2015 年版，第 275 页。

② 参见朱力宇、叶传星主编：《立法学》（第四版），中国人民大学出版社 2015 年版，第 276 页。

## 三、立法语言文字表述要求

立法语言文字的表述主要包括以下几点要求：

1. 表述应当力求明确

“明确”是立法语言的灵魂和生命，是记载和传递立法政策、立法原则和法律规则的第一要义。立法语言的明确性是法的明权止争功能的必然反映和根本要求。[①] 成文法与习惯法的显著差别是它的语言组织与表达。从字面上可以看出，成文法必须以文字表达为基础要件，在立法过程中使用的法律语言表达就是立法语言文字。立法语言文字并不是一开始就有的，而是经过不断地博弈、冲突、妥协、探索之后形成的一种共同认可的表述方式。立法语言文字在法律语言文字中处于核心地位，由立法语言文字开始，法律语言文字不断推演，二者共同形成了庞大而专业的法律话语体系。所以，立法语言的明确性将决定其后其他法律语言表达的准确性。立法语言文字跟一个国家的语言发展有着重要的联系，可以体现一个国家文化发展的水平。没有繁荣的文化，一国的立法语言文字也不可能丰富完整。我国改革开放以来的立法实践表明，立法语言与经济、文化的发展息息相关。立法语言文字与一个国家的经济、政治、文化等不同领域存在系统演化的关系。这意味着，经济、政治、文化的繁荣发展会促进立法语言文字技术的繁荣发展，反过来，立法语言文字技术的进步，也会促进经济、政治、文化的进步。

立法语言文字的准确性关系到法律体系的完整性、科学性。立法者能否把握社会发展状况，体现在立法语言文字的表述上。如果立法语言文字不准确，这就意味着立法者未能把握时代和社会发展的需求，所立之法也不能对执法者、守法者、司法者带来很好的指导作用。为了提高立法语言文字技术水平，立法者应该在准确把握时代和社会发展脉搏的基础上，对法律草案进行仔细的推敲和商榷，力求使用最准确的语言来表述立法意图。

2. 表述应当讲究简练

“简练”或者“简明”“简当”，是古今中外公文语体的重要特征，更是立法语言的基本格调。立法语言的简练性是法的传播功能的客观体现和基本要求。立法语言文字应当是一个国家的语言文字中最简练的语言表达。立法语言文字的简练是为了使法律语言精简，方便阅读。如果立法语言文字连篇累牍，纷繁复杂，必然影响司法者、守法者、执法者对法律法规的理解。立法语言文字的表述应当能为所有人所理解，不能因为行业、性别、地域的界限而产生理解上的差异。

3. 表述应当重视严谨

“严谨”是立法语言的显著风格和科学性体现。立法语言的严谨性是法的沟通功能的基本表现和起码要求。[②] 立法语言文字的严谨是法律语言的根本性要求。如前所述，立法语言文字为法律语言文字的其他部分奠定了前提和基调。如果立法语言文字不够严谨，那么法律体系就容易陷入矛盾、冲突、对立、重复之中。立法语言文字需要严谨地表达立法意图、立法目的和立法政策，否则就会偏离立法初衷。立法语言文字的严谨性是法律人处

---

① 参见徐向华主编：《立法学教程》（第二版），北京大学出版社 2017 年版，第 295 页。

② 参见徐向华主编：《立法学教程》（第二版），北京大学出版社 2017 年版，第 296 页。

理法律纠纷、把握法律关系的关键性要素。

## 四、我国立法语言规范化探索：立法语言审查程序

所谓立法语言审查程序，是指对立法语词、句式、篇章结构等文本表达进行审查的立法程序。其具有广义和狭义之分，广义的立法语言审查程序是指在法律制定、认可和修改阶段，具有立法语言审查职能的国家机关、社会组织或公民对现行法律文本或法律草案的语词、句式及篇章结构等用语规范情况进行审查的工作方法、步骤和次序。而狭义的立法语言审查程序则仅指法律制定阶段的语言审查程序，也就是本书指代的含义。

狭义的立法语言审查程序的内在构成具有四层含义，即“立法”“语言”“审查”和“程序”。[①]

1. 立法

此处的立法不是一般意义上的动态活动，而被视为法律运行的一个阶段，其与执法、司法相对，表现为一种程序性规定的适用范围。

2. 语言

立法程序的整体性表明，立法语言并非仅指制定法律过程中使用的语言，因此立法语言审查程序的调整范围一方面包括从立法规划开始到法的公布这一整个立法期间所适用的语言，如“立法规划”“起草”“备忘录”等语词；另一方面，也包括各个现行法中所使用的语言，如“过失”“情节严重”等。[②]

3. 审查

《立法法》第九十九条[③]确立了我国拟现行立法体制中的立法审查制度，但须注意的是，立法语言审查程序中的“审查”只是对法律草案语言运用规范的审查，起到的是前置性立法监督的功能。换言之，“审查”概念在立法语言审查程序中主要体现为监督和合理怀疑。

4. 程序

程序对于立法语言审查而言，既为审查主体提供了审查步骤，也确保了立法机关遵循结果正义的程序法精神，保证立法结果的形式正义与实质正义。

综上所述，立法语言审查程序的四层概念彼此一脉相承，如“立法—语言”“立法—审查”以及“语言—审查”等，这些概念联结的正当性、合法性既表明了立法语言审查程序设置的必要性，也在某种程度上凸显了立法语言审查程序的法律价值和意义。[④]

---

① 参见陈光主编：《立法学原理》，武汉大学出版社2018年版，第79页。

② 参见陈光主编：《立法学原理》，武汉大学出版社2018年版，第80页。

③ 《立法法》第九十九条规定：“国务院、中央军事委员会、最高人民法院、最高人民检察院和各省、自治区、直辖市的人民代表大会常务委员会认为行政法规、地方性法规、自治条例和单行条例同宪法或者法律相抵触的，可以向全国人民代表大会常务委员会书面提出进行审查的要求，由常务委员会工作机构分送有关的专门委员会进行审查、提出意见。前款规定以外的其他国家机关和社会团体、企业事业组织以及公民认为行政法规、地方性法规、自治条例和单行条例同宪法或者法律相抵触的，可以向全国人民代表大会常务委员会书面提出进行审查的建议，由常务委员会工作机构进行研究，必要时，送有关的专门委员会进行审查、提出意见。有关的专门委员会和常务委员会工作机构可以对报送备案的规范性文件进行主动审查。”

④ 参见陈光主编：《立法学原理》，武汉大学出版社2018年版，第80页。

## 第二节 立法语言文字规则

### 一、明确、肯定

“明确、肯定”指用清楚的、具体的、明白无误的语言文字，在法律、法规和其他规范性法律文件中，规定人们的行为模式和法律后果，表述法的其他内容。[①]“明确”要求立法语言明白、准确，而“肯定”要求立法语言确定而没有歧义。起草法律、法规和其他规范性法律文件都要注意使用明确、肯定的语言文字，这样才便于人们正确把握其含义，从而正确地执法、司法和守法。但需要注意的是，追求立法语言文字的“明确、肯定”不代表一定要把语言文字搞得太刻板而没有丝毫概括性，由于社会生活的丰富性和复杂性，立法者针对特殊情况也可以适当使用具有概括性的语言来表述法律、法规和其他规范性法律文件。

立法语言文字必须没有歧义，也就是不能产生多种解读。但是，很明显，“明确”与“肯定”的要求是一种理想化的状态。现实情况中，即使立法者已经非常严谨，但是法律语言难免存在一定的模糊地带。所以需要进一步的立法解释、司法解释等。“明确、肯定”的要求意味着立法语言文字尽可能地限制符号化文字的个人解读空间，形成统一的准确理解。“明确、肯定”的立法语言文字要求一个国家内部的普通民众都能理解和解读，避免法律语言成为某种行业特权。立法语言文字应该尽可能地避免空洞的口号或标签，因为越是空洞的口号和标签，越是存在更多的模糊性。当然，避免立法语言文字的口号化和标签化并非拒绝立法语言文字的抽象性。社会现象的多元化必然要求立法语言文字具备一定的概括性和抽象性，用于涵摄众彩纷呈的现实世界。因此，“明确、肯定”的立法语言文字要求并非要绝对化、具体化所有的法律表述，而是要在抽象性和具体性之间寻找恰到好处的平衡。

### 二、通俗、简洁

所谓“通俗”是指能使一般人有效地理解而不发生理解上的障碍；所谓“简洁”是指言简意赅、要言不烦、切中要害。立法者在立法时要摒弃晦涩难懂、故作深奥的语言，避免使用地方语言，尽量采用大众能够接受的语言文字，重视直接陈述，而避免拐弯抹角。同时，在起草法律、法规和其他规范性法律文件时，要简明扼要，不要无端重复、增字数、凑篇幅，尽量做到文简而理周。[②] 但这不意味着不能使用专门概念、术语、词汇，不意味着起草的法律法规越短越好，立法者不能为了一味地追求简洁而省略必要的内容、损害法的内容的完整性。

通俗易懂和简洁有力的立法语言文字要求普通民众都能理解和掌握主要的立法意图。

---

① 参见周旺生：《立法学》（第二版），法律出版社 2009 年版，第 481 页。

② 参见周旺生：《立法学》（第二版），法律出版社 2009 年版，第 481－482 页。

实践中存在很多不知法而违法的现象，行为人往往以自己不懂法为由进行抗辩。为了避免出现这种借口，立法语言文字要考虑到最大多数人的文化水平和理解能力。现代社会中的法律并非封建社会时代的专制压迫工具，而是体现人民权利和意志的产物。既然法律法规承载了人民意志，那么必然要便于人民群众掌握和理解。通俗易懂是指能让普通受教育水平者、各行各业的工作者都能理解，或者不致发生严重的误读。简洁有力则是指立法语言文字应该言简意赅、切中要点，避免佶屈聱牙。①

### 三、严谨、规范

"严谨"是指立法语言文字的使用应当严密周详，逻辑合理，无懈可击。而"规范"是指，立法语言文字应当符合常规，在必要时虽然可以适度超出规范使用语言文字表述法的内容，但要严格控制。②

一般情况下，立法者应当按照实际生活中通常所理解的含义来准确地使用语言文字，但当立法所需含义与通常含义有出入时，应当予以明确界定，以免造成误解。同时，立法语言文字的严谨、规范还要求做到用同样的词汇、概念表达同样的含义，如在同一部法中，不能有时用"应当"，有时用"应"；有时用"可以"，有时用"可"等，诸如此类均应避免。

## 第三节　立法语言文字审查程序

所谓立法语言文字审查程序，是指对立法语词、句式、篇章结构等文本表达进行审查的立法程序。③ 立法语言文字审查在我国尚处于起步阶段。从广义上看，立法语言文字审查是要在法律制定、修改、补充的过程中，对法律法规文本文字进行用语规范性检验的程序，包括了正在立法的语言文字审查和已经立法的语言文字审查。狭义上的立法语言文字审查特指正在立法的语言文字审查。

### 一、立法语言文字审查程序的特征

立法语言文字审查程序作为立法工作的重要组成部分，具有以下三个基本特征：

第一，立法语言文字审查程序是适用于立法主体的立法程序。立法主体是有权制定、修改、补充、废止法律的国家机关，它将对法律法规文件的效力产生决定性的影响。由于法律制定之后的修改、补充仍需要经过一定的程序和时间，如果法律制定过程中存在语言文字上的不足，会产生一定的负面影响，所以立法机关应该尽可能在立法之初就避免出现语言文字上的失误。

---

① 参见周旺生：《立法学》（第二版），法律出版社2009年版，第481页。

② 参见周旺生：《立法学》（第二版），法律出版社2009年版，第482页。

③ 张玉洁、张婷婷：《论立法语言审查程序的设置理据与技术——基于韩国立法的经验借鉴》，《中南大学学报（社会科学版）》2015年第3期。

第二，立法语言文字审查的对象是法律草案的语言文字。这里的语言文字是指它的所指和意义体系。所谓所指是指，立法语言文字指向的立法意图、立法目的、立法政策。所谓意义体系是指，立法语言文字表述、指称的规范性逻辑结构。立法语言文字审查程序一方面需要审查立法语言文字的意义表述与立法意图、立法目的、立法政策是否统一，另一方面也需要审查立法语言文字表述是否符合规范性要求，具备严谨、明确、肯定的意义体系。而且还要注重立法语言文字与日常语言文字之间的联系和区别，不能用日常语言文字来指称或表述对应的法律意义。

第三，立法语言文字审查程序意味着需要遵守一定的程序性要求。在立法实践过程中，立法语言文字审查程序往往嵌入立法程序之中。立法语言文字审查程序中审查的是立法过程中的法律草案的语言文字，因此带有自我监督的功能。审查主体可以提出异议，但是没有直接修改草案的权力。立法语言文字审查程序可以通过结构性的步骤使立法过程更加理性。虽然审查程序并不一定能完全消除立法语言文字中存在的歧义、矛盾、重复等问题，但是能够通过程序的结构性设定尽可能地避免这些问题，维护集体理性。

## 二、立法语言文字审查程序的意义

立法语言文字审查程序是完善立法的重要步骤，具有以下三个重要意义：

其一，提供了立法程序自我修复的功能。立法工作意义重大，涉及国家的长治久安，不可不谨慎对之。立法工作中难免出现一些可能的风险和差误。虽然这些风险和差误可以通过法律的修改、补充、废止程序得到修正，但是提前化解这些风险和差误显然更有必要。立法语言文字审查可以使这些风险和差误提前得到化解。立法语言文字审查程序属于程序性的制度设计，可以避免立法语言文字中存在的风险和差误造成实质性的社会后果。程序性的制度设计可以可视化地把立法内部监督与外部监督联系起来，防止出现立法权力的滥用。

其二，保障立法工作的规范性。立法工作中容易出现语言文字失范现象，比如用语歧义、语法错误、指称混乱、逻辑缺失等。立法语言文字上的问题归根到底是因为缺乏足够的审查力度。立法语言文字审查程序可以帮助完善立法，减少语言失范现象。

其三，立法语言文字审查可以避免执法、司法、守法过程中出现的法的运行难题。立法语言文字的失范现象会导致法律概念缺乏确定性、法律条文逻辑出现混乱等问题，而在执法、司法、守法过程中就会扩大这些混乱和不确定性，造成对社会发展的实质性破坏。立法语言文字审查是前置性的修正程序，可以在法律草案审议的基础上增加更专业的语言文字审查，从而有效避免语言文字的表述失范现象。

## 三、立法语言文字审查程序的建构

“我国现行立法程序虽未明确规定关于立法语言的审查程序，但是支撑立法语言审查的程序基础却是存在的。”① 当前中国的立法语言文字审查程序与法律草案审议程序相互

---

① 张玉洁、张婷婷：《论立法语言审查程序的设置理据与技术——基于韩国立法的经验借鉴》，《中南大学学报（社会科学版）》2015 年第 3 期。

结合，成为立法程序的事中审查程序。根据《立法法》的规定，立法草案需要经过专门委员会进行审议，这就为立法语言文字的专门审查程序提供了法理基础。专门委员会可以审查立法必要、法律草案的合宪性、结构条款设置的科学性、立法语言表述的准确性。由此可见，《立法法》已经把立法语言文字审查程序作为法律草案审议的重要内容。国务院制定的行政法规、地方性法规、自治条例、单行条例等法律法规都需要经过各专门委员会的专业审理。《宪法》第七十条规定："各专门委员会在全国人民代表大会和全国人民代表大会常务委员会领导下，研究、审议和拟订有关议案。"近些年，中国一些省份的立法机关和政府部门开始注重立法语言文字规范性审查。由于社会发展，不同部门有特殊的行业属性，因此在部门立法、涉及某一行业规制的立法时更需要注重立法语言文字的审查，避免出现"外行人"立法的现象。立法工作能否满足现实社会的需要，主要依靠法律的规范性表述。法律法规的规范性表述如果能准确涵摄现实状况，并提供清晰有效的行为指引，那么立法工作就能发挥社会实效。

# 附　录

## 一、中华人民共和国宪法

（1982 年 12 月 4 日第五届全国人民代表大会第五次会议通过　1982 年 12 月 4 日全国人民代表大会公告公布施行　根据 1988 年 4 月 12 日第七届全国人民代表大会第一次会议通过的《中华人民共和国宪法修正案》、1993 年 3 月 29 日第八届全国人民代表大会第一次会议通过的《中华人民共和国宪法修正案》、1999 年 3 月 15 日第九届全国人民代表大会第二次会议通过的《中华人民共和国宪法修正案》、2004 年 3 月 14 日第十届全国人民代表大会第二次会议通过的《中华人民共和国宪法修正案》和 2018 年 3 月 11 日第十三届全国人民代表大会第一次会议通过的《中华人民共和国宪法修正案》修正）

### 序　言

中国是世界上历史最悠久的国家之一。中国各族人民共同创造了光辉灿烂的文化，具有光荣的革命传统。

一八四〇年以后，封建的中国逐渐变成半殖民地、半封建的国家。中国人民为国家独立、民族解放和民主自由进行了前仆后继的英勇奋斗。

二十世纪，中国发生了翻天覆地的伟大历史变革。

一九一一年孙中山先生领导的辛亥革命，废除了封建帝制，创立了中华民国。但是，中国人民反对帝国主义和封建主义的历史任务还没有完成。

一九四九年，以毛泽东主席为领袖的中国共产党领导中国各族人民，在经历了长期的艰难曲折的武装斗争和其他形式的斗争以后，终于推翻了帝国主义、封建主义和官僚资本主义的统治，取得了新民主主义革命的伟大胜利，建立了中华人民共和国。从此，中国人民掌握了国家的权力，成为国家的主人。

中华人民共和国成立以后，我国社会逐步实现了由新民主主义到社会主义的过渡。生产资料私有制的社会主义改造已经完成，人剥削人的制度已经消灭，社会主义制度已经确立。工人阶级领导的、以工农联盟为基础的人民民主专政，实质上即无产阶级专政，得到巩固和发展。中国人民和中国人民解放军战胜了帝国主义、霸权主义的侵略、破坏和武装挑衅，维护了国家的独立和安全，增强了国防。经济建设取得了重大的成就，独立的、比较完整的社会主义工业体系已经基本形成，农业生产显著提高。教育、科学、文化等事业有了很大的发展，社会主义思想教育取得了明显的成效。广大人民的生活有了较大的改善。

中国新民主主义革命的胜利和社会主义事业的成就，是中国共产党领导中国各族人民，在马克思列宁主义、毛泽东思想的指引下，坚持真理，修正错误，战胜许多艰难险阻而取得的。我国将长期处于社会主义初级阶段。国家的根本任务是，沿着中国特色社会主义道路，集中力量进行社会主义现代化建设。中国各族人民将继续在中国共产党领导下，在马克思列宁主义、毛泽东思想、邓小平理论、“三个代表”重要思想、科学发展观、习近平新时代中国特色社会主义思想指引下，坚持人民民主专政，坚持社会主义道路，坚持改革开放，不断完善社会主义的各项制度，发展社会主义市场经济，发展社会主义民主，健全社会主义法治，贯彻新发展理念，自力更生，艰苦奋斗，逐步实现工业、农业、国防和科学技术的现代化，推动物质文明、政治文明、精神文明、社会文明、生态文明协调发展，把我国建设成为富强民主文明和谐美丽的社会主义现代化强国，实现中华民族伟大复兴。

在我国，剥削阶级作为阶级已经消灭，但是阶级斗争还将在一定范围内长期存在。中国人民对敌视和破坏我国社会主义制度的国内外的敌对势力和敌对分子，必须进行斗争。

台湾是中华人民共和国的神圣领土的一部分。完成统一祖国的大业是包括台湾同胞在内的全中国人民的神圣职责。

社会主义的建设事业必须依靠工人、农民和知识分子，团结一切可以团结的力量。在长期的革命、建设、改革过程中，已经结成由中国共产党领导的，有各民主党派和各人民团体参加的，包括全体社会主义劳动者、社会主义事业的建设者、拥护社会主义的爱国者、拥护祖国统一和致力于中华民族伟大复兴的爱国者的广泛的爱国统一战线，这个统一战线将继续巩固和发展。中国人民政治协商会议是有广泛代表性的统一战线组织，过去发挥了重要的历史作用，今后在国家政治生活、社会生活和对外友好活动中，在进行社会主义现代化建设、维护国家的统一和团结的斗争中，将进一步发挥它的重要作用。中国共产党领导的多党合作和政治协商制度将长期存在和发展。

中华人民共和国是全国各族人民共同缔造的统一的多民族国家。平等团结互助和谐的社会主义民族关系已经确立，并将继续加强。在维护民族团结的斗争中，要反对大民族主义，主要是大汉族主义，也要反对地方民族主义。国家尽一切努力，促进全国各民族的共同繁荣。

中国革命、建设、改革的成就是同世界人民的支持分不开的。中国的前途是同世界的前途紧密地联系在一起的。中国坚持独立自主的对外政策，坚持互相尊重主权和领土完整、互不侵犯、互不干涉内政、平等互利、和平共处的五项原则，坚持和平发展道路，坚持互利共赢开放战略，发展同各国的外交关系和经济、文化交流，推动构建人类命运共同体；坚持反对帝国主义、霸权主义、殖民主义，加强同世界各国人民的团结，支持被压迫民族和发展中国家争取和维护民族独立、发展民族经济的正义斗争，为维护世界和平和促进人类进步事业而努力。

本宪法以法律的形式确认了中国各族人民奋斗的成果，规定了国家的根本制度和根本任务，是国家的根本法，具有最高的法律效力。全国各族人民、一切国家机关和武装力量、各政党和各社会团体、各企业事业组织，都必须以宪法为根本的活动准则，并且负有维护宪法尊严、保证宪法实施的职责。

## 第一章 总 纲

**第一条** 中华人民共和国是工人阶级领导的、以工农联盟为基础的人民民主专政的社会主义国家。

社会主义制度是中华人民共和国的根本制度。中国共产党领导是中国特色社会主义最本质的特征。禁止任何组织或者个人破坏社会主义制度。

**第二条** 中华人民共和国的一切权力属于人民。

人民行使国家权力的机关是全国人民代表大会和地方各级人民代表大会。

人民依照法律规定，通过各种途径和形式，管理国家事务，管理经济和文化事业，管理社会事务。

**第三条** 中华人民共和国的国家机构实行民主集中制的原则。

全国人民代表大会和地方各级人民代表大会都由民主选举产生，对人民负责，受人民监督。

国家行政机关、监察机关、审判机关、检察机关都由人民代表大会产生，对它负责，受它监督。

中央和地方的国家机构职权的划分，遵循在中央的统一领导下，充分发挥地方的主动性、积极性的原则。

**第四条** 中华人民共和国各民族一律平等。国家保障各少数民族的合法的权利和利益，维护和发展各民族的平等团结互助和谐关系。禁止对任何民族的歧视和压迫，禁止破坏民族团结和制造民族分裂的行为。

国家根据各少数民族的特点和需要，帮助各少数民族地区加速经济和文化的发展。

各少数民族聚居的地方实行区域自治，设立自治机关，行使自治权。各民族自治地方都是中华人民共和国不可分离的部分。

各民族都有使用和发展自己的语言文字的自由，都有保持或者改革自己的风俗习惯的自由。

**第五条** 中华人民共和国实行依法治国，建设社会主义法治国家。

国家维护社会主义法制的统一和尊严。

一切法律、行政法规和地方性法规都不得同宪法相抵触。

一切国家机关和武装力量、各政党和各社会团体、各企业事业组织都必须遵守宪法和法律。一切违反宪法和法律的行为，必须予以追究。

任何组织或者个人都不得有超越宪法和法律的特权。

**第六条** 中华人民共和国的社会主义经济制度的基础是生产资料的社会主义公有制，即全民所有制和劳动群众集体所有制。社会主义公有制消灭人剥削人的制度，实行各尽所能、按劳分配的原则。

国家在社会主义初级阶段，坚持公有制为主体、多种所有制经济共同发展的基本经济制度，坚持按劳分配为主体、多种分配方式并存的分配制度。

**第七条** 国有经济，即社会主义全民所有制经济，是国民经济中的主导力量。国家保障国有经济的巩固和发展。

**第八条** 农村集体经济组织实行家庭承包经营为基础、统分结合的双层经营体制。农村中的生产、供销、信用、消费等各种形式的合作经济，是社会主义劳动群众集体所有制经济。参加农村集体经济组织的劳动者，有权在法律规定的范围内经营自留地、自留山、家庭副业和饲养自留畜。

城镇中的手工业、工业、建筑业、运输业、商业、服务业等行业的各种形式的合作经济，都是社会主义劳动群众集体所有制经济。

国家保护城乡集体经济组织的合法的权利和利益，鼓励、指导和帮助集体经济的发展。

**第九条** 矿藏、水流、森林、山岭、草原、荒地、滩涂等自然资源，都属于国家所有，即全民所有；由法律规定属于集体所有的森林和山岭、草原、荒地、滩涂除外。

国家保障自然资源的合理利用，保护珍贵的动物和植物。禁止任何组织或者个人用任何手段侵占或者破坏自然资源。

**第十条** 城市的土地属于国家所有。

农村和城市郊区的土地，除由法律规定属于国家所有的以外，属于集体所有；宅基地和自留地、自留山，也属于集体所有。

国家为了公共利益的需要，可以依照法律规定对土地实行征收或者征用并给予补偿。

任何组织或者个人不得侵占、买卖或者以其他形式非法转让土地。土地的使用权可以依照法律的规定转让。

一切使用土地的组织和个人必须合理地利用土地。

**第十一条** 在法律规定范围内的个体经济、私营经济等非公有制经济，是社会主义市场经济的重要组成部分。

国家保护个体经济、私营经济等非公有制经济的合法的权利和利益。国家鼓励、支持和引导非公有制经济的发展，并对非公有制经济依法实行监督和管理。

**第十二条** 社会主义的公共财产神圣不可侵犯。

国家保护社会主义的公共财产。禁止任何组织或者个人用任何手段侵占或者破坏国家的和集体的财产。

**第十三条** 公民的合法的私有财产不受侵犯。

国家依照法律规定保护公民的私有财产权和继承权。

国家为了公共利益的需要，可以依照法律规定对公民的私有财产实行征收或者征用并给予补偿。

**第十四条** 国家通过提高劳动者的积极性和技术水平，推广先进的科学技术，完善经济管理体制和企业经营管理制度，实行各种形式的社会主义责任制，改进劳动组织，以不断提高劳动生产率和经济效益，发展社会生产力。

国家厉行节约，反对浪费。

国家合理安排积累和消费，兼顾国家、集体和个人的利益，在发展生产的基础上，逐步改善人民的物质生活和文化生活。

国家建立健全同经济发展水平相适应的社会保障制度。

**第十五条** 国家实行社会主义市场经济。

国家加强经济立法，完善宏观调控。

国家依法禁止任何组织或者个人扰乱社会经济秩序。

**第十六条** 国有企业在法律规定的范围内有权自主经营。

国有企业依照法律规定，通过职工代表大会和其他形式，实行民主管理。

**第十七条** 集体经济组织在遵守有关法律的前提下，有独立进行经济活动的自主权。

集体经济组织实行民主管理，依照法律规定选举和罢免管理人员，决定经营管理的重大问题。

**第十八条** 中华人民共和国允许外国的企业和其他经济组织或者个人依照中华人民共和国法律的规定在中国投资，同中国的企业或者其他经济组织进行各种形式的经济合作。

在中国境内的外国企业和其他外国经济组织以及中外合资经营的企业，都必须遵守中华人民共和国的法律。它们的合法的权利和利益受中华人民共和国法律的保护。

**第十九条** 国家发展社会主义的教育事业，提高全国人民的科学文化水平。

国家举办各种学校，普及初等义务教育，发展中等教育、职业教育和高等教育，并且发展学前教育。

国家发展各种教育设施，扫除文盲，对工人、农民、国家工作人员和其他劳动者进行政治、文化、科学、技术、业务的教育，鼓励自学成才。

国家鼓励集体经济组织、国家企业事业组织和其他社会力量依照法律规定举办各种教育事业。

国家推广全国通用的普通话。

**第二十条** 国家发展自然科学和社会科学事业，普及科学和技术知识，奖励科学研究成果和技术发明创造。

**第二十一条** 国家发展医疗卫生事业，发展现代医药和我国传统医药，鼓励和支持农村集体经济组织、国家企业事业组织和街道组织举办各种医疗卫生设施，开展群众性的卫生活动，保护人民健康。

国家发展体育事业，开展群众性的体育活动，增强人民体质。

**第二十二条** 国家发展为人民服务、为社会主义服务的文学艺术事业、新闻广播电视事业、出版发行事业、图书馆博物馆文化馆和其他文化事业，开展群众性的文化活动。

国家保护名胜古迹、珍贵文物和其他重要历史文化遗产。

**第二十三条** 国家培养为社会主义服务的各种专业人才，扩大知识分子的队伍，创造条件，充分发挥他们在社会主义现代化建设中的作用。

**第二十四条** 国家通过普及理想教育、道德教育、文化教育、纪律和法制教育，通过在城乡不同范围的群众中制定和执行各种守则、公约，加强社会主义精神文明的建设。

国家倡导社会主义核心价值观，提倡爱祖国、爱人民、爱劳动、爱科学、爱社会主义的公德，在人民中进行爱国主义、集体主义和国际主义、共产主义的教育，进行辩证唯物主义和历史唯物主义的教育，反对资本主义的、封建主义的和其他的腐朽思想。

**第二十五条** 国家推行计划生育，使人口的增长同经济和社会发展计划相适应。

**第二十六条** 国家保护和改善生活环境和生态环境，防治污染和其他公害。

国家组织和鼓励植树造林，保护林木。

**第二十七条** 一切国家机关实行精简的原则，实行工作责任制，实行工作人员的培训和考核制度，不断提高工作质量和工作效率，反对官僚主义。

一切国家机关和国家工作人员必须依靠人民的支持，经常保持同人民的密切联系，倾听人民的意见和建议，接受人民的监督，努力为人民服务。

国家工作人员就职时应当依照法律规定公开进行宪法宣誓。

**第二十八条** 国家维护社会秩序，镇压叛国和其他危害国家安全的犯罪活动，制裁危害社会治安、破坏社会主义经济和其他犯罪的活动，惩办和改造犯罪分子。

**第二十九条** 中华人民共和国的武装力量属于人民。它的任务是巩固国防，抵抗侵略，保卫祖国，保卫人民的和平劳动，参加国家建设事业，努力为人民服务。

国家加强武装力量的革命化、现代化、正规化的建设，增强国防力量。

**第三十条** 中华人民共和国的行政区域划分如下：

（一）全国分为省、自治区、直辖市；

（二）省、自治区分为自治州、县、自治县、市；

（三）县、自治县分为乡、民族乡、镇。

直辖市和较大的市分为区、县。自治州分为县、自治县、市。

自治区、自治州、自治县都是民族自治地方。

**第三十一条** 国家在必要时得设立特别行政区。在特别行政区内实行的制度按照具体情况由全国人民代表大会以法律规定。

**第三十二条** 中华人民共和国保护在中国境内的外国人的合法权利和利益，在中国境内的外国人必须遵守中华人民共和国的法律。

中华人民共和国对于因为政治原因要求避难的外国人，可以给予受庇护的权利。

## 第二章　公民的基本权利和义务

**第三十三条** 凡具有中华人民共和国国籍的人都是中华人民共和国公民。

中华人民共和国公民在法律面前一律平等。

国家尊重和保障人权。

任何公民享有宪法和法律规定的权利，同时必须履行宪法和法律规定的义务。

**第三十四条** 中华人民共和国年满十八周岁的公民，不分民族、种族、性别、职业、家庭出身、宗教信仰、教育程度、财产状况、居住期限，都有选举权和被选举权；但是依照法律被剥夺政治权利的人除外。

**第三十五条** 中华人民共和国公民有言论、出版、集会、结社、游行、示威的自由。

**第三十六条** 中华人民共和国公民有宗教信仰自由。

任何国家机关、社会团体和个人不得强制公民信仰宗教或者不信仰宗教，不得歧视信仰宗教的公民和不信仰宗教的公民。

国家保护正常的宗教活动。任何人不得利用宗教进行破坏社会秩序、损害公民身体健康、妨碍国家教育制度的活动。

宗教团体和宗教事务不受外国势力的支配。

**第三十七条** 中华人民共和国公民的人身自由不受侵犯。

任何公民，非经人民检察院批准或者决定或者人民法院决定，并由公安机关执行，不受逮捕。

禁止非法拘禁和以其他方法非法剥夺或者限制公民的人身自由，禁止非法搜查公民的身体。

**第三十八条** 中华人民共和国公民的人格尊严不受侵犯。禁止用任何方法对公民进行侮辱、诽谤和诬告陷害。

**第三十九条** 中华人民共和国公民的住宅不受侵犯。禁止非法搜查或者非法侵入公民的住宅。

**第四十条** 中华人民共和国公民的通信自由和通信秘密受法律的保护。除因国家安全或者追查刑事犯罪的需要，由公安机关或者检察机关依照法律规定的程序对通信进行检查外，任何组织或者个人不得以任何理由侵犯公民的通信自由和通信秘密。

**第四十一条** 中华人民共和国公民对于任何国家机关和国家工作人员，有提出批评和建议的权利；对于任何国家机关和国家工作人员的违法失职行为，有向有关国家机关提出申诉、控告或者检举的权利，但是不得捏造或者歪曲事实进行诬告陷害。

对于公民的申诉、控告或者检举，有关国家机关必须查清事实，负责处理。任何人不得压制和打击报复。

由于国家机关和国家工作人员侵犯公民权利而受到损失的人，有依照法律规定取得赔偿的权利。

**第四十二条** 中华人民共和国公民有劳动的权利和义务。

国家通过各种途径，创造劳动就业条件，加强劳动保护，改善劳动条件，并在发展生产的基础上，提高劳动报酬和福利待遇。

劳动是一切有劳动能力的公民的光荣职责。国有企业和城乡集体经济组织的劳动者都应当以国家主人翁的态度对待自己的劳动。国家提倡社会主义劳动竞赛，奖励劳动模范和先进工作者。国家提倡公民从事义务劳动。

国家对就业前的公民进行必要的劳动就业训练。

**第四十三条** 中华人民共和国劳动者有休息的权利。

国家发展劳动者休息和休养的设施，规定职工的工作时间和休假制度。

**第四十四条** 国家依照法律规定实行企业事业组织的职工和国家机关工作人员的退休制度。退休人员的生活受到国家和社会的保障。

**第四十五条** 中华人民共和国公民在年老、疾病或者丧失劳动能力的情况下，有从国家和社会获得物质帮助的权利。国家发展为公民享受这些权利所需要的社会保险、社会救济和医疗卫生事业。

国家和社会保障残废军人的生活，抚恤烈士家属，优待军人家属。

国家和社会帮助安排盲、聋、哑和其他有残疾的公民的劳动、生活和教育。

**第四十六条** 中华人民共和国公民有受教育的权利和义务。

国家培养青年、少年、儿童在品德、智力、体质等方面全面发展。

**第四十七条** 中华人民共和国公民有进行科学研究、文学艺术创作和其他文化活动的自由。国家对于从事教育、科学、技术、文学、艺术和其他文化事业的公民的有益于人民的创造性工作，给以鼓励和帮助。

**第四十八条** 中华人民共和国妇女在政治的、经济的、文化的、社会的和家庭的生活等各方面享有同男子平等的权利。

国家保护妇女的权利和利益，实行男女同工同酬，培养和选拔妇女干部。

**第四十九条** 婚姻、家庭、母亲和儿童受国家的保护。

夫妻双方有实行计划生育的义务。

父母有抚养教育未成年子女的义务，成年子女有赡养扶助父母的义务。

禁止破坏婚姻自由，禁止虐待老人、妇女和儿童。

**第五十条** 中华人民共和国保护华侨的正当的权利和利益，保护归侨和侨眷的合法的权利和利益。

**第五十一条** 中华人民共和国公民在行使自由和权利的时候，不得损害国家的、社会的、集体的利益和其他公民的合法的自由和权利。

**第五十二条** 中华人民共和国公民有维护国家统一和全国各民族团结的义务。

**第五十三条** 中华人民共和国公民必须遵守宪法和法律，保守国家秘密，爱护公共财产，遵守劳动纪律，遵守公共秩序，尊重社会公德。

**第五十四条** 中华人民共和国公民有维护祖国的安全、荣誉和利益的义务，不得有危害祖国的安全、荣誉和利益的行为。

**第五十五条** 保卫祖国、抵抗侵略是中华人民共和国每一个公民的神圣职责。

依照法律服兵役和参加民兵组织是中华人民共和国公民的光荣义务。

**第五十六条** 中华人民共和国公民有依照法律纳税的义务。

## 第三章 国家机构

### 第一节 全国人民代表大会

**第五十七条** 中华人民共和国全国人民代表大会是最高国家权力机关。它的常设机关是全国人民代表大会常务委员会。

**第五十八条** 全国人民代表大会和全国人民代表大会常务委员会行使国家立法权。

**第五十九条** 全国人民代表大会由省、自治区、直辖市、特别行政区和军队选出的代表组成。各少数民族都应当有适当名额的代表。

全国人民代表大会代表的选举由全国人民代表大会常务委员会主持。

全国人民代表大会代表名额和代表产生办法由法律规定。

**第六十条** 全国人民代表大会每届任期五年。

全国人民代表大会任期届满的两个月以前，全国人民代表大会常务委员会必须完成下届全国人民代表大会代表的选举。如果遇到不能进行选举的非常情况，由全国人民代表大会常务委员会以全体组成人员的三分之二以上的多数通过，可以推迟选举，延长本届全国人民代表大会的任期。在非常情况结束后一年内，必须完成下届全国人民代表大会代表的选举。

**第六十一条** 全国人民代表大会会议每年举行一次，由全国人民代表大会常务委员会召集。如果全国人民代表大会常务委员会认为必要，或者有五分之一以上的全国人民代表大会代表提议，可以临时召集全国人民代表大会会议。

全国人民代表大会举行会议的时候，选举主席团主持会议。

**第六十二条** 全国人民代表大会行使下列职权：

（一）修改宪法；

（二）监督宪法的实施；

（三）制定和修改刑事、民事、国家机构的和其他的基本法律；

（四）选举中华人民共和国主席、副主席；

（五）根据中华人民共和国主席的提名，决定国务院总理的人选；根据国务院总理的提名，决定国务院副总理、国务委员、各部部长、各委员会主任、审计长、秘书长的人选；

（六）选举中央军事委员会主席；根据中央军事委员会主席的提名，决定中央军事委员会其他组成人员的人选；

（七）选举国家监察委员会主任；

（八）选举最高人民法院院长；

（九）选举最高人民检察院检察长；

（十）审查和批准国民经济和社会发展计划和计划执行情况的报告；

（十一）审查和批准国家的预算和预算执行情况的报告；

（十二）改变或者撤销全国人民代表大会常务委员会不适当的决定；

（十三）批准省、自治区和直辖市的建置；

（十四）决定特别行政区的设立及其制度；

（十五）决定战争和和平的问题；

（十六）应当由最高国家权力机关行使的其他职权。

**第六十三条** 全国人民代表大会有权罢免下列人员：

（一）中华人民共和国主席、副主席；

（二）国务院总理、副总理、国务委员、各部部长、各委员会主任、审计长、秘书长；

（三）中央军事委员会主席和中央军事委员会其他组成人员；

（四）国家监察委员会主任；

（五）最高人民法院院长；

（六）最高人民检察院检察长。

**第六十四条** 宪法的修改，由全国人民代表大会常务委员会或者五分之一以上的全国人民代表大会代表提议，并由全国人民代表大会以全体代表的三分之二以上的多数通过。

法律和其他议案由全国人民代表大会以全体代表的过半数通过。

**第六十五条** 全国人民代表大会常务委员会由下列人员组成：

委员长，

副委员长若干人，

秘书长，

委员若干人。

全国人民代表大会常务委员会组成人员中，应当有适当名额的少数民族代表。

全国人民代表大会选举并有权罢免全国人民代表大会常务委员会的组成人员。

全国人民代表大会常务委员会的组成人员不得担任国家行政机关、监察机关、审判机关和检察机关的职务。

**第六十六条** 全国人民代表大会常务委员会每届任期同全国人民代表大会每届任期相同，它行使职权到下届全国人民代表大会选出新的常务委员会为止。

委员长、副委员长连续任职不得超过两届。

**第六十七条** 全国人民代表大会常务委员会行使下列职权：

（一）解释宪法，监督宪法的实施；

（二）制定和修改除应当由全国人民代表大会制定的法律以外的其他法律；

（三）在全国人民代表大会闭会期间，对全国人民代表大会制定的法律进行部分补充和修改，但是不得同该法律的基本原则相抵触；

（四）解释法律；

（五）在全国人民代表大会闭会期间，审查和批准国民经济和社会发展计划、国家预算在执行过程中所必须作的部分调整方案；

（六）监督国务院、中央军事委员会、国家监察委员会、最高人民法院和最高人民检察院的工作；

（七）撤销国务院制定的同宪法、法律相抵触的行政法规、决定和命令；

（八）撤销省、自治区、直辖市国家权力机关制定的同宪法、法律和行政法规相抵触的地方性法规和决议；

（九）在全国人民代表大会闭会期间，根据国务院总理的提名，决定部长、委员会主任、审计长、秘书长的人选；

（十）在全国人民代表大会闭会期间，根据中央军事委员会主席的提名，决定中央军事委员会其他组成人员的人选；

（十一）根据国家监察委员会主任的提请，任免国家监察委员会副主任、委员；

（十二）根据最高人民法院院长的提请，任免最高人民法院副院长、审判员、审判委员会委员和军事法院院长；

（十三）根据最高人民检察院检察长的提请，任免最高人民检察院副检察长、检察员、检察委员会委员和军事检察院检察长，并且批准省、自治区、直辖市的人民检察院检察长的任免；

（十四）决定驻外全权代表的任免；

（十五）决定同外国缔结的条约和重要协定的批准和废除；

（十六）规定军人和外交人员的衔级制度和其他专门衔级制度；

（十七）规定和决定授予国家的勋章和荣誉称号；

（十八）决定特赦；

（十九）在全国人民代表大会闭会期间，如果遇到国家遭受武装侵犯或者必须履行国际间共同防止侵略的条约的情况，决定战争状态的宣布；

（二十）决定全国总动员或者局部动员；

（二十一）决定全国或者个别省、自治区、直辖市进入紧急状态；

（二十二）全国人民代表大会授予的其他职权。

**第六十八条** 全国人民代表大会常务委员会委员长主持全国人民代表大会常务委员会的工作，召集全国人民代表大会常务委员会会议。副委员长、秘书长协助委员长工作。

委员长、副委员长、秘书长组成委员长会议，处理全国人民代表大会常务委员会的重要日常工作。

**第六十九条** 全国人民代表大会常务委员会对全国人民代表大会负责并报告工作。

**第七十条** 全国人民代表大会设立民族委员会、宪法和法律委员会、财政经济委员会、教育科学文化卫生委员会、外事委员会、华侨委员会和其他需要设立的专门委员会。在全国人民代表大会闭会期间，各专门委员会受全国人民代表大会常务委员会的领导。

各专门委员会在全国人民代表大会和全国人民代表大会常务委员会领导下，研究、审议和拟订有关议案。

**第七十一条** 全国人民代表大会和全国人民代表大会常务委员会认为必要的时候，可以组织关于特定问题的调查委员会，并且根据调查委员会的报告，作出相应的决议。

调查委员会进行调查的时候，一切有关的国家机关、社会团体和公民都有义务向它提供必要的材料。

**第七十二条** 全国人民代表大会代表和全国人民代表大会常务委员会组成人员，有权依照法律规定的程序分别提出属于全国人民代表大会和全国人民代表大会常务委员会职权范围内的议案。

**第七十三条** 全国人民代表大会代表在全国人民代表大会开会期间，全国人民代表大会常务委员会组成人员在常务委员会开会期间，有权依照法律规定的程序提出对国务院或者国务院各部、各委员会的质询案。受质询的机关必须负责答复。

**第七十四条** 全国人民代表大会代表，非经全国人民代表大会会议主席团许可，在全国人民代表大会闭会期间非经全国人民代表大会常务委员会许可，不受逮捕或者刑事审判。

**第七十五条** 全国人民代表大会代表在全国人民代表大会各种会议上的发言和表决，不受法律追究。

**第七十六条** 全国人民代表大会代表必须模范地遵守宪法和法律，保守国家秘密，并且在自己参加的生产、工作和社会活动中，协助宪法和法律的实施。

全国人民代表大会代表应当同原选举单位和人民保持密切的联系，听取和反映人民的意见和要求，努力为人民服务。

**第七十七条** 全国人民代表大会代表受原选举单位的监督。原选举单位有权依照法律规定的程序罢免本单位选出的代表。

**第七十八条** 全国人民代表大会和全国人民代表大会常务委员会的组织和工作程序由法律规定。

## 第二节 中华人民共和国主席

**第七十九条** 中华人民共和国主席、副主席由全国人民代表大会选举。

有选举权和被选举权的年满四十五周岁的中华人民共和国公民可以被选为中华人民共和国主席、副主席。

中华人民共和国主席、副主席每届任期同全国人民代表大会每届任期相同。

**第八十条** 中华人民共和国主席根据全国人民代表大会的决定和全国人民代表大会常务委员会的决定，公布法律，任免国务院总理、副总理、国务委员、各部部长、各委员会主任、审计长、秘书长，授予国家的勋章和荣誉称号，发布特赦令，宣布进入紧急状态，宣布战争状态，发布动员令。

**第八十一条** 中华人民共和国主席代表中华人民共和国，进行国事活动，接受外国使节；根据全国人民代表大会常务委员会的决定，派遣和召回驻外全权代表，批准和废除同外国缔结的条约和重要协定。

**第八十二条** 中华人民共和国副主席协助主席工作。

中华人民共和国副主席受主席的委托，可以代行主席的部分职权。

**第八十三条** 中华人民共和国主席、副主席行使职权到下届全国人民代表大会选出的主席、副主席就职为止。

**第八十四条** 中华人民共和国主席缺位的时候，由副主席继任主席的职位。

中华人民共和国副主席缺位的时候，由全国人民代表大会补选。

中华人民共和国主席、副主席都缺位的时候，由全国人民代表大会补选；在补选以前，由全国人民代表大会常务委员会委员长暂时代理主席职位。

## 第三节 国务院

**第八十五条** 中华人民共和国国务院，即中央人民政府，是最高国家权力机关的执行机关，是最高国家行政机关。

**第八十六条** 国务院由下列人员组成：

总理，

副总理若干人，

国务委员若干人，

各部部长，

各委员会主任，

审计长，

秘书长。

国务院实行总理负责制。各部、各委员会实行部长、主任负责制。

国务院的组织由法律规定。

**第八十七条** 国务院每届任期同全国人民代表大会每届任期相同。

总理、副总理、国务委员连续任职不得超过两届。

**第八十八条** 总理领导国务院的工作。副总理、国务委员协助总理工作。

总理、副总理、国务委员、秘书长组成国务院常务会议。

总理召集和主持国务院常务会议和国务院全体会议。

**第八十九条** 国务院行使下列职权：

（一）根据宪法和法律，规定行政措施，制定行政法规，发布决定和命令；

（二）向全国人民代表大会或者全国人民代表大会常务委员会提出议案；

（三）规定各部和各委员会的任务和职责，统一领导各部和各委员会的工作，并且领导不属于各部和各委员会的全国性的行政工作；

（四）统一领导全国地方各级国家行政机关的工作，规定中央和省、自治区、直辖市的国家行政机关的职权的具体划分；

（五）编制和执行国民经济和社会发展计划和国家预算；

（六）领导和管理经济工作和城乡建设、生态文明建设；

（七）领导和管理教育、科学、文化、卫生、体育和计划生育工作；

（八）领导和管理民政、公安、司法行政等工作；

（九）管理对外事务，同外国缔结条约和协定；

（十）领导和管理国防建设事业；

（十一）领导和管理民族事务，保障少数民族的平等权利和民族自治地方的自治权利；

（十二）保护华侨的正当的权利和利益，保护归侨和侨眷的合法的权利和利益；

（十三）改变或者撤销各部、各委员会发布的不适当的命令、指示和规章；

（十四）改变或者撤销地方各级国家行政机关的不适当的决定和命令；

（十五）批准省、自治区、直辖市的区域划分，批准自治州、县、自治县、市的建置和区域划分；

（十六）依照法律规定决定省、自治区、直辖市的范围内部分地区进入紧急状态；

（十七）审定行政机构的编制，依照法律规定任免、培训、考核和奖惩行政人员；

（十八）全国人民代表大会和全国人民代表大会常务委员会授予的其他职权。

**第九十条** 国务院各部部长、各委员会主任负责本部门的工作；召集和主持部务会议或者委员会会议、委务会议，讨论决定本部门工作的重大问题。

各部、各委员会根据法律和国务院的行政法规、决定、命令，在本部门的权限内，发布命令、指示和规章。

**第九十一条** 国务院设立审计机关，对国务院各部门和地方各级政府的财政收支，对国家的财政金融机构和企业事业组织的财务收支，进行审计监督。

审计机关在国务院总理领导下，依照法律规定独立行使审计监督权，不受其他行政机关、社会团体和个人的干涉。

**第九十二条** 国务院对全国人民代表大会负责并报告工作；在全国人民代表大会闭会期间，对全国人民代表大会常务委员会负责并报告工作。

## 第四节 中央军事委员会

**第九十三条** 中华人民共和国中央军事委员会领导全国武装力量。

中央军事委员会由下列人员组成：

主席，

副主席若干人，

委员若干人。

中央军事委员会实行主席负责制。

中央军事委员会每届任期同全国人民代表大会每届任期相同。

**第九十四条** 中央军事委员会主席对全国人民代表大会和全国人民代表大会常务委员会负责。

## 第五节 地方各级人民代表大会和地方各级人民政府

**第九十五条** 省、直辖市、县、市、市辖区、乡、民族乡、镇设立人民代表大会和人民政府。

地方各级人民代表大会和地方各级人民政府的组织由法律规定。

自治区、自治州、自治县设立自治机关。自治机关的组织和工作根据宪法第三章第五节、第六节规定的基本原则由法律规定。

**第九十六条** 地方各级人民代表大会是地方国家权力机关。

县级以上的地方各级人民代表大会设立常务委员会。

**第九十七条** 省、直辖市、设区的市的人民代表大会代表由下一级的人民代表大会选举；县、不设区的市、市辖区、乡、民族乡、镇的人民代表大会代表由选民直接选举。

地方各级人民代表大会代表名额和代表产生办法由法律规定。

**第九十八条** 地方各级人民代表大会每届任期五年。

**第九十九条** 地方各级人民代表大会在本行政区域内，保证宪法、法律、行政法规的遵守和执行；依照法律规定的权限，通过和发布决议，审查和决定地方的经济建设、文化建设和公共事业建设的计划。

县级以上的地方各级人民代表大会审查和批准本行政区域内的国民经济和社会发展计划、预算以及它们的执行情况的报告；有权改变或者撤销本级人民代表大会常务委员会不适当的决定。

民族乡的人民代表大会可以依照法律规定的权限采取适合民族特点的具体措施。

**第一百条** 省、直辖市的人民代表大会和它们的常务委员会，在不同宪法、法律、行政法规相抵触的前提下，可以制定地方性法规，报全国人民代表大会常务委员会备案。

设区的市的人民代表大会和它们的常务委员会，在不同宪法、法律、行政法规和本省、自治区的地方性法规相抵触的前提下，可以依照法律规定制定地方性法规，报本省、自治区人民代表大会常务委员会批准后施行。

**第一百零一条** 地方各级人民代表大会分别选举并且有权罢免本级人民政府的省长和

副省长、市长和副市长、县长和副县长、区长和副区长、乡长和副乡长、镇长和副镇长。

县级以上的地方各级人民代表大会选举并且有权罢免本级监察委员会主任、本级人民法院院长和本级人民检察院检察长。选出或者罢免人民检察院检察长，须报上级人民检察院检察长提请该级人民代表大会常务委员会批准。

**第一百零二条** 省、直辖市、设区的市的人民代表大会代表受原选举单位的监督；县、不设区的市、市辖区、乡、民族乡、镇的人民代表大会代表受选民的监督。

地方各级人民代表大会代表的选举单位和选民有权依照法律规定的程序罢免由他们选出的代表。

**第一百零三条** 县级以上的地方各级人民代表大会常务委员会由主任、副主任若干人和委员若干人组成，对本级人民代表大会负责并报告工作。

县级以上的地方各级人民代表大会选举并有权罢免本级人民代表大会常务委员会的组成人员。

县级以上的地方各级人民代表大会常务委员会的组成人员不得担任国家行政机关、监察机关、审判机关和检察机关的职务。

**第一百零四条** 县级以上的地方各级人民代表大会常务委员会讨论、决定本行政区域内各方面工作的重大事项；监督本级人民政府、监察委员会、人民法院和人民检察院的工作；撤销本级人民政府的不适当的决定和命令；撤销下一级人民代表大会的不适当的决议；依照法律规定的权限决定国家机关工作人员的任免；在本级人民代表大会闭会期间，罢免和补选上一级人民代表大会的个别代表。

**第一百零五条** 地方各级人民政府是地方各级国家权力机关的执行机关，是地方各级国家行政机关。

地方各级人民政府实行省长、市长、县长、区长、乡长、镇长负责制。

**第一百零六条** 地方各级人民政府每届任期同本级人民代表大会每届任期相同。

**第一百零七条** 县级以上地方各级人民政府依照法律规定的权限，管理本行政区域内的经济、教育、科学、文化、卫生、体育事业、城乡建设事业和财政、民政、公安、民族事务、司法行政、计划生育等行政工作，发布决定和命令，任免、培训、考核和奖惩行政工作人员。

乡、民族乡、镇的人民政府执行本级人民代表大会的决议和上级国家行政机关的决定和命令，管理本行政区域内的行政工作。

省、直辖市的人民政府决定乡、民族乡、镇的建置和区域划分。

**第一百零八条** 县级以上的地方各级人民政府领导所属各工作部门和下级人民政府的工作，有权改变或者撤销所属各工作部门和下级人民政府的不适当的决定。

**第一百零九条** 县级以上的地方各级人民政府设立审计机关。地方各级审计机关依照法律规定独立行使审计监督权，对本级人民政府和上一级审计机关负责。

**第一百一十条** 地方各级人民政府对本级人民代表大会负责并报告工作。县级以上的地方各级人民政府在本级人民代表大会闭会期间，对本级人民代表大会常务委员会负责并报告工作。

地方各级人民政府对上一级国家行政机关负责并报告工作。全国地方各级人民政府都是国务院统一领导下的国家行政机关，都服从国务院。

**第一百一十一条** 城市和农村按居民居住地区设立的居民委员会或者村民委员会是基层群众性自治组织。居民委员会、村民委员会的主任、副主任和委员由居民选举。居民委员会、村民委员会同基层政权的相互关系由法律规定。

居民委员会、村民委员会设人民调解、治安保卫、公共卫生等委员会，办理本居住地区的公共事务和公益事业，调解民间纠纷，协助维护社会治安，并且向人民政府反映群众的意见、要求和提出建议。

## 第六节 民族自治地方的自治机关

**第一百一十二条** 民族自治地方的自治机关是自治区、自治州、自治县的人民代表大会和人民政府。

**第一百一十三条** 自治区、自治州、自治县的人民代表大会中，除实行区域自治的民族的代表外，其他居住在本行政区域内的民族也应当有适当名额的代表。

自治区、自治州、自治县的人民代表大会常务委员会中应当有实行区域自治的民族的公民担任主任或者副主任。

**第一百一十四条** 自治区主席、自治州州长、自治县县长由实行区域自治的民族的公民担任。

**第一百一十五条** 自治区、自治州、自治县的自治机关行使宪法第三章第五节规定的地方国家机关的职权，同时依照宪法、民族区域自治法和其他法律规定的权限行使自治权，根据本地方实际情况贯彻执行国家的法律、政策。

**第一百一十六条** 民族自治地方的人民代表大会有权依照当地民族的政治、经济和文化的特点，制定自治条例和单行条例。自治区的自治条例和单行条例，报全国人民代表大会常务委员会批准后生效。自治州、自治县的自治条例和单行条例，报省或者自治区的人民代表大会常务委员会批准后生效，并报全国人民代表大会常务委员会备案。

**第一百一十七条** 民族自治地方的自治机关有管理地方财政的自治权。凡是依照国家财政体制属于民族自治地方的财政收入，都应当由民族自治地方的自治机关自主地安排使用。

**第一百一十八条** 民族自治地方的自治机关在国家计划的指导下，自主地安排和管理地方性的经济建设事业。

国家在民族自治地方开发资源、建设企业的时候，应当照顾民族自治地方的利益。

**第一百一十九条** 民族自治地方的自治机关自主地管理本地方的教育、科学、文化、卫生、体育事业，保护和整理民族的文化遗产，发展和繁荣民族文化。

**第一百二十条** 民族自治地方的自治机关依照国家的军事制度和当地的实际需要，经国务院批准，可以组织本地方维护社会治安的公安部队。

**第一百二十一条** 民族自治地方的自治机关在执行职务的时候，依照本民族自治地方自治条例的规定，使用当地通用的一种或者几种语言文字。

**第一百二十二条** 国家从财政、物资、技术等方面帮助各少数民族加速发展经济建设和文化建设事业。

国家帮助民族自治地方从当地民族中大量培养各级干部、各种专业人才和技术工人。

## 第七节　监察委员会

**第一百二十三条**　中华人民共和国各级监察委员会是国家的监察机关。

**第一百二十四条**　中华人民共和国设立国家监察委员会和地方各级监察委员会。

监察委员会由下列人员组成：

主任，

副主任若干人，

委员若干人。

监察委员会主任每届任期同本级人民代表大会每届任期相同。国家监察委员会主任连续任职不得超过两届。

监察委员会的组织和职权由法律规定。

**第一百二十五条**　中华人民共和国国家监察委员会是最高监察机关。

国家监察委员会领导地方各级监察委员会的工作，上级监察委员会领导下级监察委员会的工作。

**第一百二十六条**　国家监察委员会对全国人民代表大会和全国人民代表大会常务委员会负责。地方各级监察委员会对产生它的国家权力机关和上一级监察委员会负责。

**第一百二十七条**　监察委员会依照法律规定独立行使监察权，不受行政机关、社会团体和个人的干涉。

监察机关办理职务违法和职务犯罪案件，应当与审判机关、检察机关、执法部门互相配合，互相制约。

## 第八节　人民法院和人民检察院

**第一百二十八条**　中华人民共和国人民法院是国家的审判机关。

**第一百二十九条**　中华人民共和国设立最高人民法院、地方各级人民法院和军事法院等专门人民法院。

最高人民法院院长每届任期同全国人民代表大会每届任期相同，连续任职不得超过两届。

人民法院的组织由法律规定。

**第一百三十条**　人民法院审理案件，除法律规定的特别情况外，一律公开进行。被告人有权获得辩护。

**第一百三十一条**　人民法院依照法律规定独立行使审判权，不受行政机关、社会团体和个人的干涉。

**第一百三十二条**　最高人民法院是最高审判机关。

最高人民法院监督地方各级人民法院和专门人民法院的审判工作，上级人民法院监督下级人民法院的审判工作。

**第一百三十三条**　最高人民法院对全国人民代表大会和全国人民代表大会常务委员会负责。地方各级人民法院对产生它的国家权力机关负责。

**第一百三十四条** 中华人民共和国人民检察院是国家的法律监督机关。

**第一百三十五条** 中华人民共和国设立最高人民检察院、地方各级人民检察院和军事检察院等专门人民检察院。

最高人民检察院检察长每届任期同全国人民代表大会每届任期相同，连续任职不得超过两届。

人民检察院的组织由法律规定。

**第一百三十六条** 人民检察院依照法律规定独立行使检察权，不受行政机关、社会团体和个人的干涉。

**第一百三十七条** 最高人民检察院是最高检察机关。

最高人民检察院领导地方各级人民检察院和专门人民检察院的工作，上级人民检察院领导下级人民检察院的工作。

**第一百三十八条** 最高人民检察院对全国人民代表大会和全国人民代表大会常务委员会负责。地方各级人民检察院对产生它的国家权力机关和上级人民检察院负责。

**第一百三十九条** 各民族公民都有用本民族语言文字进行诉讼的权利。人民法院和人民检察院对于不通晓当地通用的语言文字的诉讼参与人，应当为他们翻译。

在少数民族聚居或者多民族共同居住的地区，应当用当地通用的语言进行审理；起诉书、判决书、布告和其他文书应当根据实际需要使用当地通用的一种或者几种文字。

**第一百四十条** 人民法院、人民检察院和公安机关办理刑事案件，应当分工负责，互相配合，互相制约，以保证准确有效地执行法律。

## 第四章 国旗、国歌、国徽、首都

**第一百四十一条** 中华人民共和国国旗是五星红旗。

中华人民共和国国歌是《义勇军进行曲》。

**第一百四十二条** 中华人民共和国国徽，中间是五星照耀下的天安门，周围是谷穗和齿轮。

**第一百四十三条** 中华人民共和国首都是北京。

# 二、中华人民共和国立法法

（2000 年 3 月 15 日第九届全国人民代表大会第三次会议通过　根据 2015 年 3 月 15 日第十二届全国人民代表大会第三次会议《关于修改〈中华人民共和国立法法〉的决定》修正）

## 第一章　总　则

**第一条**　为了规范立法活动，健全国家立法制度，提高立法质量，完善中国特色社会主义法律体系，发挥立法的引领和推动作用，保障和发展社会主义民主，全面推进依法治国，建设社会主义法治国家，根据宪法，制定本法。

**第二条**　法律、行政法规、地方性法规、自治条例和单行条例的制定、修改和废止，适用本法。

国务院部门规章和地方政府规章的制定、修改和废止，依照本法的有关规定执行。

**第三条**　立法应当遵循宪法的基本原则，以经济建设为中心，坚持社会主义道路、坚持人民民主专政、坚持中国共产党的领导、坚持马克思列宁主义毛泽东思想邓小平理论，坚持改革开放。

**第四条**　立法应当依照法定的权限和程序，从国家整体利益出发，维护社会主义法制的统一和尊严。

**第五条**　立法应当体现人民的意志，发扬社会主义民主，坚持立法公开，保障人民通过多种途径参与立法活动。

**第六条**　立法应当从实际出发，适应经济社会发展和全面深化改革的要求，科学合理地规定公民、法人和其他组织的权利与义务、国家机关的权力与责任。

法律规范应当明确、具体，具有针对性和可执行性。

## 第二章　法　律

### 第一节　立法权限

**第七条**　全国人民代表大会和全国人民代表大会常务委员会行使国家立法权。

全国人民代表大会制定和修改刑事、民事、国家机构的和其他的基本法律。

全国人民代表大会常务委员会制定和修改除应当由全国人民代表大会制定的法律以外

的其他法律；在全国人民代表大会闭会期间，对全国人民代表大会制定的法律进行部分补充和修改，但是不得同该法律的基本原则相抵触。

**第八条** 下列事项只能制定法律：

（一）国家主权的事项；

（二）各级人民代表大会、人民政府、人民法院和人民检察院的产生、组织和职权；

（三）民族区域自治制度、特别行政区制度、基层群众自治制度；

（四）犯罪和刑罚；

（五）对公民政治权利的剥夺、限制人身自由的强制措施和处罚；

（六）税种的设立、税率的确定和税收征收管理等税收基本制度；

（七）对非国有财产的征收、征用；

（八）民事基本制度；

（九）基本经济制度以及财政、海关、金融和外贸的基本制度；

（十）诉讼和仲裁制度；

（十一）必须由全国人民代表大会及其常务委员会制定法律的其他事项。

**第九条** 本法第八条规定的事项尚未制定法律的，全国人民代表大会及其常务委员会有权作出决定，授权国务院可以根据实际需要，对其中的部分事项先制定行政法规，但是有关犯罪和刑罚、对公民政治权利的剥夺和限制人身自由的强制措施和处罚、司法制度等事项除外。

**第十条** 授权决定应当明确授权的目的、事项、范围、期限以及被授权机关实施授权决定应当遵循的原则等。

授权的期限不得超过五年，但是授权决定另有规定的除外。

被授权机关应当在授权期限届满的六个月以前，向授权机关报告授权决定实施的情况，并提出是否需要制定有关法律的意见；需要继续授权的，可以提出相关意见，由全国人民代表大会及其常务委员会决定。

**第十一条** 授权立法事项，经过实践检验，制定法律的条件成熟时，由全国人民代表大会及其常务委员会及时制定法律。法律制定后，相应立法事项的授权终止。

**第十二条** 被授权机关应当严格按照授权决定行使被授予的权力。

被授权机关不得将被授予的权力转授给其他机关。

**第十三条** 全国人民代表大会及其常务委员会可以根据改革发展的需要，决定就行政管理等领域的特定事项授权在一定期限内在部分地方暂时调整或者暂时停止适用法律的部分规定。

## 第二节 全国人民代表大会立法程序

**第十四条** 全国人民代表大会主席团可以向全国人民代表大会提出法律案，由全国人民代表大会会议审议。

全国人民代表大会常务委员会、国务院、中央军事委员会、最高人民法院、最高人民检察院、全国人民代表大会各专门委员会，可以向全国人民代表大会提出法律案，由主席团决定列入会议议程。

**第十五条** 一个代表团或者三十名以上的代表联名，可以向全国人民代表大会提出法律案，由主席团决定是否列入会议议程，或者先交有关的专门委员会审议、提出是否列入会议议程的意见，再决定是否列入会议议程。

专门委员会审议的时候，可以邀请提案人列席会议，发表意见。

**第十六条** 向全国人民代表大会提出的法律案，在全国人民代表大会闭会期间，可以先向常务委员会提出，经常务委员会会议依照本法第二章第三节规定的有关程序审议后，决定提请全国人民代表大会审议，由常务委员会向大会全体会议作说明，或者由提案人向大会全体会议作说明。

常务委员会依照前款规定审议法律案，应当通过多种形式征求全国人民代表大会代表的意见，并将有关情况予以反馈；专门委员会和常务委员会工作机构进行立法调研，可以邀请有关的全国人民代表大会代表参加。

**第十七条** 常务委员会决定提请全国人民代表大会会议审议的法律案，应当在会议举行的一个月前将法律草案发给代表。

**第十八条** 列入全国人民代表大会会议议程的法律案，大会全体会议听取提案人的说明后，由各代表团进行审议。

各代表团审议法律案时，提案人应当派人听取意见，回答询问。

各代表团审议法律案时，根据代表团的要求，有关机关、组织应当派人介绍情况。

**第十九条** 列入全国人民代表大会会议议程的法律案，由有关的专门委员会进行审议，向主席团提出审议意见，并印发会议。

**第二十条** 列入全国人民代表大会会议议程的法律案，由法律委员会根据各代表团和有关的专门委员会的审议意见，对法律案进行统一审议，向主席团提出审议结果报告和法律草案修改稿，对重要的不同意见应当在审议结果报告中予以说明，经主席团会议审议通过后，印发会议。

**第二十一条** 列入全国人民代表大会会议议程的法律案，必要时，主席团常务主席可以召开各代表团团长会议，就法律案中的重大问题听取各代表团的审议意见，进行讨论，并将讨论的情况和意见向主席团报告。

主席团常务主席也可以就法律案中的重大的专门性问题，召集代表团推选的有关代表进行讨论，并将讨论的情况和意见向主席团报告。

**第二十二条** 列入全国人民代表大会会议议程的法律案，在交付表决前，提案人要求撤回的，应当说明理由，经主席团同意，并向大会报告，对该法律案的审议即行终止。

**第二十三条** 法律案在审议中有重大问题需要进一步研究的，经主席团提出，由大会全体会议决定，可以授权常务委员会根据代表的意见进一步审议，作出决定，并将决定情况向全国人民代表大会下次会议报告；也可以授权常务委员会根据代表的意见进一步审议，提出修改方案，提请全国人民代表大会下次会议审议决定。

**第二十四条** 法律草案修改稿经各代表团审议，由法律委员会根据各代表团的审议意见进行修改，提出法律草案表决稿，由主席团提请大会全体会议表决，由全体代表的过半数通过。

**第二十五条** 全国人民代表大会通过的法律由国家主席签署主席令予以公布。

## 第三节 全国人民代表大会常务委员会立法程序

**第二十六条** 委员长会议可以向常务委员会提出法律案，由常务委员会会议审议。

国务院、中央军事委员会、最高人民法院、最高人民检察院、全国人民代表大会各专门委员会，可以向常务委员会提出法律案，由委员长会议决定列入常务委员会会议议程，或者先交有关的专门委员会审议、提出报告，再决定列入常务委员会会议议程。如果委员长会议认为法律案有重大问题需要进一步研究，可以建议提案人修改完善后再向常务委员会提出。

**第二十七条** 常务委员会组成人员十人以上联名，可以向常务委员会提出法律案，由委员长会议决定是否列入常务委员会会议议程，或者先交有关的专门委员会审议、提出是否列入会议议程的意见，再决定是否列入常务委员会会议议程。不列入常务委员会会议议程的，应当向常务委员会会议报告或者向提案人说明。

专门委员会审议的时候，可以邀请提案人列席会议，发表意见。

**第二十八条** 列入常务委员会会议议程的法律案，除特殊情况外，应当在会议举行的七日前将法律草案发给常务委员会组成人员。

常务委员会会议审议法律案时，应当邀请有关的全国人民代表大会代表列席会议。

**第二十九条** 列入常务委员会会议议程的法律案，一般应当经三次常务委员会会议审议后再交付表决。

常务委员会会议第一次审议法律案，在全体会议上听取提案人的说明，由分组会议进行初步审议。

常务委员会会议第二次审议法律案，在全体会议上听取法律委员会关于法律草案修改情况和主要问题的汇报，由分组会议进一步审议。

常务委员会会议第三次审议法律案，在全体会议上听取法律委员会关于法律草案审议结果的报告，由分组会议对法律草案修改稿进行审议。

常务委员会审议法律案时，根据需要，可以召开联组会议或者全体会议，对法律草案中的主要问题进行讨论。

**第三十条** 列入常务委员会会议议程的法律案，各方面意见比较一致的，可以经两次常务委员会会议审议后交付表决；调整事项较为单一或者部分修改的法律案，各方面的意见比较一致的，也可以经一次常务委员会会议审议即交付表决。

**第三十一条** 常务委员会分组会议审议法律案时，提案人应当派人听取意见，回答询问。

常务委员会分组会议审议法律案时，根据小组的要求，有关机关、组织应当派人介绍情况。

**第三十二条** 列入常务委员会会议议程的法律案，由有关的专门委员会进行审议，提出审议意见，印发常务委员会会议。

有关的专门委员会审议法律案时，可以邀请其他专门委员会的成员列席会议，发表意见。

**第三十三条** 列入常务委员会会议议程的法律案，由法律委员会根据常务委员会组成人员、有关的专门委员会的审议意见和各方面提出的意见，对法律案进行统一审议，提出修改情况的汇报或者审议结果报告和法律草案修改稿，对重要的不同意见应当在汇报或者审议结果报告中予以说明。对有关的专门委员会的审议意见没有采纳的，应当向有关的专门委员会反馈。

法律委员会审议法律案时，应当邀请有关的专门委员会的成员列席会议，发表意见。

**第三十四条** 专门委员会审议法律案时，应当召开全体会议审议，根据需要，可以要求有关机关、组织派有关负责人说明情况。

**第三十五条** 专门委员会之间对法律草案的重要问题意见不一致时，应当向委员长会议报告。

**第三十六条** 列入常务委员会会议议程的法律案，法律委员会、有关的专门委员会和常务委员会工作机构应当听取各方面的意见。听取意见可以采取座谈会、论证会、听证会等多种形式。

法律案有关问题专业性较强，需要进行可行性评价的，应当召开论证会，听取有关专家、部门和全国人民代表大会代表等方面的意见。论证情况应当向常务委员会报告。

法律案有关问题存在重大意见分歧或者涉及利益关系重大调整，需要进行听证的，应当召开听证会，听取有关基层和群体代表、部门、人民团体、专家、全国人民代表大会代表和社会有关方面的意见。听证情况应当向常务委员会报告。

常务委员会工作机构应当将法律草案发送相关领域的全国人民代表大会代表、地方人民代表大会常务委员会以及有关部门、组织和专家征求意见。

**第三十七条** 列入常务委员会会议议程的法律案，应当在常务委员会会议后将法律草案及其起草、修改的说明等向社会公布，征求意见，但是经委员长会议决定不公布的除外。向社会公布征求意见的时间一般不少于三十日。征求意见的情况应当向社会通报。

**第三十八条** 列入常务委员会会议议程的法律案，常务委员会工作机构应当收集整理分组审议的意见和各方面提出的意见以及其他有关资料，分送法律委员会和有关的专门委员会，并根据需要，印发常务委员会会议。

**第三十九条** 拟提请常务委员会会议审议通过的法律案，在法律委员会提出审议结果报告前，常务委员会工作机构可以对法律草案中主要制度规范的可行性、法律出台时机、法律实施的社会效果和可能出现的问题等进行评估。评估情况由法律委员会在审议结果报告中予以说明。

**第四十条** 列入常务委员会会议议程的法律案，在交付表决前，提案人要求撤回的，应当说明理由，经委员长会议同意，并向常务委员会报告，对该法律案的审议即行终止。

**第四十一条** 法律草案修改稿经常务委员会会议审议，由法律委员会根据常务委员会组成人员的审议意见进行修改，提出法律草案表决稿，由委员长会议提请常务委员会全体会议表决，由常务委员会全体组成人员的过半数通过。

法律草案表决稿交付常务委员会会议表决前，委员长会议根据常务委员会会议审议的情况，可以决定将个别意见分歧较大的重要条款提请常务委员会会议单独表决。

单独表决的条款经常务委员会会议表决后，委员长会议根据单独表决的情况，可以决定将法律草案表决稿交付表决，也可以决定暂不付表决，交法律委员会和有关的专门委员会进一步审议。

**第四十二条** 列入常务委员会会议审议的法律案，因各方面对制定该法律的必要性、可行性等重大问题存在较大意见分歧搁置审议满两年的，或者因暂不付表决经过两年没有再次列入常务委员会会议议程审议的，由委员长会议向常务委员会报告，该法律案终止审议。

**第四十三条** 对多部法律中涉及同类事项的个别条款进行修改，一并提出法律案的，经委员长会议决定，可以合并表决，也可以分别表决。

**第四十四条** 常务委员会通过的法律由国家主席签署主席令予以公布。

## 第四节 法律解释

**第四十五条** 法律解释权属于全国人民代表大会常务委员会。

法律有以下情况之一的，由全国人民代表大会常务委员会解释：

（一）法律的规定需要进一步明确具体含义的；

（二）法律制定后出现新的情况，需要明确适用法律依据的。

**第四十六条** 国务院、中央军事委员会、最高人民法院、最高人民检察院和全国人民代表大会各专门委员会以及省、自治区、直辖市的人民代表大会常务委员会可以向全国人民代表大会常务委员会提出法律解释要求。

**第四十七条** 常务委员会工作机构研究拟订法律解释草案，由委员长会议决定列入常务委员会会议议程。

**第四十八条** 法律解释草案经常务委员会会议审议，由法律委员会根据常务委员会组成人员的审议意见进行审议、修改，提出法律解释草案表决稿。

**第四十九条** 法律解释草案表决稿由常务委员会全体组成人员的过半数通过，由常务委员会发布公告予以公布。

**第五十条** 全国人民代表大会常务委员会的法律解释同法律具有同等效力。

## 第五节 其他规定

**第五十一条** 全国人民代表大会及其常务委员会加强对立法工作的组织协调，发挥在立法工作中的主导作用。

**第五十二条** 全国人民代表大会常务委员会通过立法规划、年度立法计划等形式，加强对立法工作的统筹安排。编制立法规划和年度立法计划，应当认真研究代表议案和建议，广泛征集意见，科学论证评估，根据经济社会发展和民主法治建设的需要，确定立法项目，提高立法的及时性、针对性和系统性。立法规划和年度立法计划由委员长会议通过并向社会公布。

全国人民代表大会常务委员会工作机构负责编制立法规划和拟订年度立法计划，并按照全国人民代表大会常务委员会的要求，督促立法规划和年度立法计划的落实。

**第五十三条** 全国人民代表大会有关的专门委员会、常务委员会工作机构应当提前参与有关方面的法律草案起草工作；综合性、全局性、基础性的重要法律草案，可以由有关的专门委员会或者常务委员会工作机构组织起草。

专业性较强的法律草案，可以吸收相关领域的专家参与起草工作，或者委托有关专家、教学科研单位、社会组织起草。

**第五十四条** 提出法律案，应当同时提出法律草案文本及其说明，并提供必要的参阅资料。修改法律的，还应当提交修改前后的对照文本。法律草案的说明应当包括制定或者修改法律的必要性、可行性和主要内容，以及起草过程中对重大分歧意见的协调处理情况。

**第五十五条** 向全国人民代表大会及其常务委员会提出的法律案，在列入会议议程前，提案人有权撤回。

**第五十六条** 交付全国人民代表大会及其常务委员会全体会议表决未获得通过的法律案，如果提案人认为必须制定该法律，可以按照法律规定的程序重新提出，由主席团、委员长会议决定是否列入会议议程；其中，未获得全国人民代表大会通过的法律案，应当提请全国人民代表大会审议决定。

**第五十七条** 法律应当明确规定施行日期。

**第五十八条** 签署公布法律的主席令载明该法律的制定机关、通过和施行日期。

法律签署公布后，及时在全国人民代表大会常务委员会公报和中国人大网以及在全国范围内发行的报纸上刊载。

在常务委员会公报上刊登的法律文本为标准文本。

**第五十九条** 法律的修改和废止程序，适用本章的有关规定。

法律被修改的，应当公布新的法律文本。

法律被废止的，除由其他法律规定废止该法律的以外，由国家主席签署主席令予以公布。

**第六十条** 法律草案与其他法律相关规定不一致的，提案人应当予以说明并提出处理意见，必要时应当同时提出修改或者废止其他法律相关规定的议案。

法律委员会和有关的专门委员会审议法律案时，认为需要修改或者废止其他法律相关规定的，应当提出处理意见。

**第六十一条** 法律根据内容需要，可以分编、章、节、条、款、项、目。

编、章、节、条的序号用中文数字依次表述，款不编序号，项的序号用中文数字加括号依次表述，目的序号用阿拉伯数字依次表述。

法律标题的题注应当载明制定机关、通过日期。经过修改的法律，应当依次载明修改机关、修改日期。

**第六十二条** 法律规定明确要求有关国家机关对专门事项作出配套的具体规定的，有关国家机关应当自法律施行之日起一年内作出规定，法律对配套的具体规定制定期限另有规定的，从其规定。有关国家机关未能在期限内作出配套的具体规定的，应当向全国人民代表大会常务委员会说明情况。

**第六十三条** 全国人民代表大会有关的专门委员会、常务委员会工作机构可以组织对有关法律或者法律中有关规定进行立法后评估。评估情况应当向常务委员会报告。

**第六十四条** 全国人民代表大会常务委员会工作机构可以对有关具体问题的法律询问进行研究予以答复，并报常务委员会备案。

## 第三章　行政法规

**第六十五条**　国务院根据宪法和法律，制定行政法规。

行政法规可以就下列事项作出规定：

（一）为执行法律的规定需要制定行政法规的事项；

（二）宪法第八十九条规定的国务院行政管理职权的事项。

应当由全国人民代表大会及其常务委员会制定法律的事项，国务院根据全国人民代表大会及其常务委员会的授权决定先制定的行政法规，经过实践检验，制定法律的条件成熟时，国务院应当及时提请全国人民代表大会及其常务委员会制定法律。

**第六十六条**　国务院法制机构应当根据国家总体工作部署拟订国务院年度立法计划，报国务院审批。国务院年度立法计划中的法律项目应当与全国人民代表大会常务委员会的立法规划和年度立法计划相衔接。国务院法制机构应当及时跟踪了解国务院各部门落实立法计划的情况，加强组织协调和督促指导。

国务院有关部门认为需要制定行政法规的，应当向国务院报请立项。

**第六十七条**　行政法规由国务院有关部门或者国务院法制机构具体负责起草，重要行政管理的法律、行政法规草案由国务院法制机构组织起草。行政法规在起草过程中，应当广泛听取有关机关、组织、人民代表大会代表和社会公众的意见。听取意见可以采取座谈会、论证会、听证会等多种形式。

行政法规草案应当向社会公布，征求意见，但是经国务院决定不公布的除外。

**第六十八条**　行政法规起草工作完成后，起草单位应当将草案及其说明、各方面对草案主要问题的不同意见和其他有关资料送国务院法制机构进行审查。

国务院法制机构应当向国务院提出审查报告和草案修改稿，审查报告应当对草案主要问题作出说明。

**第六十九条**　行政法规的决定程序依照中华人民共和国国务院组织法的有关规定办理。

**第七十条**　行政法规由总理签署国务院令公布。

有关国防建设的行政法规，可以由国务院总理、中央军事委员会主席共同签署国务院、中央军事委员会令公布。

**第七十一条**　行政法规签署公布后，及时在国务院公报和中国政府法制信息网以及在全国范围内发行的报纸上刊载。

在国务院公报上刊登的行政法规文本为标准文本。

# 第四章　地方性法规、自治条例和单行条例、规章

## 第一节　地方性法规、自治条例和单行条例

**第七十二条**　省、自治区、直辖市的人民代表大会及其常务委员会根据本行政区域的具体情况和实际需要，在不同宪法、法律、行政法规相抵触的前提下，可以制定地方性法规。

设区的市的人民代表大会及其常务委员会根据本市的具体情况和实际需要，在不同宪法、法律、行政法规和本省、自治区的地方性法规相抵触的前提下，可以对城乡建设与管理、环境保护、历史文化保护等方面的事项制定地方性法规，法律对设区的市制定地方性法规的事项另有规定的，从其规定。设区的市的地方性法规须报省、自治区的人民代表大会常务委员会批准后施行。省、自治区的人民代表大会常务委员会对报请批准的地方性法规，应当对其合法性进行审查，同宪法、法律、行政法规和本省、自治区的地方性法规不抵触的，应当在四个月内予以批准。

省、自治区的人民代表大会常务委员会在对报请批准的设区的市的地方性法规进行审查时，发现其同本省、自治区的人民政府的规章相抵触的，应当作出处理决定。

除省、自治区的人民政府所在地的市，经济特区所在地的市和国务院已经批准的较大的市以外，其他设区的市开始制定地方性法规的具体步骤和时间，由省、自治区的人民代表大会常务委员会综合考虑本省、自治区所辖的设区的市的人口数量、地域面积、经济社会发展情况以及立法需求、立法能力等因素确定，并报全国人民代表大会常务委员会和国务院备案。

自治州的人民代表大会及其常务委员会可以依照本条第二款规定行使设区的市制定地方性法规的职权。自治州开始制定地方性法规的具体步骤和时间，依照前款规定确定。

省、自治区的人民政府所在地的市，经济特区所在地的市和国务院已经批准的较大的市已经制定的地方性法规，涉及本条第二款规定事项范围以外的，继续有效。

**第七十三条**　地方性法规可以就下列事项作出规定：

（一）为执行法律、行政法规的规定，需要根据本行政区域的实际情况作具体规定的事项；

（二）属于地方性事务需要制定地方性法规的事项。

除本法第八条规定的事项外，其他事项国家尚未制定法律或者行政法规的，省、自治区、直辖市和设区的市、自治州根据本地方的具体情况和实际需要，可以先制定地方性法规。在国家制定的法律或者行政法规生效后，地方性法规同法律或者行政法规相抵触的规定无效，制定机关应当及时予以修改或者废止。

设区的市、自治州根据本条第一款、第二款制定地方性法规，限于本法第七十二条第二款规定的事项。

制定地方性法规，对上位法已经明确规定的内容，一般不作重复性规定。

**第七十四条**　经济特区所在地的省、市的人民代表大会及其常务委员会根据全国人民

代表大会的授权决定，制定法规，在经济特区范围内实施。

**第七十五条** 民族自治地方的人民代表大会有权依照当地民族的政治、经济和文化的特点，制定自治条例和单行条例。自治区的自治条例和单行条例，报全国人民代表大会常务委员会批准后生效。自治州、自治县的自治条例和单行条例，报省、自治区、直辖市的人民代表大会常务委员会批准后生效。

自治条例和单行条例可以依照当地民族的特点，对法律和行政法规的规定作出变通规定，但不得违背法律或者行政法规的基本原则，不得对宪法和民族区域自治法的规定以及其他有关法律、行政法规专门就民族自治地方所作的规定作出变通规定。

**第七十六条** 规定本行政区域特别重大事项的地方性法规，应当由人民代表大会通过。

**第七十七条** 地方性法规案、自治条例和单行条例案的提出、审议和表决程序，根据中华人民共和国地方各级人民代表大会和地方各级人民政府组织法，参照本法第二章第二节、第三节、第五节的规定，由本级人民代表大会规定。

地方性法规草案由负责统一审议的机构提出审议结果的报告和草案修改稿。

**第七十八条** 省、自治区、直辖市的人民代表大会制定的地方性法规由大会主席团发布公告予以公布。

省、自治区、直辖市的人民代表大会常务委员会制定的地方性法规由常务委员会发布公告予以公布。

设区的市、自治州的人民代表大会及其常务委员会制定的地方性法规报经批准后，由设区的市、自治州的人民代表大会常务委员会发布公告予以公布。

自治条例和单行条例报经批准后，分别由自治区、自治州、自治县的人民代表大会常务委员会发布公告予以公布。

**第七十九条** 地方性法规、自治区的自治条例和单行条例公布后，及时在本级人民代表大会常务委员会公报和中国人大网、本地方人民代表大会网站以及在本行政区域范围内发行的报纸上刊载。

在常务委员会公报上刊登的地方性法规、自治条例和单行条例文本为标准文本。

## 第二节 规章

**第八十条** 国务院各部、委员会、中国人民银行、审计署和具有行政管理职能的直属机构，可以根据法律和国务院的行政法规、决定、命令，在本部门的权限范围内，制定规章。

部门规章规定的事项应当属于执行法律或者国务院的行政法规、决定、命令的事项。没有法律或者国务院的行政法规、决定、命令的依据，部门规章不得设定减损公民、法人和其他组织权利或者增加其义务的规范，不得增加本部门的权力或者减少本部门的法定职责。

**第八十一条** 涉及两个以上国务院部门职权范围的事项，应当提请国务院制定行政法规或者由国务院有关部门联合制定规章。

**第八十二条** 省、自治区、直辖市和设区的市、自治州的人民政府，可以根据法律、行政法规和本省、自治区、直辖市的地方性法规，制定规章。

地方政府规章可以就下列事项作出规定：

（一）为执行法律、行政法规、地方性法规的规定需要制定规章的事项；

（二）属于本行政区域的具体行政管理事项。

设区的市、自治州的人民政府根据本条第一款、第二款制定地方政府规章，限于城乡建设与管理、环境保护、历史文化保护等方面的事项。已经制定的地方政府规章，涉及上述事项范围以外的，继续有效。

除省、自治区的人民政府所在地的市，经济特区所在地的市和国务院已经批准的较大的市以外，其他设区的市、自治州的人民政府开始制定规章的时间，与本省、自治区人民代表大会常务委员会确定的本市、自治州开始制定地方性法规的时间同步。

应当制定地方性法规但条件尚不成熟的，因行政管理迫切需要，可以先制定地方政府规章。规章实施满两年需要继续实施规章所规定的行政措施的，应当提请本级人民代表大会或者其常务委员会制定地方性法规。

没有法律、行政法规、地方性法规的依据，地方政府规章不得设定减损公民、法人和其他组织权利或者增加其义务的规范。

**第八十三条** 国务院部门规章和地方政府规章的制定程序，参照本法第三章的规定，由国务院规定。

**第八十四条** 部门规章应当经部务会议或者委员会会议决定。

地方政府规章应当经政府常务会议或者全体会议决定。

**第八十五条** 部门规章由部门首长签署命令予以公布。

地方政府规章由省长、自治区主席、市长或者自治州州长签署命令予以公布。

**第八十六条** 部门规章签署公布后，及时在国务院公报或者部门公报和中国政府法制信息网以及在全国范围内发行的报纸上刊载。

地方政府规章签署公布后，及时在本级人民政府公报和中国政府法制信息网以及在本行政区域范围内发行的报纸上刊载。

在国务院公报或者部门公报和地方人民政府公报上刊登的规章文本为标准文本。

## 第五章 适用与备案审查

**第八十七条** 宪法具有最高的法律效力，一切法律、行政法规、地方性法规、自治条例和单行条例、规章都不得同宪法相抵触。

**第八十八条** 法律的效力高于行政法规、地方性法规、规章。

行政法规的效力高于地方性法规、规章。

**第八十九条** 地方性法规的效力高于本级和下级地方政府规章。

省、自治区的人民政府制定的规章的效力高于本行政区域内的设区的市、自治州的人民政府制定的规章。

**第九十条** 自治条例和单行条例依法对法律、行政法规、地方性法规作变通规定的，在本自治地方适用自治条例和单行条例的规定。

经济特区法规根据授权对法律、行政法规、地方性法规作变通规定的，在本经济特区适用经济特区法规的规定。

**第九十一条** 部门规章之间、部门规章与地方政府规章之间具有同等效力，在各自的权限范围内施行。

**第九十二条** 同一机关制定的法律、行政法规、地方性法规、自治条例和单行条例、规章，特别规定与一般规定不一致的，适用特别规定；新的规定与旧的规定不一致的，适用新的规定。

**第九十三条** 法律、行政法规、地方性法规、自治条例和单行条例、规章不溯及既往，但为了更好地保护公民、法人和其他组织的权利和利益而作的特别规定除外。

**第九十四条** 法律之间对同一事项的新的一般规定与旧的特别规定不一致，不能确定如何适用时，由全国人民代表大会常务委员会裁决。

行政法规之间对同一事项的新的一般规定与旧的特别规定不一致，不能确定如何适用时，由国务院裁决。

**第九十五条** 地方性法规、规章之间不一致时，由有关机关依照下列规定的权限作出裁决：

（一）同一机关制定的新的一般规定与旧的特别规定不一致时，由制定机关裁决；

（二）地方性法规与部门规章之间对同一事项的规定不一致，不能确定如何适用时，由国务院提出意见，国务院认为应当适用地方性法规的，应当决定在该地方适用地方性法规的规定；认为应当适用部门规章的，应当提请全国人民代表大会常务委员会裁决；

（三）部门规章之间、部门规章与地方政府规章之间对同一事项的规定不一致时，由国务院裁决。

根据授权制定的法规与法律规定不一致，不能确定如何适用时，由全国人民代表大会常务委员会裁决。

**第九十六条** 法律、行政法规、地方性法规、自治条例和单行条例、规章有下列情形之一的，由有关机关依照本法第九十七条规定的权限予以改变或者撤销：

（一）超越权限的；

（二）下位法违反上位法规定的；

（三）规章之间对同一事项的规定不一致，经裁决应当改变或者撤销一方的规定的；

（四）规章的规定被认为不适当，应当予以改变或者撤销的；

（五）违背法定程序的。

**第九十七条** 改变或者撤销法律、行政法规、地方性法规、自治条例和单行条例、规章的权限是：

（一）全国人民代表大会有权改变或者撤销它的常务委员会制定的不适当的法律，有权撤销全国人民代表大会常务委员会批准的违背宪法和本法第七十五条第二款规定的自治条例和单行条例；

（二）全国人民代表大会常务委员会有权撤销同宪法和法律相抵触的行政法规，有权撤销同宪法、法律和行政法规相抵触的地方性法规，有权撤销省、自治区、直辖市的人民代表大会常务委员会批准的违背宪法和本法第七十五条第二款规定的自治条例和单行条例；

（三）国务院有权改变或者撤销不适当的部门规章和地方政府规章；

（四）省、自治区、直辖市的人民代表大会有权改变或者撤销它的常务委员会制定的和批准的不适当的地方性法规；

（五）地方人民代表大会常务委员会有权撤销本级人民政府制定的不适当的规章；

（六）省、自治区的人民政府有权改变或者撤销下一级人民政府制定的不适当的规章；

（七）授权机关有权撤销被授权机关制定的超越授权范围或者违背授权目的的法规，必要时可以撤销授权。

**第九十八条** 行政法规、地方性法规、自治条例和单行条例、规章应当在公布后的三十日内依照下列规定报有关机关备案：

（一）行政法规报全国人民代表大会常务委员会备案；

（二）省、自治区、直辖市的人民代表大会及其常务委员会制定的地方性法规，报全国人民代表大会常务委员会和国务院备案；设区的市、自治州的人民代表大会及其常务委员会制定的地方性法规，由省、自治区的人民代表大会常务委员会报全国人民代表大会常务委员会和国务院备案；

（三）自治州、自治县的人民代表大会制定的自治条例和单行条例，由省、自治区、直辖市的人民代表大会常务委员会报全国人民代表大会常务委员会和国务院备案；自治条例、单行条例报送备案时，应当说明对法律、行政法规、地方性法规作出变通的情况；

（四）部门规章和地方政府规章报国务院备案；地方政府规章应当同时报本级人民代表大会常务委员会备案；设区的市、自治州的人民政府制定的规章应当同时报省、自治区的人民代表大会常务委员会和人民政府备案；

（五）根据授权制定的法规应当报授权决定规定的机关备案；经济特区法规报送备案时，应当说明对法律、行政法规、地方性法规作出变通的情况。

**第九十九条** 国务院、中央军事委员会、最高人民法院、最高人民检察院和各省、自治区、直辖市的人民代表大会常务委员会认为行政法规、地方性法规、自治条例和单行条例同宪法或者法律相抵触的，可以向全国人民代表大会常务委员会书面提出进行审查的要求，由常务委员会工作机构分送有关的专门委员会进行审查、提出意见。

前款规定以外的其他国家机关和社会团体、企业事业组织以及公民认为行政法规、地方性法规、自治条例和单行条例同宪法或者法律相抵触的，可以向全国人民代表大会常务委员会书面提出进行审查的建议，由常务委员会工作机构进行研究，必要时，送有关的专门委员会进行审查、提出意见。

有关的专门委员会和常务委员会工作机构可以对报送备案的规范性文件进行主动审查。

**第一百条** 全国人民代表大会专门委员会、常务委员会工作机构在审查、研究中认为行政法规、地方性法规、自治条例和单行条例同宪法或者法律相抵触的，可以向制定机关提出书面审查意见、研究意见；也可以由法律委员会与有关的专门委员会、常务委员会工作机构召开联合审查会议，要求制定机关到会说明情况，再向制定机关提出书面审查意见。制定机关应当在两个月内研究提出是否修改的意见，并向全国人民代表大会法律委员会和有关的专门委员会或者常务委员会工作机构反馈。

全国人民代表大会法律委员会、有关的专门委员会、常务委员会工作机构根据前款规定，向制定机关提出审查意见、研究意见，制定机关按照所提意见对行政法规、地方性法规、自治条例和单行条例进行修改或者废止的，审查终止。

全国人民代表大会法律委员会、有关的专门委员会、常务委员会工作机构经审查、研究认为行政法规、地方性法规、自治条例和单行条例同宪法或者法律相抵触而制定机关不予修改的，应当向委员长会议提出予以撤销的议案、建议，由委员长会议决定提请常务委员会会议审议决定。

**第一百零一条** 全国人民代表大会有关的专门委员会和常务委员会工作机构应当按照规定要求，将审查、研究情况向提出审查建议的国家机关、社会团体、企业事业组织以及公民反馈，并可以向社会公开。

**第一百零二条** 其他接受备案的机关对报送备案的地方性法规、自治条例和单行条例、规章的审查程序，按照维护法制统一的原则，由接受备案的机关规定。

## 第六章 附 则

**第一百零三条** 中央军事委员会根据宪法和法律，制定军事法规。

中央军事委员会各总部、军兵种、军区、中国人民武装警察部队，可以根据法律和中央军事委员会的军事法规、决定、命令，在其权限范围内，制定军事规章。

军事法规、军事规章在武装力量内部实施。

军事法规、军事规章的制定、修改和废止办法，由中央军事委员会依照本法规定的原则规定。

**第一百零四条** 最高人民法院、最高人民检察院作出的属于审判、检察工作中具体应用法律的解释，应当主要针对具体的法律条文，并符合立法的目的、原则和原意。遇有本法第四十五条第二款规定情况的，应当向全国人民代表大会常务委员会提出法律解释的要求或者提出制定、修改有关法律的议案。

最高人民法院、最高人民检察院作出的属于审判、检察工作中具体应用法律的解释，应当自公布之日起三十日内报全国人民代表大会常务委员会备案。

最高人民法院、最高人民检察院以外的审判机关和检察机关，不得作出具体应用法律的解释。

**第一百零五条** 本法自 2000 年 7 月 1 日起施行。